Wolfgang Hantel-Quitmann
Liebesaffären

Reihe »edition psychosozial«

Wolfgang Hantel-Quitmann

Liebesaffären

Zur Psychologie leidenschaftlicher Beziehungen

Psychosozial-Verlag

Bibliografische Information Der Deutschen Bibliothek
Die Deutsche Bibliothek verzeichnet diese Publikation in der
Deutschen Nationalbibliografie; detaillierte bibliografische Daten
sind im Internetüber <http://dnb.ddb.de> abrufbar.

Originalausgabe
© 2005 Psychosozial-Verlag
Goethestr. 29, D-35390 Gießen.
Tel.: 0641/77819; Fax: 0641/77742.
E-Mail: info@psychosozial-verlag.de
www.psychosozial-verlag.de
Alle Rechte vorbehalten. Kein Teil des Werkes darf in irgendeiner Form
(durch Fotografie, Mikrofilm oder andere Verfahren) ohne schriftliche
Genehmigung des Verlages reproduziert oder unter Verwendung
elektronischer Systeme verarbeitet, vervielfältigt oder verbreitet werden.
Umschlagabbildung: Pablo Picasso: »Minotaurus und weiblicher Akt«, 1933
© Succession Picasso/VG Bild-Kunst, Bonn 2005
Umschlaggestaltung: Katharina Appel
nach Entwürfen des Ateliers Warminski, Büdingen.
Lektorat: Katharina Hohmann
Satz: Katharina Appel
Printed in Germany
ISBN 3-89806-394-1

Inhalt

Zur Einführung: Verwirrende Gefühle ... 7

1. Liebessehnsucht ... 11
   »So süßes Sinnen, solch allmächtig Sehnen« · Die Liebessehnsucht der Kugelmenschen · As time goes by · Liebessehnsüchte zwischen Realität und Phantasie

2. Liebesaffären zwischen Schicksal und Schuld ... 23
   Wer liebt hat Recht! · Great is their love, who love in sin and fear · Kastration als Strafe · Die Geburt der Schuldgefühle

3. Die große Liebe ... 35
   Die Farben der Liebe · Die Kennzeichen der großen Liebe · Das Hohelied der großen Liebe · Die Idee der großen Liebe und die Angst vor dem Tod · Die Bindung der menschlichen Aggression in der Liebesbeziehung · Die große Liebe · Die Liebe des Lebens

4. Die Ehe ist tot, es lebe die Liebe! ... 59
   »Heiraten verderben die zartesten Verhältnisse« · Das Paradies ist anderswo · Einstein: Zum getreuen Ehemann untauglich

5. Liebesaffären und sexuelle Leidenschaften ... 71
   Sexualität macht aus dem Flirt eine Liebesaffäre · Erotik ist lediglich ein Rausch · Eilt gemeinsam zum Höhepunkt – Anweisungen für das Liebesspiel · Die reine Begierde · Amour fou · »Ein ehebrecherisches Auge macht aus der letzten Schlampe noch eine Göttin« Mensch zu sein bedeutet immer auch, am Rande der Schande zu sein · Eine sexuelle Liebesaffäre ist wie eine Droge · Das Verlangen nach Wechsel

Inhalt

6. Der Verführer   93
Aus dem Leben des Giacomo Girolamo Casanova · Gefährliche Liebschaften · Don Giovanni oder Der bestrafte Wüstling · Der postmoderne Verführer · Wir sind vor keinem Männerherzen sicher

7. Die Liebesaffären der Frauen   117
Und wenn ich dich lieb habe, was geht's dich an? · Die Ohnmacht der Frau und die Macht der Moral · Sanfte Bande des Herzens. Der weibliche Traum von der idealen Liebesbeziehung · Ich bin eine lebendige Frau, die Liebe braucht

8. Parallelwelten   141
Kleine neue Welten · SMS: Ich liebe Dich! · Karl Marx, Jenny und Helene · Die Passion meines Lebens – Martin Heidegger über Hannah Arendt · Richard und Cosima Wagner und Hans von Bülow… und dann auch noch Friedrich Nietzsche

9. Das Schicksal der Verratenen und Verlassenen   157
Die Rache des Hephaistos · Troja · Ich habe ihn tot geweint · Undine geht · Abwarten, bis sich etwas ändert · Mord als Fehlleistung · Auftragsmord als moderne Rache · Der Wahnsinn der öffentlichen Moral

10. Lösungen   173
Liebe · Versöhnung · Neuanfang · Veränderung

11. Zur Psychologie der Liebesaffären   195
Das Tollhaus der Möglichkeiten · Lebenslange Liebe? · Geben und Nehmen · Die apokalyptischen Reiter · Stress macht hässlich · Die Zeiten der Reifung · Liebesaffären in der Paartherapie · Erinnerungen an meine Geliebten

12. Literaturverzeichnis   229

13. Verzeichnis der Abbildungen   232

Zur Einführung: Verwirrende Gefühle

Sagt der Liebhaber zur Geliebten: »Die Zeit, während ich verreist bin, könntest du eigentlich dazu benützen, deinem Mann treu zu sein« (Schnitzler, S. 229). Führt sich da etwa der Liebhaber auf wie ein Ehemann? Fordert er gar Treue von seiner Geliebten? Ist er nicht selbst der Treulose? Wer ist da eigentlich noch Liebhaber, wer Ehemann, was ist eine Liebesaffäre und wie steht sie zur Ehe? »Ein überraschter Liebhaber. Der Mann kommt dazu, gibt sich als Liebhaber aus. Darauf der Liebhaber als Mann« (Schnitzler, S. 193). Arthur Schnitzler hat es gut verstanden, die verwirrenden Gefühle bei Liebesaffären zu beschreiben: »Knops fühlt sich als der Geliebte seiner Frau. Er hat endlich den früheren Liebhaber seiner Frau hinausgeworfen, nun sitzt seine Frau bei ihm, wenn er Karten spielt, kokettiert mit ihm; er fühlt sich geschmeichelt, kommt sich vor wie der glückliche Nebenbuhler« (Schnitzler, S. 199).

Was ist eine Liebesaffäre? Eine Liebesaffäre ist der Anfang vom Ende! Eine Liebesaffäre hält eine Beziehung frisch! Eine Liebesaffäre trifft die Liebenden wie Amors Pfeile! Die Kontroversen über das, was wir die *Liebesaffäre*, die *affair d'amour*, die *love affair*, die *aventura amorosa* oder die *ventura d'amore* nennen, sind nie endgültig zu beenden, weder durch Moral und Strenge noch durch Liberalität und freiheitliche Sexualauffassung. Auch die Psychologie hat dazu keine einheitliche Meinung und schon gar keine Rezepte, denn für die Psychologie geht es weniger um die Konflikte selbst, als vielmehr um den Umgang mit ihnen. Darüber hinaus steht man mit der Interpretation der Liebesaffären im Zentrum der kulturell bestimmten Sexualmoral. Die private Ordnung der Liebe in der Ehe ist immer auch Teil der allgemeinen Ordnung, ein Mikrokosmos, ein Reflex auf die Ehe und zugleich ihr Stabilisator.

Paar-Beziehungen als Liebesbeziehungen sind heute besonderen Belastungen ausgesetzt; als psychische Orte sind sie zuständig für alles, was mit Nähe, Glück, Geborgenheit, Gefühl, Privatheit, Persönlichem, Intimität und Liebe zu tun hat. Wenn im Laufe einer langen Beziehung die inneren Bilder, die sich mit Gefühlen der Liebe, der Geborgenheit und der Sexualität verbinden, schwächer werden, und das ehemalige Liebesobjekt nicht mehr so besetzt werden kann, dann ist das der Tribut der Ideale an die Kräfte der Realität, dann entsteht die Patina der Beziehungswirklichkeit auf den sakralen Insignien der Liebe. Je weniger sich die intimen und persönlichen Gefühle realisieren bzw. auf Dauer leben lassen, desto stärker wird die Sehnsucht nach Liebe.

Liebe ist als Gefühl zeitlos, sie ist Sehnsucht, Verlangen und Verschmelzung, ist das größte Glück auf Erden und ein Leben ohne sie erscheint beinah sinnlos. Eine solche Liebe ist menschlich, universell, gut und wohl denen, die an ihr teilhaben können, keiner möchte es ihnen missgönnen! Wie ist es nun aber um eine Affäre im Gegensatz zu einer erwünschten und ersehnten Liebe bestellt? Eine Affäre rückt die Liebe in ein anderes Licht, sie macht die Liebe fragwürdig. Ist eine Affäre eine Liebe, die sich zwischen den falschen Menschen zum falschen Zeitpunkt und am falschen Ort ereignet? Ist eine Liebesaffäre gar eine falsche Liebe – und wenn ja, was ist dann eine richtige Liebe? Wer beurteilt, was richtig und was falsch ist? Schlimmer noch: Was für die Liebenden selbst immer richtig ist und als Gefühl nie falsch sein könnte, wird manchmal für ihre Partner, Nächsten, Liebsten und Familien zur verwerflichsten Sache schlechthin. Aber auch die Liebenden selbst sind geplagt von widersprechenden Gefühlen: Sie sind manchmal unglücklich über ihre Liebe, leiden unter ihr, verstecken sie, fühlen sich schuldig, möchten in einem Moment nur noch in dieser Liebe leben und wünschen sich Sekunden später, sie wären diesem wunderbaren anderen nie begegnet. Wer will derartige Gefühlsverwirrungen verstehen, in denen Liebe und Wahnsinn, Verzückung und Schmerz, Leere im Kopf und Schmetterlinge im Bauch so eng beieinander liegen? So ist die Perspektive der Liebenden. Die anderen sind die Betrogenen, Verlassenen, Verratenen, Gehörnten und Verletzten; wer will erst ihre Gefühle verstehen, angesichts des Liebesverrats, der ihnen schier den Boden unter den Füßen wegzuziehen droht und ihnen scheinbar alles nimmt, worauf sie sich bislang eingelebt und verlassen hatten? Wie werden sie erst fertig mit den Kränkungen, dem Verlust ihres Lebensentwurfs und ihrem Schmerz? Trennung und Rache sind die beinahe natürlichen, weil verstehbaren, Gedanken. An Wiedergutmachung ist kaum zu denken.

In solchen verwirrten Gefühls- und Geisteszuständen kommen Paare auch in die Therapie, mit traurigen und verletzten Gefühlen der eine, mit verliebten und schuldigen Gefühlen der andere Partner. Beide verstehen auf unterschiedliche Weise die Welt nicht mehr, und sie haben eine dritte, unsichtbare Person in die Therapie mitgebracht, jenes Objekt der Begierde und des Hasses, das sie seit einiger Zeit in einer so genannten Dreiecksbeziehung glücklich und unglücklich sein lässt. Die bisherigen Glaubensgrundsätze erscheinen fragwürdig, nichts scheint mehr so zu sein, wie es einmal war, die Welt steht Kopf, nichts stimmt mehr. Es gibt nur noch Fragen: Was ist Liebe, was ist eine gute Ehe, was ist Moral und Intimität, was gelten Versprechen und was ist Verrat, was sind die Motive des Liebesverrats des Partners, was hat die Affäre mit der eigenen Beziehung der letzten Jahre zu tun, geht es um Veränderung der eigenen Beziehung, lohnt es sich also zu kämpfen, oder ist dies der Anfang vom Ende, stehen dahinter Trennungsabsichten, können und sollen sie sich arrangieren, was sind die Gründe für die Liebesaffäre, kann man überhaupt noch glauben, was der andere sagt, wie lange wollen oder können sie diesen Zustand noch ertragen, wie lange müssen sie ihn, der Kinder wegen, noch aushalten, was ist die Wahrheit in diesen turbulenten Gefühlen, welche Sanktionen müssen angedroht und eingeleitet werden, braucht man die sofortige Rache und kann dabei überhaupt eine Beratung oder Therapie helfen, ist das nicht alles eigentlich eine Privatsache, ein schlechter Traum oder einfach eine Krise, durch die man hindurch muss? Lösungen sind gefragt, vor allem schnelle, denn nicht der Tod der Beziehung ist so sehr das Problem als vielmehr ihr langsames Sterben. So fragt sich das Paar, das sich selbst einmal so grenzen- und zeitlos verliebt fühlte: War die Ehe nicht von Anfang an ein Irrtum oder zumindest zum Scheitern verurteilt, warum waren wir so lange blind, sind die Gefühle nicht schon lange tot in unserer Ehe?

Die Themen dieses Buches werden nicht nur aus fachlich-psychologischer Perspektive abgehandelt. Bei aller Liebe zur Psychologie wäre eine solche Vorgehensweise dann doch zu trocken und diesem schönen Thema nicht angemessen. Neben der psychologischen Perspektive habe ich drei weitere, deren Vermengung mit der Psychologie dem wirklichen Leben hoffentlich sehr nahe kommt. Zum einen sind dies Beispiele aus meiner Praxis als Paar- und Familientherapeut. An dieser Stelle möchte ich meinen Klientinnen und Klienten danken, den Paaren, ohne die dieses Buch nicht möglich gewesen wäre und von denen ich viel gelernt habe. Die Paartherapie ist mir in den letzten 15 Jahren zu einer »Herzenssache« geworden, ebenso wie die Arbeit mit den Paaren im Rahmen von Familientherapien. Die Paarbeziehung als Liebesbeziehung ist nun mal das Herzstück jeder Familie und wahrscheinlich auch das Beste für die Kinder, denn: Das Beste, was ein Vater für seine Kinder tun kann, ist ihre Mutter zu lieben!

Die zweite Darstellungs- oder Bearbeitungsebene ist die der Literatur. Ich glaube, dass Literatur niemals nur ein Spiegelbild der jeweiligen Zeit ist,

Einführung

sondern vielmehr eine Verarbeitung der Themen, Ängste, Widersprüche oder Konflikte einer Epoche enthält. Literatur ist aktiv und bisweilen provokant, aber niemals nur passives Abbild. Literatur ist Psychologie in Prosa, Poesie und Lyrik, denn der Kern der Psychologie sind die Gefühle. Wenn wir von Liebesaffären sprechen, dann geht es um solche tiefen Gefühle, um Liebe, aber auch um Depressionen, Aggressionen, Rachegelüste, Mordphantasien, das heißt um Irrationales. Die Sprache der Gefühle und der unbewussten Phantasien ist nicht rational, sondern erschließt sich über Bilder, die entschlüsselt werden müssen, über deren Metaphorik und Symbolik. Daher ist die Darstellung eines literarischen Werks manchmal treffender, prägnanter, tiefer und einsichtiger als jede psychologische Analyse.

Die dritte Ebene der Bearbeitung des Themas ist die der großen historischen Beispiele und ihrer Protagonisten, die Liebesaffären der Berühmtheiten. Ihre Geschichten habe ich deshalb angeführt, weil sie zeigen, dass auch unsere Ideale und Idole zunächst einmal Menschen sind und ihre Liebesaffären uns helfen können, uns selbst oder andere nicht so zu verurteilen und moralisch zu bewerten. Ich denke, dass die Verbindung von Erfahrungen aus Paartherapien, literarischen und realen Beispielen und fachlichen Reflexionen nicht nur angenehmer zu lesen ist, sondern auch das Thema Liebesaffären besser verstehen lässt.

Mein herzlicher Dank geht an meine Frau Susanne, die die verschiedenen Versionen dieses Buches mit endloser Geduld gelesen, gestrichen und geändert hat. Es ist ein Glücksfall, dass sie mich aus mehr als 30 Jahren Paarbeziehung nicht nur sehr gut kennt, sondern auch als Paar- und Sexualtherapeutin arbeitet. Und unseren vier Kindern sei dafür gedankt, dass sie mich geduldig arbeiten ließen.

Anmerkung: Als Mann benutze ich durchgängig die männliche Anrede, die Frauen mögen dies entschuldigen. Eine durchgängige Verwendung beider Anredeformen wäre korrekter, aber hemmender für den Lesefluss.

1. Liebessehnsucht

Die Liebessehnsucht steht am Anfang jeder Liebesbeziehung. Noch bevor wir einen Menschen kennen und lieben lernen, haben wir ein inneres Bild von ihm oder ihr, nicht als Person, aber als umfassende Antwort auf unsere tiefsten Wünsche. Wir scheinen zu wissen oder besser zu fühlen, wie diese Liebesbeziehung sein sollte, wir haben ein inneres Traumbild von ihr. Wir kennen sie manchmal aus vorherigen Erfahrungen, wir kennen sie in Teilen, wir haben sie vielleicht in ihren verschiedenen Erscheinungsformen schon einmal erlebt, aber als ganze, einheitliche, alle Formen der Liebe enthaltende und sie dennoch übersteigende Erfahrung besteht sie nur in unserer Sehnsucht. Dort ist Liebe sowohl Nähe, Verschmelzung, Erotik, Zärtlichkeit, als auch Sexualität, Sorge, Bindung, Intimität, Leidenschaft, Verbindlichkeit und vieles andere, aber sie ist immer auch noch mehr als das alles zusammen. Sie ist romantische Liebe, spielerische, freundschaftliche, besitzergreifende, pragmatische und altruistische Liebe in einem. Sie bedeutet, den anderen so zu sehen, wie Gott ihn gemeint haben könnte (Dostojewski), aber als Sehnsucht bleibt sie göttlich und himmlisch und dadurch mit dem Irdischen irgendwie nicht vereinbar.

Im Vergleich mit der Liebesbeziehung ist die Liebessehnsucht immer noch größer, unersättlicher und umfassender, als es eine Wirklichkeit jemals sein kann. Und auch wenn wir in einer konkreten Liebesbeziehung unsere Sehnsucht befriedigen können, so scheint dies jeweils nur für eine begrenzte Zeit und in einer begrenzten Realität möglich zu sein. Gegen die Liebessehnsucht hat die reale Liebesbeziehung kaum eine Chance, vielleicht in besonderen Momenten des Glücks, aber nicht dauerhaft. Ist diese Liebessehnsucht eine ewige und letztlich unerfüllbare Hoffnung nach bedingungsloser Liebe, grenzenlosem Verstandenwerden, symbiotischem Aufgehobensein? Ist Liebessehnsucht womöglich unmenschlich, nur im Himmel zu finden und zu beantworten, oder ist sie ein inneres Ideal, das sich immer wieder neu verändert, sobald wir glauben, es verwirklicht zu haben? Sind dann Liebesaffären ein Kind der reinen, ewigen, übersteigerten und letztlich unbefriedigten Liebessehnsucht und damit eher himmlischen Idealen folgend als irdischen Unzulänglichkeiten? Liebe, zumal die wahre oder große Liebe, scheint es für uns Menschen nur in wenigen

Momenten dieses irdischen Lebens zu geben, die konkreten Liebesbeziehungen können diese Sehnsucht nur manchmal befriedigen. Sucht sich dann die Sehn-Sucht jeweils neue Partner, versucht sie sich in Liebesaffären zu verwirklichen?

»So süßes Sinnen, solch allmächtig Sehnen...«

In Dantes »Göttlicher Komödie« finden wir bereits alles über die Liebesaffären und ihre Folgen: Francesca war nach den Regeln einer Standesheirat und aus politischen Gründen mit dem Herrn von Rimini, Gianciotto Malatesta, verheiratet worden. Sie liebte aber den Bruder ihres Mannes, Paolo. Als Gianciotto das Verhältnis der beiden Liebenden entdeckte, schlug er beide tot. Als Sünder kommen sie in die Hölle und werden dort von Dante (also dem Dichter selbst) und seinem Dichterfreund Vergil besucht. Die Hölle ist ein tiefer, finsterer Trichter, der sich spiralförmig in Kreisen in die Erde bohrt. Die aus Liebe und Leidenschaft schuldig gewordenen Sünder befinden sich im zweiten Kreis der Hölle. Dort werden sie nicht etwa gemartert, sondern müssen als körperlose Schatten einen niemals endenden Flug entlang der Felsmauern fliegen (Dante, S. 31ff).

»Die höllische Windsbraut treibt, die nimmer ruht
Die Geister um, es quält sie ohn Erlahmen
Mit Stoß und Schleudern ihres Wirbels Wut;
Und wenn dem Felsgeklüft sie nahe kamen,
Da tönt das Heulen, Jammern, Wehescrein,
Da lästern sie der Gottheit hohen Namen.
Kund ward mir, daß verdammt zu solcher Pein,
die Fleischessünder, die da blind willfahren,
Vernunft mißachtend, dem Gelüst allein.
Wie um die Zeit des Frosts ein Flug von Staren
In breitem, dichtem Schwarme schwirrt einher,
So weht der Wind hier die verdammten Scharen:
Hinauf, hinunter gehts, die Kreuz und Quer,
Ohn aller Hoffnung Trost in solchem Ringen
Auf Ruh, auf Pein auch nur, die minder schwer.
Und wie die Kraniche ihr Klaglied singen,

Liebessehnsucht

Wenn sie in langen Reihn am Himmel ziehn,
So sah getragen ich von Sturmensschwingen
Die Schatten kommen, die so kläglich schrien,
Und fragte:»Meister, wer ist dieser Hauf,
der so gepeitscht von nächtigem Hauch muß fliehen«.

Es sind diejenigen, »die von sündiger Sinnenbrunst bezwungen wurden« und unter ihnen sind Semiramis, Kleopatra, Helena, Achill, Armor, Paris Tristan und »mehr als tausend« weitere, die ihre Liebe in dieses Reich der Schatten sandte. Zwei von ihnen rühren den Dichter ganz besonders an und er fragt Vergil nach ihren Namen:

»›Ach, Meister,‹ bat ich, ›gerne möcht ich fragen.
Die zwei, die da selbander wehn im Wind
Und die so federleicht er scheint zu jagen.‹«

Und Vergil antwortet, er solle warten, bis sie näher gekommen seien und dann solle er sie anrufen im Namen der Liebe, denn durch die Liebe seien sie alle hierher geraten.

»Hab acht, wenn sie uns näher sind,
Dann, bei der Minne, die sie treibt mit Flehen
Beschwöre sie, so kommen sie geschwind.«

Der Liebe Ruf ereilt sie, sie kommen näher und der Dichter fragt sie, wer sie seien und was sie hier in der Hölle gefangen halte. Und Francesca erzählt die Geschichte ihrer beider Liebe, die auf Erden nicht gelebt werden konnte und die sie in der Hölle als Schatten auf Ewigkeit beieinander halte. Dante ist berührt von der Geschichte der Liebenden:

»Vernehmend dieser Seelen kläglich Minnen,
Neigt' ich das Haupt und hielt den Blick gesenkt,
Bis mich der Dichter frug: ›Was mußt du sinnen?‹
Und ich drauf: ›Wehe, wie's mein Herze kränkt!
So süßes Sinnen, solch allmächtig Sehnen,
Zum Pfad des Jammers hats den Schritt gelenkt.‹«

Liebessehnsucht

Der Dichter will mehr wissen über die Liebe der Beiden, der gehörnte Ehemann interessiert ihn überhaupt nicht; er fragt Francesca, wie es zu dieser brennenden Liebe kam, die als verbotene Liebe mit dem Tod der Liebenden geahndet wurde und diese antwortet:

»Wir lasen einst, auf Kurzweil nur bedacht,
wie Lancelot sich wand in Liebesbanden;
Allein war ich mit ihm, ohn Arg und Acht.
Beim Lesen kams, daß sich die Blicke fanden,
Und mehr als einmal blich die Wang uns beiden,
Doch eines machte Will und Wehr zuschanden:
Vom Lächeln lasen wir, wie dran sich weiden
Die Blicke, wie ers küßt, der Buhle hehr, –
Da küßt auch mich, den nichts von mir kann scheiden,
Erzitternd küßte meinen Mund auch er...
Galeotto war das Buch und ders erdachte!
An jenem Tage lasen wir nicht mehr...
Die arme Seele sprachs, die andre brachte
Kein Wort hervor und schluchzte, daß mein Sinn
Vor Mitleid schmolz und ich zu sterben dachte;
Und wie ein Toter fällt, so fiel ich hin.«

Schöner, kürzer, eindringlicher, poetischer kann man dies nicht erzählen als Dante in seiner »Göttlichen Komödie«: Ehe, Liebe, Sehnsucht, Verrat, Tod, Hölle und ewiges schattenhaftes Zusammensein in der Verdammnis. Alles liegt sehr nah beieinander, es ist ein Klagelied an die Liebe und zugleich ein Lobgesang zu ihren Ehren.

Am Anfang jeder Liebe – ob wahr oder falsch, gerecht oder ungerecht – existiert die Sehnsucht nach ihr, die Liebesbeziehung selbst ist eher die Antwort auf all das »süße, sinnliche Sehnen«. Und wahrscheinlich war Dante Alighieri nur in der Lage, solch tiefe Sehnsucht zu beschreiben, weil er sie selbst als Mensch auch nur allzu gut kannte. In seiner Comedia, die später »die göttliche« (divina) genannt wurde und die er erst in den letzten acht Jahren seines Lebens schrieb, durchwandert der Erzähler die Reiche des Jenseits: Hölle, Fegefeuer und Paradies, geführt von seinem altrömischen Dichterfreund Vergil. Auf seinem Weg durch das Jenseits trifft Dante viele berühmte Persönlichkeiten, mit denen er die wichtigsten Fragen des Lebens, der Dichtung, der Kunst, der Philosophie und der Religion bespricht. Im Paradies schließlich wird Dante geführt von der großen Liebe seines wirklichen Lebens: Beatrice. »Die zur Göttin sublimierte Frau hatte ein reales Vorbild: Dante verliebte sich in das Nachbarmädchen Beatrice, als er neun und sie acht Jahre alt war. In Florenz, wo der Dichter 1265 als Sohn eines nicht weiter bedeutenden Bürgers zur Welt kam, waren Hochzeiten unter Kindern gang und gäbe, vielleicht lag es deshalb einem neunjährigen Knaben nicht so fern, auf ein gleichaltriges Mädchen glühende Blicke zu werfen. Dante selbst wurde wahrscheinlich als Zwölfjähriger verehelicht – nicht mit Beatrice, sondern mit einem Mädchen namens Gemma, die ihm mehrere Kinder schenkte. Beatrice ihrerseits wurde einem Witwer namens Bardi anvertraut, einem Bankier, der sehr viel älter war als sie und dessen Zuneigung sie, so will es die Überlieferung, nicht erwidern konnte« (Sichtermann, S. 71). Bereits in seiner Jugenddichtung »Vita nuova« hatte Dante Beatrice ein Denkmal gesetzt, und sie mit all seiner Sehnsucht und Dichtkunst so genau beschrieben, dass viele durch diese Beschreibungen inspirierte Maler sich an ihrem Bild versuchten (siehe z.B. Henry Holiday: Dantes erste Begegnung mit Beatrice am Arno zu Florenz, 1861).

Es gibt also mindestens zwei Wege, wie sich die Liebessehnsucht und eine konkrete Person begegnen können. Man kann zunächst eine Idee oder ein inneres Bild von einer Liebessehnsucht haben, die sich dann an eine konkrete Person bindet. Man kann aber auch eine Person kennen, die all diese imaginären Sehnsüchte auslöst, die zum Synonym oder Sinnbild der Liebessehnsucht wird. Dennoch bleibt eine Gemeinsamkeit: immer werden innere Bilder der Liebessehnsucht und einer umfassenden Liebe verknüpft mit einer Person. Psychologisch gesehen ist dies eine Projektion von Liebessehnsüchten und -idealen auf eine konkrete Person oder Liebesbeziehung. Wenn also die konkreten Personen nur Empfänger der Botschaften sind, d.h. Projektionsflächen der Sehnsüchte, dann haben diese Gefühle ihren Ursprung in den Menschen selbst, dann haben sie etwas zutiefst Menschliches, das sie zugleich an die anderen Menschen bindet und sie von ihnen abhängig macht. Es ist somit die Sehnsucht nach einem Beantwortet-Werden, einem Geliebt-Werden durch einen anderen, die den Menschen erst vollständig und erfüllt sein lässt.

Die Liebessehnsucht der Kugelmenschen

Woher kommt diese tiefe und nahezu unersättliche Liebessehnsucht des Menschen? Warum genügen wir uns nicht selbst? Eine der schönsten Antworten auf diese ewige Frage findet sich bereits bei Platon in seiner Geschichte von den Kugelmenschen. In seiner Schrift »Symposion« lässt Platon den Dichter Aristophanes die Geschichte von den Kugelmenschen erzählen. Nach Aristophanes war damals »die ganze Gestalt eines Menschen rund, indem Rücken und Seiten eine Kugel bildeten; Hände aber hatte ein jeder vier und ebenso viele Füße und zwei einander völlig gleiche Gesichter auf einem kreisrunden Halse, für beide einander entgegengesetzt liegende Gesichter aber einen gemeinsamen Kopf, zudem vier Ohren und zwei Schamglieder und alles andere wie man es sich hiernach wohl ausmalen kann. Man ging nicht nur aufrecht, wie jetzt beliebig, in der einen oder anderen Richtung, sondern, wenn sie es eilig hatten, machten sie es wie die Radschlager, die mit gerade empor gestreckten Beinen sich im Kreise herumschwingen: auf ihre damaligen acht Gliedmaßen gestützt bewegten sie sich im Kreisschwung rasch vorwärts. So gab es denn der Geschlechter drei und von dieser Beschaffenheit; und das aus dem Grunde, weil das männliche ursprünglich von der Sonne stammte, das weibliche von der Erde und das aus beiden gemischte vom Mond; denn dieser hat Teil an beiden, an Erde und Sonne. So waren sie denn, sie selbst wie auch ihr Gang kreisförmig, weil sie ihren Eltern ähnlich waren. Sie waren demnach von gewaltiger Kraft und Stärke und von hohem Selbstgefühl, ja sie wagten sich sogar an die Götter heran« (Platon, zit. n. Schmölders, S. 25).

Hier wird den Liebenden aus der Seele gesprochen: Sie fühlen sich in ihrer Einheit so stark, als seien sie Kinder von Sonne und Erde und könnten es als solche sogar mit den Göttern aufnehmen. Den Göttern allerdings gefiel diese Entwicklung ganz und gar nicht, sie hielten Rat und an dessen Ende kam Zeus zu einem Entschluss, wie mit den Kugelmenschen weiter umzugehen sei: »Ich werde jeden in zwei Hälften zerschneiden, und die Folge wird sein, dass sie nicht nur schwächer, sondern auch nützlicher werden, weil sie an Zahl dann mehr geworden sind. Fortan werden sie aufrecht gehen auf zwei Beinen« (Schmölders, S. 26). Daraufhin zerschnitt Zeus persönlich die Kugelmenschen und wies Apoll an, die Schnittflächen zu verheilen. »Dieser drehte ihnen das Gesicht um, zog von allen Seiten die Haut über der jetzt Bauch genannten Fläche zusammen, und band sie dann auf der Mitte des Bauches zusammen wie einen Schnürbeutel, indem er eine Öffnung ließ, die man jetzt Nabel nennt« (Schmölders, S. 26). So entstand die Sehnsucht nach einem anderen Menschen und seither suchen alle Menschen ihre andere »bessere Hälfte«. »Als nun so ihre ursprüngliche Gestalt in zwei Teile gespalten war, ward jede Hälfte von Sehnsucht zur Vereinigung mit der anderen getrieben: sie schlangen die Arme umeinander und schmiegten sich zusammen, voll Begierde zusammenzuwachsen« (Schmölders, S. 26). Dies ist die Geburtsstunde der Liebessehnsucht. Jede einzelne Hälfte, jeder einzelne Mensch erscheint unvollständig und sehnt sich nach der Vereinigung mit einem anderen Menschen, seiner anderen Hälfte.

Gibt es für jeden Menschen nur eine passende andere Hälfte, oder passt zu jeder Hälfte auch jede andere komplementäre? In dem Gleichnis von Platon sind beide Varianten denkbar: Grundsätzlich passen alle Menschen zusammen, weil immer eine Hälfte in Vereinigung mit einer anderen ein Ganzes, eine Einheit entstehen lässt. Andererseits ist in dem Gleichnis aber auch die romantische Idee enthalten, dass es irgendwo die eine, wahre, wirkliche andere Hälfte eines Menschen gibt, die passt wie keine andere. Das wäre dann der oder die Einzige, die wahre Liebe, bei deren Anblick der Blitz in beide fährt, sie von Amors Pfeilen getroffen werden und sie sich ihrem Schicksal, das nur von den Göttern vorherbestimmt sein kann, ergeben müssen. Wenn zwei Menschen sich verlieben, dann empfinden sie es anfangs so, als ob sie ihre andere Hälfte gefunden hätten. Was ist der Unterschied zwischen dem Verlieben und einer Liebesaffäre? Für die beiden betroffenen Liebenden eigentlich gar nichts, außer, dass sie beide oder einer von beiden bereits in einer Liebesbeziehung gebunden sind.

Ist eine Liebesaffäre eine solch schicksalhafte Begegnung zweier Menschen, von denen einer oder beide mit einer anderen Hälfte bereits vereinigt sind? Und dürfen sie dann ihrem Schicksal folgen, dürfen sie sich der Liebe ergeben? Das würde dann in der Konsequenz bedeuten, dass sie sich von ihren jeweiligen anderen Hälften lösen müssten? Tun sie dies nicht, dann müssen sie den Rest ihres Lebens in quälender Sehnsucht nach einander verbringen! So sind die Liebenden in einem Dilemma: Wenn sie der Liebessehnsucht nach einer Vereinigung nachgeben, dann erleben sie das lang ersehnte Liebesglück. Aber sie zahlen einen Preis: Die Schuldgefühle gegenüber ihren bisherigen Partnern, von denen sie sich nun trennen müssen. Bleiben sie aber bei ihren bisherigen Partner, dann steigert sich die Sehnsucht manchmal ins Unermessliche, dann leben sie zwar weiterhin ohne Schuld, aber ihre Sehnsucht ist voller Schmerz. Dann wissen sie zwar, dass sie von den Göttern dafür geschaffen sind, mit einem anderen geliebten Menschen zusammen zu sein und eigentlich nach dem Schicksal mit ihm oder ihr zusammengehören, aber die Moral siegt: Die Verantwortung gegenüber dem bisherigen Partner, das einst gegebene Liebesversprechen. Vielleicht aber verzichten sie auch nur in dem Moment, in der Hoffung, sich irgendwann wieder einmal zu begegnen. Dann bleibt die Liebessehnsucht wach, die Gefühle werden konserviert und beide wissen, dass ihre Zeit kommen wird.

So ergeht es dem Reeder Florentino Ariza und seiner Jugendliebe Femina Daza in der Erzählung »Die Liebe in den Zeiten der Cholera« von Gabriel Garcia Marquez. Es ist die große Liebe zwischen zwei Menschen, die über Jahrzehnte aufeinander gewartet haben, und die noch im Alter das schamhafte Erröten beim verliebten Gurren des anderen nicht verlernt haben. Florentino Ariza und Fermina Daza waren als Jugendliche verliebt, wechselten unvergleichliche Briefe, bis die Liebe drastisch unterbunden wurde. Aber Florentino gab die Hoffnung Jahrzehnte lang nicht auf, eines Tages mit seiner Geliebten zusammen zu sein – und sie dann nie wieder zu verlassen. Und obwohl er viele Frauenbekanntschaften hatte und sie mit einem Arzt viele Jahre verheiratet war, wartete er innerlich weiterhin auf diese Frau. Als ihr Mann tödlich verunglückte, warb er erneut um sie – diesmal erfolgreich. Bei einem seiner Besuche lädt er sie zu einer Erholungsreise auf dem Fluß auf eines seiner Schiffe ein. Sie kommen sich näher, er seufzt: »Wie seltsam doch die Frauen sind«, sie lässt das tiefe Gurren einer jungen Taube hören und ruft nach dem ersten Kuß aus: »Mein Gott, was bin ich auf Schiffen verrückt«, und schläft nach mehr als zwanzig Jahren zum ersten Mal wieder mit einem Mann. Und nachdem beide erkannt haben, dass die Rückkehr in ein Haus wie Sterben sein würde, weil sie sich einen anderen Ort ihrer Liebe nicht mehr vorstellen können, beschließen sie, auf dem Schiff mit der gelben Choleraflagge zu bleiben. Der Kapitän des Schiffes sieht seinen Reedereibesitzer bei der Nachricht zweifelnd an. »Meinen Sie das im Ernst?‹ fragte er. ›Seit meiner Geburt habe ich kein einziges Mal etwas gesagt, was nicht im Ernst gemeint gewesen wäre‹, erwiderte Florentino Ariza. Der Kapitän sah Fermina Daza an und entdeckte auf ihren Wimpern das erste Glitzern winterlichen Reifs. Dann schaute er Florentino Ariza an, sah seine unerschrockene Liebe und erschrak über den späten Verdacht, daß nicht so sehr der Tod, vielmehr das Leben keine Grenzen kennt. ›Und was glauben Sie, wie lange wir dieses Scheiß-Hin und -Zurück durchhalten können?‹ Florentino Ariza war seit dreiundfünfzig Jahren, sieben Monaten und elf Tagen und Nächten auf die Frage vorbereitet. ›Das ganze Leben‹, sagte er« (Marquez, 2004, S. 508f).

As time goes by

Bei Marquez wird die Sehnsucht erfüllt, nachdem sie über Jahrzehnte konserviert wurde und die Phantasie des Lesers wird an den Lebensabend der Verliebten auf dem Schiff mit der gelben Flagge gebunden. Hier wird die Sehnsucht befriedigt, aber wehe wenn sie unbefriedigt bleibt, dann sind die Leser noch Jahrzehnte damit beschäftigt, eine Vereinigung der Liebenden zu phantasieren. Und die Liebenden? Sie hoffen, dass sie sich nur für den Augenblick verabschieden, aber der Trennungsschmerz ist überwältigend, weil keiner wirklich weiß, ob man sich jemals wiedersehen wird. Dies ist dann die Geschichte von Rick und Ilsa in dem wohl bekanntesten Film über die Liebessehnsucht, »Casablanca«.

Der Film Casablanca, basierend auf einem Theaterstück, war eigentlich ein politischer Propagandafilm gegen die deutschen Nationalsozialisten, den Michael Curtiz 1942 drehte. In Ricks »Cafe Americain« treffen sich die Franzosen, deren Land von den Deutschen besetzt ist, und stimmen dort die Marseillaise gegen die grölenden deutschen Besatzer an. Rick ist der gute, gerechte, freiheitsliebende Besitzer, der sich scheinbar nicht einmischt und gerade damit riskiert, dass die Deutschen ihm sein Cafe schließen. Seine lakonische Art, seine depressive Verschlossenheit und sein Zynismus haben ihre Ursache in einer alten Liebeswunde, die noch nicht verheilt ist – der Mann leidet. Er selbst war nach einer Liebesaffäre aus Paris geflohen, um die Frau weitab in Casablanca zu vergessen. Als Rick und Ilsa sich damals in Paris trafen, »musste sie glauben, dass ihr Mann tot sei, denn er war gefangen und ins KZ verschleppt worden. Aber sprechen konnte und durfte sie nie darüber – die Geheimhaltung ging und geht soweit, dass niemand wusste und weiß, dass sie verheiratet ist. Just als die Deutschen in Paris einmarschierten und sie mit Rick flüchten wollte, tauchte Viktor auf: Er brauchte sie. Was hätte sie tun sollen? Der Kinobesucher weiß: Ihr Herz hat immer Rick gehört« (Sichtermann, S. 235f). Beide verbindet ein Lied, das für ihre Liebe steht: *As time goes by*. In Ricks Lokal ist sogar das Glücksspiel erlaubt, aber der Pianist Sam (»Do it again, Sam«) hat strikte Anweisung, dieses Lied niemals zu spielen. Eines Abends spielt er es doch auf besonderen Wunsch einer Dame – und Ilsa steht in der Tür. Sie ist in Begleitung ihres Mannes Viktor Laszlo, der den Widerstand gegen die Deutschen organisiert und dringend eine Fluchthilfe braucht.

Wieder entsteht der Konflikt zwischen Liebe und Politik, Privatinteresse und Gemeinwohl, Sehnsucht und Verzicht. Rick entscheidet sich wieder für den Verzicht und das Gute, gegen die Liebe und die Sehnsucht. Er hilft Viktor Laszlo zur Flucht. »Ilsa, die gehofft hatte, bei Rick bleiben zu können, wird Viktor wie stets begleiten, In dieser letzten großen Szene des Films wirft ihr Hut einen Schatten über ihr Gesicht, dennoch erkennt man ihre Tränen. Rick überzeugt sie: Die freie Welt braucht Viktors Tatkraft und was ist er ohne sie?

Der Edelmut siegt über das Gefühl, die Freiheitsliebe über die Eifersucht, die Pflicht über die Sehnsucht. Als das Flugzeug abhebt und Bogart und Rains in die neblige Nacht hinauswandern, weiß man: Ilsa und Rick werden sich wieder sehen. Einmal wird der Krieg zu Ende sein, Untergrund und Heldentum wird man nicht mehr brauchen, und dann... Eine so schöne Liebe muss sich erfüllen« (Sichtermann, S. 237). Die Sehnsucht bleibt unerfüllt und es ist der Phantasie der Zuschauer überlassen, die beiden Liebenden zusammenzuführen. Und nur dort, in der jeweils eigenen Phantasie der einzelnen Zuschauer, kann die Vereinigung auf die schönste, persönlichste und tiefste Weise stattfinden, viel besser als in jedem Film oder irgendeiner Wirklichkeit. Das mit Sehnsucht gefüllte offene Ende macht den Film zu einem der Klassiker, wahrscheinlich zu dem immer noch beliebtesten Film in den USA.

Ingrid Bergmann, die mit diesem Film nicht nur zu einem US-amerikanischen Idol wurde, erging es persönlich nicht weniger tragisch mit ihren Liebesbeziehungen und -affären als im Film. Sie war verheiratet und hatte eine elfjährige Tochter mit dem schwedischen Zahnarzt Petter Lindström, als sie sich in den italienischen Regisseur Roberto Rosselini verliebte, der zu diesem Zeitpunkt ebenfalls verheiratet war. Ihre Liebesaffäre hatte zunächst einen hohen Preis, denn ihr Mann verhinderte über sechs Jahre, dass sie ihre Tochter sehen konnte und durch diese Affäre wurde sie in den USA zu einer persona non grata. »Der Bruch mit ihrer Vergangenheit, ihre Heirat am 24.5.1950 und die drei Kinder mit Rosselini lösen in den USA einen Skandal aus, der in einer einstündigen Schmährede im US-Senat gipfelt« (Sichtermann, S. 251). Nur sieben Jahre nach der Heirat und nach drei Kindern gaben Ingrid Bergmann und Roberto Rosselini im November 1957 ihre Scheidung bekannt. Wieder einmal war eine Phantasie an der Realität gescheitert.

Liebessehnsüchte zwischen Realität und Phantasie

Liebessehnsucht in der Phantasie und eine konkrete Liebesbeziehung in der Realität scheinen sich so zueinander zu verhalten, wie das Geld und ein konkreter Einkauf. Solange man das Geld hat, kann man sich damit sehr viele verschiedene Dinge kaufen, man hat die Wahl. Wenn aber mit dem Geld erst einmal ein realer Einkauf gemacht wurde, dann ist die Wahl vorbei, dann ist dies das Ende aller Gedankenspiele, dann ist der gekaufte Gegenstand zur Wirklichkeit gewordene Phantasie – und damit zugleich der Abschied von ihr.

Sobald die Ideale zur Wirklichkeit werden, scheinen sie keine Chance mehr zu haben, ideal zu sein. Wirklichkeit wirkt immer ernüchternd auf die Phantasie. Aber die Phantasien hören ja nicht auf zu existieren und solange die Menschen leben, haben sie welche. Die Phantasien – und mit ihnen die daran hängenden Hoffnungen, Wünsche, Sehnsüchte oder auch Ängste – verabschieden sich nur für den Moment und suchen sich schnell neue Wege, wie sie wieder mächtig werden können. Sie suchen sich neue Realisierungsmöglichkeiten und damit auch neue Objekte und Beziehungen ihrer Verwirklichung.

Sind Liebesaffären verwirklichte Liebesphantasien? Wenn alle Menschen Phantasien haben, auch und vor allem Liebesphantasien, dann sind Liebesaffären an der Tagesordnung. Dann begehen wir alle täglich den phantasierten Ehebruch. Dann ist all das Klagen und Anklagen, das Jammern und Beschimpfen pure Heuchelei.

Es geht also nicht um die Frage »Ehebruch oder nicht?«, sondern um die Frage, inwieweit ein Ehebruch aus der Phantasie kommend zur Wirklichkeit wird. Kann man an der Phantasie leiden? Kann der immer häufiger phantasierte Ehebruch so stark werden, dass er irgendwann umgesetzt werden muss? Kann ein Mensch so stark unter seinen unerfüllten Liebessehnsüchten leiden, dass nur noch eine wirkliche Liebesaffäre die Phantasie befriedigen kann? Eine Liebesaffäre wird in der Phantasie vorbereitet, bevor sie wirklich wird, sie existiert im Kopf, bevor sich die Körper vereinigen. Zuerst gibt es die innere Vorstellung von einer unerfüllten Liebessehnsucht, erst danach wird ihre Befriedigung in einer Liebesaffäre scheinbar notwendig.

Drastisch und direkt hat der niederländische Schriftsteller Leon de Winter auch dieses Thema – wie so viele rund um die Liebe, die Eifersucht, die Sehnsucht – in seinem Buch »Leo Kaplan« bearbeitet. Nachdem er lakonisch feststellt: »Menschen haben natürlich kein Recht auf einen Seitensprung, wie sie Anrecht auf Kindergeld oder Rente haben« (de Winter, S. 199), kommt er auf das Thema »Seitensprung in der Phantasie« zu sprechen. »Ellen lebte seit Jahren mit imaginären Verhältnissen. In ihrer Phantasie war der Seitensprung ein vertrautes Bild. Sie trieb es dort mit zufälligen Passanten, Bekannten, Kollegen von Frank oder einem der Bewacher ihres Appartementhauses, doch diese Akrobatik hatte nie die Grenzen ihrer Phantasie passiert« (de Winter, S. 199). Wie kommt es zum Sprung von der Phantasie in die Realität, wie wird die Sehnsucht übermächtig? Durch eine innere Neubewertung der bisherigen Partnerschaft. Die Begründung lautet: Durch ihre bisherige langjährige Treue hat sie sich endlich mal eine Belohnung verdient und diese Belohnung soll nun einen Namen bekommen, den des italienischen Kellners Dino. »In letzter Zeit hatte sich ihr jedoch der Gedanke aufgedrängt, dass sie ihrerseits eine Belohnung verdient habe. Nach ihrem Umzug nach Rom (…) kamen diese heftigen leidenschaftlichen Bilder, die ein unerfülltes Verlangen wach hielten, immer häufiger vor. Sie hatte alles, was sie sich nur wünschen konnte und trotzdem blieben Tagträume und Phantasien. Irgendwo vegetierte das Verlangen nach einem grenzenlos leidenschaftlichen Leben, heftig wie ein Tropenschauer, reich wie der Dschungel, fruchtbar wie ein Mangobaum. Die Erfüllung dieses Verlangens war für sie nicht in Frage gekommen, weil sie Frank und Maurits damit ins Unglück stürzen würde, aber es schien, als habe sie mit Dino eine erfüllbare Verlangensvariante gefunden« (de Winter, S. 199). Ihre Rationalisierungen für eine Liebesaffäre und dem Nachgeben der Liebessehnsüchte klingen logisch und überzeugend: »Ellen glaubte ein Recht auf einen Seitensprung zu haben, wie ein Gefangener auf Hofgang hat (…) So empfand sie es jedenfalls. Wohlgemerkt: Sie fühlte sich Frank gegenüber von ganzem Herzen zu Dank verpflichtet. Aber sie machte sich auch bewusst, nüchtern und ohne Schmerz, dass ihre Ehe ihr Leben niemals in ganzer Reichweite abdecken konnte. Sie hatte die Wahl: eine Wagenladung dieser unerfüllbaren Sehnsüchte begraben oder sich neben ihrer Ehe her eine Rolle beim Zirkus suchen. Sie tendierte zu letzterem« (de Winter, S. 200). Was macht die Frau mit ihren überschüssigen Sehnsüchten, mit ihren unerfüllten und unerfüllbaren Liebessehnsüchten? Warum soll sie nicht eine Liebesaffäre mit Dino eingehen, wenn ihr Ehemann doch zufrieden ist? Sie hat neben ihrer Ehe noch eine Wagenladung solcher Liebesbedürfnisse und Liebesenergien übrig, soll sie das alles begraben oder schlicht vor die Hunde gehen lassen?

2. Liebesaffären zwischen Schicksal und Schuld

Bereits im Jahre 1348 stellte der Italiener Giovanni di Boccaccio in seinem Buch »Decamerone« die Frage, was mit der überschüssigen Liebe einer Frau geschehen könne und ob da nicht eine Liebesaffäre gar rechtens sei. Er selbst war als nicht-ehelicher Sohn eines Kaufmanns aus Certaldo wahrscheinlich das Kind einer Liebesaffäre und hat daher mit seinen wahrhaft aufklärerischen Gedanken und Schriften auch eine späte Rechtfertigung seiner eigenen Existenz – sowie des Handelns seines Vaters – betrieben. Aber warum auch nicht, wenn es dem Fortschritt, der Moral, der Liebe, dem Vater und dann auch noch der eigenen Person dient? Seine Aussage: Wer liebt, hat Recht! Liebe kann nicht falsch sein! Die Liebe kennt nur Opfer ihrer Leidenschaft, aber keine Täter! Wer liebt, kann also nie im Unrecht sein! Nicht, wenn es sich um wirkliche Liebe handelt.

Wer liebt hat Recht!

Bei Bocaccio besitzt eine solche überschüssige Liebe eine adelige und angesehene Frau. Auch diese Geschichte handelt vom Ehebruch und endet mit viel Gelächter, obwohl sie ernst angefangen hat. Dabei ging es um nicht weniger als um die Frage, ob die schöne Madonna Filippa wegen des Ehebruchs nach dem Gesetz verbrannt werden sollte. Es geht um das Gesetz als konkreten Ausdruck der Moral, um die Männlichkeit der Gesetze und die in ihnen verborgene Doppelmoral. »In der Stadt Prato war einmal ein Gesetz, wahrlich nicht minder tadelnswert als grausam, das, ohne irgendwie einen Unterschied zu machen, festsetzte, daß jede Frau, die von ihrem Gatten beim Ehebruche mit einem Geliebten betroffen worden sei, ebenso verbrannt werden solle wie jede, von der sich herausgestellt habe, daß sie sich einem beliebigen Manne um Geld hingegeben habe« (Boccaccio, S. 551).

Die schöne Edeldame, Madonna Filippa, war verheiratet mit ihrem Gatten Rinaldo de' Pugliesi und hatte eine Liebesaffäre mit einem schönen jungen Edelmann der Stadt, Herrn Lazzarinos de' Guazzagliotri. Sie liebte ihren Geliebten mehr als sich selbst. Rinaldo erwischte die beiden eines Nachts im gemeinsamen Bette und konnte in seiner Wut kaum an sich halten. Am nächsten Tag ging der betrogene Ehemann sofort zum Gericht und klagte offiziell seine Frau des Ehebruchs an. Die Dame weigerte sich, zu leugnen, obwohl sie um die Strafe wusste. Alle Freunde rieten ihr, alles abzustreiten, aber sie entschied sich, lieber vor dem Gericht zu erscheinen, zur Wahrheit zu stehen und die Folgen zu tragen, als sich selbst einen Ort der Verbannung zu suchen, an dem sie dann ihr Leben fristen könne. Sie war sich keiner besonderen Schuld bewusst und beschloss, sich selbst vor Gericht zu verteidigen. Sie ging also – von vielen Freunden und Bekannten begleitet – zum Gericht und fragte den Richter, was dieser von ihr wolle. Dieser sah die schöne und edle Frau, bekam Mitleid mit ihr und warnte sie vor den möglichen Folgen ihres Handelns:

»Madonna, wie Ihr seht, steht hier Euer Gatte Rinaldo, und er führt Klage gegen Euch, dass er Euch mit einem Manne im Ehebruche betroffen habe; und darum verlangt er, dass ich Euch dafür, wie es das Gesetz verlangt, mit dem Tode bestrafe: das kann ich aber nicht tun, wenn ihr nicht gesteht, und darum gebt wohl acht, was ihr antwortet, und sagt mir, ob das wahr ist, dessen Euch Euer Gatte anklagt« (Boccaccio, S. 552). Die Frau hätte nun angesichts des wohlgesinnten Richters die Möglichkeit, sich leicht aus der Affäre zu ziehen und damit ihr Leben zu retten, aber sie bleibt ruhig, gesteht unumwunden ihre Liebesbeziehung, kommt dann auf das Gesetz und die Moral zu sprechen und fragt schließlich, ob es unmoralisch sei, einen Geliebten zu haben, auch wenn der eigene Ehemann niemals einen Grund zur Klage gehabt habe: Sie habe sich ihm jedes Mal hingegeben, wenn dieser es gewünscht habe:

»Es ist wahr, Messer, dass Rinaldo mein Gatte ist und dass er mich in der vergangenen Nacht in den Armen Lazzarinos betroffen hat, in denen ich wegen der innigen und vollkommenen Liebe, die ich zu ihm trage, zu oft Malen geweilt habe; und das werde ich nie leugnen: bin ich doch überzeugt, dass Ihr wisst, dass die Gesetze alle einschließen und mit der Zustimmung aller, die sie angehn, gemacht sein sollen. Das trifft aber bei diesem Gesetze nicht zu, weil es nur jene armen Frauen beschränkt, die viel besser als die Männer mehrern Genüge tun können; überdies hat, als es gegeben worden ist, keine Frau zugestimmt, ja, es ist nicht einmal eine darum gefragt worden: und aus diesen Gründen darf man es wohl ungerecht nennen. Wenn Ihr nun meinem Leben und Euerer Seele zum Nachteile sein Vollstrecker sein wollt, so steht das bei Euch; bevor Ihr aber darangeht, ein Urteil zu sprechen, bitte ich Euch, dass Ihr mir eine kleine Gunst gewährt, nämlich meinen Gatten zu fragen, ob ich mich ihm jedes Mal und so oft es ihm beliebt hat und ohne Widerrede hingegeben habe oder nicht« (Boccaccio, S. 552f).

Noch ehe der Richter den Ehemann befragen kann, antwortet dieser bereits von sich aus und bekennt, dass seine Frau sich genau in der Weise verhalten, also sich ihm stets – wann und wie er es gewünscht – hingegeben habe. »Also frage ich, Herr Richter, fuhr die Dame sogleich fort, wenn er von mir immer alles das, was er gebraucht und gewünscht hat, bekommen hat, was sollte oder soll ich denn mit dem machen, was er übrig lässt? Es vor die Hunde werfen? Ist es nicht viel besser, damit einem Edelmanne, der mich mehr liebt als sich, zu dienen, als es zugrunde gehen oder verderben zu lassen« (Boccaccio, S. 553).

Das ganze Volk war zusammengelaufen und hatte diese Rede der feinen Edeldame gehört. Sie lachten, freuten sich über die Argumente und riefen alle wie aus einem Munde, dass die Dame recht habe und freigesprochen werden müsse. Der Richter fordert nun das Volk auf, bevor es wieder nach Hause ginge, das Gesetz sogleich zu ändern, damit er in ihrem Sinne entscheiden könne. Das Volk tut genau dies und beschränkt fortan das Gesetz auf diejenigen Frauen, die sich wegen des Geldes den Männern hingeben und sich damit an ihren Ehegatten vergehen. Der gehörnte Ehemann Rinaldo verlässt verschämt den Platz des Gerichts, und »die Dame kehrte froh und heiter, schier wie eine vom Feuer Wiedererstandene, mit Ruhm bedeckt in ihr Haus zurück« (Boccaccio, S. 553).

Psychologisch gesehen ist die Rede der Madonna Filippa eine großartige Rationalisierung, ein Plädoyer für die freie Sexualität und eine offene Partnerschaft, in der beide Partner ihre Befriedigung finden und auf dieser Basis Eifersucht ausschließen. Wer liebt, wirklich liebt und nicht käuflich, der hat also recht! Und solange diese Liebe keinem anderen schadet, sich keiner beklagen kann, in seinen Bedürfnissen eingeschränkt wird, solange ist die Liebe heilig, unantastbar und auch moralisch einwandfrei. Moralisch einwandfrei? Donna Filippa hat sich diese Rede leisten können, weil sie mit einen Mann verheiratet war, der anscheinend keine monogamen Ansprüche hatte. Vor allem aber hatte sie selbst keinerlei Skrupel, kein schlechtes Gewissen, das so stark war, sie von vornherein davon abzuhalten, eine Liebesaffäre neben ihrer Ehe einzugehen. Dieses Gewissen, die Moral, die Freud in seinem Strukturmodell im so genannten Über-Ich lokalisierte, wird heute in der Psychologie als Kennzeichen einer reifen Persönlichkeit angesehen.

Wenn alle Menschen in der Phantasie Liebesaffären haben – ob sie dies zugeben oder nicht spielt dabei keine Rolle – dann stellt die Moral die Schranke von der Phantasie zur Realität dar. Diese Schranke kann hoch oder niedrig sein, aber sie sollte zumindest vorhanden sein. Bevor eine Phantasie in die Realität umgesetzt wird, muss sie die Grenzschranke der Moral passieren und das heißt konkret: Hier wird kontrolliert, hier wird zunächst eine Realitätsprüfung vorgenommen, hier wird das Vorhaben auf dem Hintergrund der bisherigen Erfahrungen bewertet und hier muss sich die Phantasie mit der Moral bewerten lassen, ob sie gut oder schlecht, richtig oder falsch, moralisch oder unmoralisch ist. Nur was die Kontrolle der Moral passieren darf, hat die Chance, von der Phantasie zur Realität werden zu können. Aber so, wie die Moral im Alkohol löslich zu sein scheint, wie Drogen und Sucht jegliche Kontrollen verhindern und die moralischen Kriterien auflösen können, so können anscheinend auch Liebessehnsüchte wirken. Dann wird das Gewissen zum Schweigen gebracht und Gut und Böse lösen sich langsam auf.

Great is their love, who love in sin and fear

»Ich weiß nur noch eines: wenn ich die Liebe, die in mir ist, nicht durch Selbstmord auslösche, werde ich die Deine sein, was auch immer geschehen möge – wenn du mich nimmst, natürlich… Das Schlimmste jedoch ist, dass mein Gewissen schweigt und Du verstehst, was dies heißt. Es heißt, dass ich das Gute vom Bösen nicht mehr unterscheiden kann, dass ich von wahrhafter Liebe erfüllt bin« (Hörner, S. 64). Diese Zeilen schreibt Lidija Zinowjewa-Annibal am 18. Januar 1895 an den russischen Dichter Wjatscheslaw Iwanow, der damals in Rom an seiner Dissertation arbeitet. Lidija war zu dem Zeitpunkt bereits dreifache Mutter, lebte aber getrennt von ihrem Ehemann und hatte ihren Geliebten kennen gelernt, als sie ein Jahr zuvor in Florenz war, um Gesang und Musik zu studieren. Aber nicht nur sie wird von Schuldgefühlen geplagt, auch der Geliebte Iwanow empfindet diese Schuld, ja, er erklärt sich sogar schuldig an ihren Gefühlen und versucht damit, sie zu entschuldigen. In seiner Antwort schreibt er: »O Lidija! Ich weiß, wie sehr ich vor dir schuldig bin – durch meine Liebe, meine Leidenschaft, meine Zärtlichkeiten und Briefe (…). Es gab einen Augenblick, in dem mir schien, dass ich Dir so vieles genommen habe, dass ich meinerseits Dir nichts mehr versagen kann« (Hörner, S. 66). In einem seiner späteren Gedichte stellt er ein Zitat von Byron voran, das die Gefühle der Liebenden zusammenfasst: »Great is their love, who love in sin and fear« (Byron, zit. n. Hörner, S. 66).

Lidija lebt zwar getrennt von ihrem Ehemann, aber sie sind noch verheiratet und ebenso ist auch Iwanow verheiratet. Seine Frau Darja Michailowna fordert die umgehende Scheidung, nachdem Iwanow ihr seine Liebe zu Lidija gebeichtet hat, aber Lidijas Ehemann verweigert die Scheidung, woraufhin es zu einem jahrelangen Prozess kommt, in dessen Verlauf die Liebenden sich kaum mehr sehen können. Zwei verheiratete Menschen, sie mit drei Kindern, begegnen sich, erfahren die »wahre Liebe«, trennen sich gegen alle Widerstände von ihren Ehepartnern, laden damit Schuld auf sich, und streiten sich als Liebende darüber, wer die größere Schuld am Elend des anderen trage. Für Lidija ist die wahre Liebe der Freispruch von Schuld. Liebe kann niemals unrecht oder falsch sein, wenn sie auf wahrer, einzigartiger Liebe beruht. Denn wahre Liebe existiert jenseits von Gut und Böse, wahre Liebe bedarf keiner weiteren Rechtfertigung! Aber das ist die Sprache und das Denken der Liebenden. Sie fordern den Freispruch im Namen der Liebe, sie lehnen jegliche Schuldzuweisungen ab. Die Liebessehnsucht und noch weniger die

Liebesaffären wollen sich einem moralischen Denken von Schuld und Sühne beugen, wenn überhaupt, dann überlassen sie dies den anderen.

Kastration als Strafe

Ein besonders grausames Beispiel für eine schuldbeladene Liebe und eine grausame Sühne war die zwischen Abaelard und Heloise. Peter Abaelard (1079-1142) war Philosoph, Theologe, Mönch und berühmter Professor und Heloise (1100-1164) war seine Schülerin. Ihr Onkel Fulbert hatte sich den berühmten Gelehrten Abaelard als Lehrer für seine talentierte Nichte ausgesucht. »Die Beziehung zwischen Abaelard und Heloise war zuerst eine rein geistige. Was die beiden erlebten, war das außergewöhnliche Glück einer Durchdringung von geistiger und körperlicher Leidenschaft, eines Einswerdens von Philosophie und Eros« (Sichtermann, S. 54). Die Liebesaffäre zwischen dem Hauslehrer und seiner begabten Schülerin erweist sich nicht nur geistig als fruchtbar; sie wird schwanger und ihr Onkel wütet. Abaelard versucht noch, die Gemüter zu beschwichtigen, bringt seine junge Frau bei seiner Schwester unter, wo der gemeinsame Sohn Petrus Astrolabius geboren wird. Beide heiraten im Stillen und versuchen zurückgezogen zu leben.

Aber der Onkel Fulbert dringt darauf, dass seine Nichte in einem Kloster untergebracht wird und schickt seine Diener, um an dem Liebhaber grausame Rache vorzunehmen. Abaelard hat dies mit eigenen Worten beschrieben: »Seine Erbitterung wurde so stark, dass er mein Verderben beschloss. Mein Diener ließ sich bestechen und führte seine Knechte eine nachts in meine Kammer. Und nun nahmen sie an mir Rache, so grausam und beschämend, dass die Welt erstarrte: Sie schnitten mir von meinem Leib die Organe ab, mit denen ich sie gekränkt hatte« (Sichtermann, S. 56). Beide Liebende haben nie mehr zusammen leben können und haben die restliche Lebenszeit in Klöstern verbracht, obwohl sich Abaelard zeitlebens immer wieder in die theologischen Dispute eingemischt hat. Seit 1817, also Jahrhunderte nach ihrem Tod, sind sie wieder vereint – auf dem Pariser Friedhof Pere Lachaise. Abaelard wurde wahrhaftig kastriert, nicht nur in der Literatur oder in einem Film. Die männliche Angst vor der Kastration als Strafe für falsches Begehren ist dagegen uralt und nach Meinung Sigmund Freuds schon immer und universell ein Teil der Gewissensbildung.

Die Geburt der Schuldgefühle

Nach Sigmund Freud ist die Kastrationsangst ein Synonym für die typischen Ängste des Kindes in einer frühen Entwicklungsphase um das 4. und 5. Lebensjahr herum. In dieser Zeit beginnt die Gewissensbildung, letztlich die Entwicklung der Moral eines Menschen. Aus Sicht der Psychoanalyse ist dies kein Prozess, der von Einsicht getragen wird, kein Prozess, in dem das Kind aufgrund rationaler Überlegungen zu einer Einsicht in Gut und Böse, Richtig und Falsch gelangt. Der Motor dieser frühen Moralentwicklung sind uralte Ängste, die wahrscheinlich ebenso alt sind wie der Mensch selbst. Zur Verdeutlichung seiner Theorie hat Freud auf einen altgriechischen Mythos zurückgegriffen, der eine falsche, unmoralische Liebesaffäre zum Inhalt hat: Eine Liebesaffäre zwischen zwei Menschen, die gar nichts von ihrer Affäre wussten und stets in dem Glauben lebten, sie seien füreinander bestimmt.

Der Dichter Sophokles erzählt diesen Mythos: Die griechische Stadt Theben wird von einer fürchterlichen Seuche heimgesucht, an der täglich Menschen zugrunde gehen.

»Du weißt es selbst, wie diese Stadt erbebt
Und aus dem Wogensturz der Todesnot
Ihr Haupt nicht mehr zum Licht erheben kann,
Sie stirbt dahin mit ihrer jungen Saat,
Mit Ihrem Vieh, mit jedem Frauenschoß,
Der nicht gebären kann. Es sengt und brennt
Der Gott der Seuche (…)« (Sophokles, S. 5).

Anscheinend zürnen die Götter wegen einer schweren Verfehlung der Menschen und haben deshalb einen Fluch über die Stadt gebracht. Der Herrscher Thebens, König Ödipus, befragt das Orakel und bittet um Rat. Das Orakel antwortet ungewöhnlich klar und eindeutig:

»So höret, was Apoll uns klar befahl:
Befleckung dieses Bodens, die das Land
Sich selbst erschuf und schier unheilbar nährt,
Muss unverzüglich ausgerottet sein.
Hier hilft nur Tötung oder Acht und Bann,
Weil Blutschuld diesen Sturm heraufbeschwor.

Des Laios: Er herrschte hier im Land,
Bevor du seine Zügel übernahmst
Er ward erschlagen und der Gott befiehlt.
Der Täter Strafe, wer es immer sei (...)« (Sophokles, S. 8).

König Laios – der Vorgänger von Ödipus auf dem Königsthron – wurde von einem Unbekannten ermordet und dieser Mord muss gesühnt werden, dann werden die Götter den Fluch von der Stadt nehmen. Ödipus begibt sich daran, das Rätsel zu lösen und stößt auf Geheimnisse in seiner engsten Umgebung. Sogar seine um einige Jahre ältere Gattin, Königin Jokaste, scheint mehr zu wissen, als sie sagt. »Halt ein! Erfahre niemals, wer du bist« (S. 50).

Ödipus war ein Kind des Königs von Korinth, so glaubte er. Er ging vom korinthischen Königshof fort, um einer Prophezeiung zu entfliehen, die voraussagte, dass er seinen Vater töten und seine Mutter ehelichen würde. Er floh nach Theben aus Angst vor der Prophezeiung und auf der Flucht erschlug er einen alten Mann in einem heftigen Streit, als es um das Vorrecht des Weges ging. In Theben löste er das Rätsel der Sphinx, heiratete als Belohnung die Königin Thebens, zeugte mehrere Kinder mit ihr und war ein geachteter und geliebter Herrscher seines Volkes – bis die Seuche ausbrach. Als der König von Korinth, Polybos, stirbt, wird auch bekannt, dass Ödipus nicht sein leibliches Kind war. Ein korinthischer Hirte hatte das kleine Kind gefunden, nachdem es ausgesetzt worden war und es an den korinthischen Hof gebracht, denn das dortige Königspaar blieb kinderlos. In Wirklichkeit war Ödipus das Kind von Jokaste und Laios gewesen, aber er wurde ausgesetzt und seinem Schicksal überlassen, weil diesem Kind die Prophezeiung vorausging, dass es einmal seinen Vater erschlagen und seine Mutter ehelichen würde. Ödipus wurde dann von dem korinthischen Hirten gefunden und an den korinthischen Königshof gebracht. Dem Kind hatte man die Füße zusammengebunden – Ödipus bedeutet »geschwollener Fuß« –, aber der Hirte hatte es nicht übers Herz gebracht, das Kind sich selbst zu überlassen.

Als Ödipus dies alles herausbekommen hatte, erkannte er seine eigene Geschichte: Er hatte seinen Vater auf dem Weg von Korinth nach Theben erschlagen, als er glaubte nur einen streitenden Hirten vor sich zu haben und anschließend seine Mutter Jokaste geehelicht und mit ihr Kinder gezeugt. Seine Buße für die doppelte Sünde – den Vater zu erschlagen und die Mutter zu heiraten – war ewige Finsternis und Verbannung. Er sticht sich die Augen aus und geht gestützt auf seine Töchter in die Verbannung, während seine Frau und Mutter Jokaste sich erhängt. Der Mord ist damit gesühnt, der Fluch ist von der Stadt genommen und die Götter nehmen die Seuche vom Volk. Unendliche Schuld hat Ödipus auf sich geladen und er fasst diese Schuld und seinen Schmerz zusammen in der letzten Abschiedsrede an seine Kinder:

»Wo seid ihr Kinder? Kommt in meinen Arm,
in eures Bruders Arme, die so schwer
Den hellen Augen eures Vaters zugesetzt,
Wie ihr hier seht! Des Vaters, der nicht sah
Und nicht erfuhr, dass er euch ausgesät
In einem Acker, dem er selbst entsproß,
Aus blinden Augen weine ich um euch,
Bedenk ich eures Lebens bittren Rest,
Den ihr von Menschenhand entgegennehmt.
Wenn sich die Stadt versammelt, wenn ein Fest
Gefeiert wird, da kehrt ihr weinend heim
Und habt von seinem Glanze nichts verspürt.
Und seid ihr für die Ehe aufgeblüht,
Wer findet sich, wer nimmt sie ruhig hin,
Die alte Schande eurer Eltern, die
Auch ewig eure eigne Schande ist?« (Sophokles, S. 66f).

Schuld und Schande, die von den Eltern auch noch auf die Kinder übergehen wird und deren Leben zerstören wird. Dann fleht er noch die Götter an: »O mach ihr Schicksal nicht dem meinen gleich! Hab Mitleid! Nimm dich ihrer Jugend an, sie haben nichts, als was du ihnen gibst. Gelob es, edler Fürst, in meine Hand!« (Sophokles, S. 67). Soweit der Mythos, wie er von Sophokles überliefert wurde.

Warum hat Sigmund Freud diesen Mythos vom König Ödipus gewählt, um einen seiner zentralen Bausteine der Psychoanalyse danach zu benennen? Die Fachwelt war nicht begeistert. »Man kann nicht behaupten, dass die Welt der psychoanalytischen Forschung für die Aufdeckung des Ödipuskomplexes sehr dankbar gewesen ist«, schrieb Freud 1917 in seinen »Vorlesungen zur Einführung in die Psychoanalyse« (Freud, zit. n. Stolze, S. 610). Wurde hier nicht dem armen Ödipus ein Begehren unterstellt, von dem er sich selbst lossagen wollte? Ödipus war doch gerade vor diesem Schicksal geflohen, das ihm prophezeit worden war, hatte seinen Königshof in Korinth verlassen und war nach Theben gegangen. Dort hatte er eine Frau geheiratet, von der er nicht wusste, dass sie seine Mutter war und er hatte den streitenden Hirten erschlagen, von dem er auch nicht wusste, dass es sein Vater war. Also gab es im Mythos keinerlei sexuelle Motive für einen Mutterinzest und einen Vatermord, im Gegenteil. Er hat die Königin Jokaste als eine Art Preis bekommen dafür, dass er die Stadt Theben vom Joch der Sphinx befreite, niemals ahnend, dass dies seine Mutter sein könnte.

Auch hier wieder erweist sich Freud in seinem Denken als ein Meister des Tiefsinnigen, des Metaphorischen und der Symbolik. Es geht nicht um die Geschichte in den vordergründigen Fakten, sondern um die hinter oder besser in der Geschichte verborgenen Bedeutungen und die besagen: für die persönliche Entwicklung eines Menschen gibt es zwei Wege, die er einschlagen kann, ob Junge oder Mädchen. Hinaus in die Welt oder zurück in den Schoß der Familie! »Eine ödipale Situation ist immer dann gegeben, wenn ein Mensch vor der schwierigen Aufgabe steht, sich als Ich in eine Dreierbeziehung einzuordnen, um sich darin zwischen Bleibendem und Fortschreitendem zu behaupten: das ist ein allgemein-menschliches Problem und nichts Pathologisches« (Stolze, S. 612). Das Mütterliche repräsentiert symbolisch die familiäre Sorge, das Väterliche eher das soziale Bezugssystem, die umgebende Gesellschaft und Kultur. Der ödipale Konflikt bedeutet für das Kind in seiner Entwicklung die Aufgabe, sich von den engen Bindungen der Familie zu lösen und seinen Weg hinaus in die Welt zu finden. Insofern ist der Ödipuskomplex weit über den sexuellen Gehalt hinaus ein Thema der allgemeinen, menschlichen Persönlichkeitsentwicklung. Zurück in die schützende Geborgenheit einer Zweierbeziehung oder hinein in die Welt der spannungsgeladenen, konflikthaften und Angst auslösenden Dreierbeziehungen? Damit könnte die Entwicklungsfrage, die durch den ödipalen Konflikt gekennzeichnet ist, lauten: »Willst du, der nun auf zwei Beinen in der Welt stehen kann, in der symbiotischen Geborgenheit bleiben, also weiterhin wie ein Kleinkind auf allen Vieren kriechen? Oder willst du dich der spannungsreichen Dreierbeziehung Ich-Mütterliches-Väterliches stellen? So formuliert ist die Frage gleichbedeutend mit dem Rätsel der Sphinx, das sie Ödipus vorlegt:»›Welches Wesen, das nur eine Stimme hat, hat manchmal zwei Beine, manchmal drei, manchmal vier, und ist am schwächsten, wenn es am meisten Beine hat?‹ Ödipus löst dieses Rätsel, indem er sich selbst erkennt: ›Der Mensch.‹« (Stolze, S. 612). Die klassische Liebesaffäre des Sohnes mit der Mutter, der der Vatermord vorausgeht, ist nach Meinung der

Liebesaffären zwischen Schicksal und Schuld

Psychoanalyse ein allgemein menschlicher Entwicklungs- oder gar Reifungsschritt. »Wir alle sind also Ödipus, durchlaufen in der Entwicklung und Entfaltung des Ich alle die ödipale Situation. Aber – und dies scheint mir nun entscheidend zu sein – wir durchlaufen sie in unserer Entwicklung nicht nur einmal, wie dies entsprechend der psychoanalytischen Theorie von vielen angenommen wird. Wir erleben sie vielmehr in jeder Dreierbeziehung (...)« (Stolze, S. 612). Wir alle sind Ödipus und das nicht nur einmal, sondern in jeder Dreierbeziehung! Und was anderes als eine Dreierbeziehung ist denn eine Liebesaffäre? Und warum begeben sich manche Menschen immer wieder in solche Dreierbeziehungen? Weil sie noch eine alte Rechnung zu begleichen haben, psychologisch gesprochen: Weil sie noch einen alten, ungelösten Konflikt zu lösen haben, um einen längst überfälligen Entwicklungsschritt zu vollziehen.

Das ist die zentrale Bedeutung des Ödipuskomplexes für das Thema der Liebesaffären: Menschen, die sich immer wieder in Zweierbeziehungen einmischen, die immer wieder zur klassisch ödipalen Situation zurückkehren, tun dies, weil sie einst den ödipalen Konflikt nicht lösen konnten. Wir Menschen haben in unserer persönlichen Entwicklung die Tendenz – wie ein Wanderer im fremden Land – immer wieder zu den Punkten unseres (Entwicklungs) Weges zurückzukehren, an denen wir falsch weiter gewandert sind. Aus der Sicht der psychoanalytischen Konflikttheorie formuliert: Wir kehren zu den Entwicklungsphasen zurück, die wir als letzte gelöst haben, um uns aufs Neue an die Lösung des nächsten Konfliktes heran zu begeben und danach unseren weiteren Entwicklungsweg fortsetzen zu können. Wenn also Menschen immer wieder Dreiecksbeziehungen eingehen, sich in einen Menschen verlieben, der schon gebunden ist, dann besteht darin auch der Versuch, ein nicht gelöstes früheres Entwicklungsthema wieder aufzugreifen. Die Psychoanalyse nennt solche Menschen hysterisch, was nach alter Lehrmeinung ausschließlich eine Frauensache sein sollte, daher der Begriff Hysteria (= Gebärmutter). Heute weiß man, dass dies durchaus auch auf Männer zutreffen kann.

Was ist die Lösung des ödipalen Konfliktes? Eine gelungene Identifikation mit dem gleichgeschlechtlichen Elternteil. Für den Jungen bedeutet dies, sich mit dem Vater zu identifizieren. Kernberg spricht hier sogar von einem großzügigen Vater. »Die endgültige Überwindung des Ödipuskomplexes beim Mann ist durch die Identifizierung mit einem ›großzügigen‹ Vater gekennzeichnet, der nicht mehr mit unterdrückenden Vorschriften gegen den Sohn vorgeht. Die Fähigkeit, sich am Heranwachsen des Sohnes zu freuen, ohne ihn bestrafenden Initiationsriten unterziehen zu müssen, die unbewußten Neid auf ihn widerspiegeln würden, ist ein Zeichen dafür, daß der Vater die eigenen ödipalen Hemmungen endgültig überwunden hat« (Kernberg, S. 84). Daraus ließe sich ableiten, dass heute junge Männer vor allem deshalb Probleme damit haben, eine verlässliche und dauerhafte Partnerschaft oder Liebesbeziehung einzugehen und zu leben, weil sie solche großzügigen, nicht strafenden Väter nicht kennen gelernt haben.

Wahrscheinlich ist die Identifikation mit dem Vater für den Sohn auch der Ausgangspunkt des ödipalen Konflikts: Das Kind will so groß und stark sein, wie der Vater, ein so tolles und schnelles Auto haben – und eben auch so eine tolle Frau. Die Antwort des Vaters ist eindeutig: »Werde so wie ich, dann kannst du dir das alles leisten, auch so eine Frau. Aber von meiner lässt du die Finger, denn das ist meine Frau!« Der Vater stellt die Gebote und Verbote auf und dies ist die Geburtsstunde des Über-Ich, der menschlichen Moral und des Gewissens, als der Summe aller verinnerlichten Verhaltensregeln, Gebote und Verbote. Das Über-Ich als System dient der Anpassung an eine soziale Umwelt und garantiert die Vermeidung von Strafe und Liebesentzug. Schuldgefühle sind eine Art Selbstbestrafung für ein moralisch nicht einwandfreies Verhalten und damit zugleich Ausdruck eines funktionierenden Gewissens. Insofern sind Schuldgefühle die ersten gefühlsmäßigen Reaktionen, die sich einstellen, wenn es zu einer Liebesaffäre zwischen zwei Menschen gekommen ist, von denen zumindest einer in einer festen Liebesbeziehung lebt.

Und was kann der liebende Mensch tun, wenn er sich verliebt hat, wenn das Schicksal, wie er glaubt, ihn mit Amors Pfeilen an eine neue Liebe herangeführt hat? Wie wird er diese quälenden Schuldgefühle wieder los, wie kann er sein Gewissen beruhigen und wieder ruhig schlafen? Indem aus der Liebesaffäre eine richtige, wahre, einzigartige Liebe des Lebens (gemacht) wird. Der Ehebruch und die Treulosigkeit kennen nur eine nachträgliche Rechtfertigung: die große Liebe, der sie begegnet sind. Was aber ist die große Liebe, wie weist man sie nach, an welchen Zeichen kann man sie erkennen und wie bringt man die Umwelt dazu, diese Liebe zu erkennen, auf dass sie die Liebenden nicht als Treulose und Ehebrecher verdamme, sondern sich mit ihnen freue? Zunächst einmal werden die Liebenden in Bedrängnis gebracht, denn sie müssen sich selbst und gegenseitig überzeugen, vor ihrem eigenen Gewissen. Nur wenn ihre Liebe anerkannt wird, und zwar nicht nur vor sich selbst, sondern auch vor der sie umgebenden Welt, haben sie Chancen auf Freispruch von moralischer Schuld. Was aber ist die große Liebe, woran kann man sie erkennen?

3. Die große Liebe

Man sagt, man erkenne die große Liebe auf den ersten Blick und beide wissen sofort, dass nur das Schicksal sie zusammengeführt haben kann. In dem kleinen roten Buch mit dem schlichten Titel »Liebe« beschreibt Toni Morrison – Professorin für Geisteswissenschaften an der Universität von Princeton und bislang einzige schwarze Literaturnobelpreisträgerin (1993) – solch eine schicksalhafte Begegnung, die vom ersten Abendessen an ernsthafte Zukunftspläne möglich, ja sogar notwendig macht. »Christine nahm seine Einladung zum Abendessen an. Als die Nachspeise aufgetragen wurde, hatten sie schon gemeinsame Pläne. Waren erfüllt von einem Verlangen, so plötzlich, dass es wie Schicksal war. Wie jede Zweisamkeit hatte auch diese ihre Momente. Wie jede Ehe war auch diese ein Witz« (Morrison, S. 134). Von diesen vier Sätzen sind die ersten hoffnungsvoll, die letzten beiden bitter.

Die Farben der Liebe

Toni Morrison hat in mehreren Büchern das Thema der weiblichen Identität – genauer gesagt: der schwarzen, weiblichen Identität – bearbeitet, so auch in ihrem Buch »Liebe«. Es geht ihr darum, die Liebe aus der Eindimensionalität zu befreien und wieder die ganze Bandbreite ihrer Formen und Farben aufzufächern. Wir leben und lieben anders mit 18, als mit 30, mit 45 und mit 60 oder darüber; wir lieben im Sex anders, als in der Freundschaft; wir lieben nicht nur als geliebte, sondern auch als liebende Menschen; und Frauen lieben anders als Männer.

Die Erzählerin des Romans wird nur L. genannt, was auch für Liebe stehen könnte. Sie ist eine alte Frau, der die Welt peinlich geworden und die deshalb verstummt ist. »Denn damals in den Siebzigern, als die Frauen anfingen, breitbeinig auf Stühlen zu sitzen und ihr Dreieck beim Tanzen in die Fernsehkameras zu halten, als in den Zeitschriften Hinterteile und Innenschenkel den Ton angaben, als bestünde die Frau aus nichts anderem, damals bin ich für immer verstummt. Ehe die Frauen übereinkamen, sich in der Öffentlichkeit zu spreizen, gab es Geheimnisse – einige, die bewahrt, und einige, die gelüftet werden wollten. Und heute? Nichts davon. Schamlosigkeit regiert die Stunde, und ich summe dazu« (Morrison, S. 7). Sie weiß es besser, denn hinter dem vordergründigen, sexuellen Auftritt, der Souveränität signalisieren soll, verbirgt sich ein kindliches Herz, eine kindliche Sehnsucht eines kleinen Mädchens, eine »Kuschelkätzchenhoffnung, dass der Märchenprinz schon auf dem Weg ist. Vor allem die Knallharten mit ihren Kartonmessern und der zotigen Sprache, aber auch die Hochglanzmiezen mit den Cabrios und den Geldtäschchen voller Dope. Selbst diejenigen, die Narben wie Tapferkeitsmedaillen tragen und ihre Strümpfe auf die Knöchel runterrollen, können das Zuckerpüppchen, das süße

Die große Liebe

kleine Mädchen nicht verbergen, das sich da irgendwo zwischen ihren Rippen oder unter dem Herzen zusammenrollt. Natürlich haben sie alle eine traurige Geschichte zu erzählen: zu wenig Aufmerksamkeit, zu viel oder auf die schlimmste Art und Weise. Eine Erzählung von Unholdvätern und treulosen Männern, von herzlosen Müttern und Freunden, die ihnen Unrecht taten. In jeder Geschichte findet sich ein Monster, das sie nicht mutig gemacht hat, sondern hart, und so öffnen sie lieber ihre Beine als ihre Herzen, wo sich das zusammengekrümmte Kind versteckt« (Morrison, S. 9). Dieser tiefgründige Schmerz, enthalten in der Klage wie in den Liebeserklärungen, durchzieht das ganze Buch. Es erzählt von der Liebe der Frauen zu Bill Cosey, den »Cosey-Frauen«.

Bill Cosey war mit Julia verheiratet, die starb, und sie hatten einen Sohn, Billy Boy, der ebenfalls starb. Danach wurde Bill Cosey hart, zog sich zurück, trank und ging angeln. Bis er die kleine Heed im Flur seines Hotels traf, ein elfjähriges Mädchen, das er sich aussuchte und zur Frau nahm. Da war er schon zweiundfünfzig Jahre alt. Heed war die Spielkameradin seiner Enkeltochter Christine, und diese war die Tochter der verrückten May, Billy Boys Frau. Bill Cosey war der Mittelpunkt des Lebens all dieser Frauen. »Mr. Cosey war der König; L., die Frau mit der Kochmütze, spielte eine Priesterrolle. Alle anderen – Heed, Vida, May, die Kellner und die Zimmermädchen – waren Höflinge, die um ein huldvolles Lächeln des Fürsten rivalisierten.« (Morrison, S. 53). Die kleine Heed nannte ihren Mann »Papa« und als er später sein Testament verfasste, in dem er sein Erbe zum großen Teil seinem »geliebten Cosey-Kind« vermachte, da fühlte sie sich angesprochen, ebenso wie Christine. Heed und Christine lebten nach seinem Tod mehr als zwanzig Jahre in seinem Haus, verbunden in alter Liebe und gespalten durch ewigen Hass. »Denn so weit war es gekommen: Ein Achtung gebietender, imposanter Mann räumte das Feld für zerstrittene Weiber, die alles kaputtmachten, was er aufgebaut hatte« (Morrison, S. 51).

Ist die Liebe der Frauen ungetrübt, solange kein Mann im Spiel ist? Wird die Liebe der Frauen durch Rivalität und Konkurrenz so verzerrt, dass sie ihre Reinheit verliert? Wie lieben Frauen? Auf diese Fragen gibt es wiederum zwei Antworten, eine weibliche und eine männliche. Die männliche Antwort wird dem jungen Romen von seinem Großvater gegeben, der versucht, ihn über die Frauen aufzuklären, ihn liebevoll zu warnen und ihn damit auch auf die Liebe vorzubereiten. Hier spricht die Frau, die Autorin Toni Morrison, durch den Großvater: »Eine Frau ist was Wichtiges im Leben, und manchmal findest du eine, die dir den Hattrick schafft: gutes Essen, guten Sex und gutes Reden. Die meisten Männer geben sich mit einem davon zufrieden und sind glücklich wie ein Schneekönig, wenn's auf zwei Gebieten klappt. Aber lass dir eins sagen: Ein guter Mann ist 'ne feine Sache, aber es gibt nichts Besseres auf der Welt als eine gute Frau. Das kann deine Mutter sein, deine Freundin, deine Schwester, deine Arbeitskollegin. Piepegal. Aber wenn du eine findest, bleib in ihrer Nähe. Und wenn dir eine unheimlich ist – ab durch die Mitte.‹ – ›Kapiert‹, sagte Romen.« (Morrison, S. 220).

Und was sind die weiblichen Antworten, was ist die Bilanz der beiden Frauen Heed und Christine? Das klingt alles viel komplizierter, schmerzlicher, suchender, aber auch reifer, denn die Antwort wird nicht im anderen Geschlecht gesucht, nicht der Mann ist die Lösung, sondern die Antwort liegt in den Frauen selbst.

»Wir hätten unser Leben Hand in Hand verbringen können, statt überall nach dem großen Daddy zu suchen.
Er war überall. Und nirgends.
Von uns erfunden?
Er hat sich selbst erfunden.
Wir müssen mitgeholfen haben.
N-n. Nur ein Teufel könnte sich ihn ausdenken.
Und es gab einen (…).
Er hat mir meine ganze Kindheit gestohlen, Mädchen.
Er hat mir dich gestohlen, ganz und gar.
Der Himmel, weißt du noch? Wenn die Sonne unterging.
Der Sand. Er wurde ganz hellblau.
Und die Sterne. Erst nur ein paar.
Und dann so viele, dass sie diese ganze Scheißwelt erleuchtet haben.
So schön. So wunderschön.
Liebe. Da war sie da« (Morrison, S. 265 und 271).

Und so, wie es männliche und weibliche Arten der Liebe gibt, so gibt es auch verschiedene Arten der Paarung, und es bleibt wieder L. – Toni Morrisons Alter Ego – überlassen, diese zu beschreiben: »Als ich noch nicht verflüchtigt war zu einem Singsang, habe ich alle Arten von Paarung gesehen. Die meisten reichen für zwei Nächte und versuchen, einen Sommer lang zu dauern. Manche, bei denen Wind gegen Strömung steht, beanspruchen für sich allein das Recht auf den wahren Namen, auch wenn in dessen Sog jeder ertrinkt.

Menschen ohne Phantasie füttern es mit Sex – dem Clown der Liebe. Sie kennen die wahrhaften, die besseren Spielarten nicht, die den Verlust abschreiben und jeden profitieren lassen. Es braucht eine gewisse Intelligenz, um so zu lieben – leise, ohne Requisiten. Aber die Welt ist laut in ihrer Pracht, sie verführt die Menschen dazu, sich auf einen Wettstreit einzulassen und alles, was sie empfinden, auf eine Bühne zu stellen, nur um zu zeigen, dass sie auch etwas zu bieten haben: schöne Schauermärchen mit tödlichen Duellen, mit Ehebruch, mit brennenden Bettlaken. Natürlich müssen sie scheitern. Die Welt übertrifft sie jedes Mal aufs Neue.« (Morrison, 90) Ist die Liebe also eher leise, umfassender, tiefgründiger, zurückhaltender, bescheidener und sensibler, als all die pompösen Geschichten um sie herum? Woran kann man sie dann erkennen und was erst sind die Kennzeichen der großen Liebe?

Die Kennzeichen der großen Liebe

Einer der ältesten und zugleich schönsten Versuche, die Kennzeichen der Liebe aufzuzeichnen, stammt von dem arabischen Gelehrten Ibn Hazm Andalusi. Seine Schriften zeigen uns Europäern, dass die Märchen aus »Tausendundeiner Nacht« nicht die einzigen Zeugnisse arabischer Liebesdichtung sind. Das Kapitel »Die Kennzeichen der Liebe« aus dem Buch »Das Halsband der Taube. Von der Liebe und den Liebenden« enthält bereits alle wesentlichen Merkmale der Liebe, wie sie sich dem aufmerksamen Beobachter erschließen. Allein der Verliebte oder Liebende scheint diese ernsthaften Veränderungen an sich nicht zu merken, er wandelt im Niemandsland zwischen Realität und Traumwelt, in dem er mit allen Sinnen nur den geliebten Menschen wahrnimmt.

»Es gibt gewisse Kennzeichen der Liebe, die scharfsinnige Leute entdecken und kluge Menschen finden können. Das erste davon ist das beständige Anschauen des geliebten Wesens. Das Auge ist die offene Pforte der Seele (…). Weitere Zeichen sind, daß man den Worten des Geliebten schweigend lauscht, wenn er erzählt, und über alles staunt, was er vorbringt, sollte es auch ganz unmöglich und ungewöhnlich sein; daß man seine Worte bestätigt, selbst wenn er lügt, ihm zustimmt, ob er gleich Böses tut, für ihn Zeugnis ablegt, auch wenn er Unrecht begeht, und daß man sein Benehmen und seine Redeweise nachahmt, wie sie auch sein mögen. Ein Zeichen von Liebe ist auch, wenn man sich auf dem Gang zum Ort des Geliebten beeilt; wenn man danach trachtet, sich in seine Nähe zu setzen und nicht weit von ihm zu sein; wenn man solche Geschäfte aufgibt, die einen nötigen, von ihm zu lassen; wenn man alles Wichtige, was zur Trennung von ihm führt, für unwichtig hält und langsamen Schrittes geht, wenn man bei ihm aufbricht. Auch dies ist ein Zeichen von Liebe, daß den Liebenden Verwirrung befällt und ein Schreck überkommt, wenn man plötzlich den Geliebten sieht und dieser unvermutet erscheint, und daß es ihn in Aufregung versetzt, wenn er eines Menschen ansichtig wird, der seinem Lieb gleicht, oder wenn er plötzlich seinen Namen hört. Ein weiteres Zeichen von Liebe ist es, daß der Mann sein ganzes Vermögen, mit dem er vorher zurückhaltend war, freigiebig verschwendet, als ob er es wäre, den man beschenkt und um dessen Glück man sich müht: dies alles, um seine guten Seiten in Erscheinung treten zu lassen und sich selbst begehrenswert zu machen« (Ibn Hazm al Andalusi, S. 17-22).

Die persönlichen Veränderungen dieses verliebten Menschen können weitreichend sein und sein ganzes Wesen grundlegend ändern: »Wie manches Mal wird ein Geizhals in der Liebe freigiebig, ein finsterer Geselle heiter und ein Feigling tapfer! Wie oft geschiehts dann, daß ein Grobian feinfühlend wird, ein Ungebildeter nach Bildung strebt, ein Schmutzfink sich pflegt, ein Ungestalteter sich schön und ein Bejahrter sich jung macht, daß der Fromme dann in ein Leben der Lust verfällt und ein bisher Untadeliger sich mit Schande bedeckt!« (Ibn Hazm al Andalusi, S. 22).

Sofern man solche Veränderungen an einem bekannten Menschen entdeckt, kann man die Vermutung haben, dass er sich verliebt hat. Gäbe es aber keine Person – eine Geliebte oder einen Geliebten – als umfassende Erklärung für all diese Veränderungen, dann müsste man ernsthaft den Ausbruch einer psychischen Erkrankung vermuten. Erkennt man also die Liebe daran, dass der Liebende plötzlich eine wesentliche Veränderung seiner gesamten Persönlichkeit durchläuft? Ja und nein. Die Wesensänderung ist unbestritten und in den meisten Fällen auch weitgehend ungefährlich für die staunenden Mitmenschen, ja meistens sogar von Vorteil. Der Liebende ändert auch seine Sprache und dadurch können die Mitmenschen eines solcherart »Leidenden« aus dessen eigenem Munde erfahren, was der Ursprung seiner verwirrten Gefühle ist. Die Mitteilungen versetzen die Zuhörer in Erstaunen, denn die Verliebten schwärmen von ihren Geliebten, als seien diese göttliche Wesen. Die Sprache der Liebe ist eine der Sprache der Mystifikation, der Verklärung, der Romantik.

Das Hohelied der großen Liebe

Das Hohelied Salomos gilt als älteste Liebesdichtung des alten Testaments und soll nach neuesten Erkenntnissen nicht von einem Mann, sondern einer Frau geschrieben worden sein und wenn man die folgenden Zeilen liest, so erscheint dies auch wahrscheinlicher.

»Mein Freund ist weiß und rot, auserkoren unter vielen Tausenden. Sein Haupt ist das feinste Gold. Seine Locken sind kraus, schwarz wie ein Rabe. Seine Augen sind wie Augen der Tauben an den Wasserbächen mit Milch gewaschen und stehen in Fülle. Seine Backen sind wie Wurzgärtlein, da Balsamkräuter wachsen. Seine Lippen sind wie Rosen, die von fließender Myrrhe triefen. Seine Hände sind wie goldene Ringe, voll Türkise. Sein Leib ist wie reines Elfenbein, mit Saphiren geschmückt. Seine Beine sind wie Marmelsäulen, gegründet auf goldenen Füßen. Seine Gestalt ist wie Libanon, auserwählt wie Zedern. Seine Kehle ist süß, und er ist ganz lieblich. Ein solcher ist mein Freund; mein Freund ist ein solcher, ihr Töchter Jerusalems!« (Das Hohelied Salomos, zit. n. Schmölders, S. 23).

Die Liebe scheint nicht nur etwas Göttliches zu sein, sie selbst wurde auch immer wieder zu einem Gott der Menschen, und dies nicht nur in den antiken Naturreligionen. Bis in die Aufklärung hinein wurde in ernsthaften wissenschaftlichen Publikationen der Gott der Liebe, die Liebe als Gott, beschrieben. In dem »Großen Universallexikon aller Wissenschaften und Künste« aus dem 18. Jahrhundert, das von namhaften Gelehrten der Zeit geschrieben wurde, findet sich ein Beitrag über die Liebe als ein lebendiger Gott namens Cupido. »Er wird insgemein gebildet als ein kleiner nackender Knabe mit verbundenen Augen, Flügeln und einem Köcher voller Pfeile auf dem Rücken wie auch Bogen und einem Pfeil oder auch einer Fackel in den Händen. Wobei denn dessen Pfeile teils mit Gold, teils mit Blei beschlagen und mithin entweder scharf oder auch stumpf waren. Von einer eigentlichen Historie ist bei ihm nichts zu suchen, weil er bloß ein erdichtetes poetisches Wesen ist. Er ist nichts anderes als die Liebe, und es wird gedichtet, daß er bald von dem Merkur und der Diana gezeugt worden ist, sofern er nämlich die Liebe zur Weisheit und Reinlichkeit bemerkt; hingegen wird er für einen Sohn des Vulkanos und der Venus angegeben. Sofern er eine unreine und fleischliche Liebe vorstellt. Er wird hierbei gebildet als ein Kind, weil verliebte Leute viel kindische Dinge begehen; er ist blind, weil die Liebe auch dergleichen ist und oft etwas Ungeheures für etwas Angenehmes, etwas Hässliches für etwas

Schönes ergreift, und also des Geliebten Mängel nicht sieht. Er ist nackend, weil die Liebe offenherzig ist und nichts vor dem Geliebten verhehlt. Er hat Flügel, weil die Liebe geschwind, allein auch sehr veränderlich ist, und führt Pfeil und Bogen, um die Durchdringlichkeit der Liebe anzuzeigen. Von denen aber nur die goldenen Pfeile ihre Gegen-Liebe finden, die bleiernen aber ohne dergleichen Wirkung sind. Und endlich wird ihm auch eine Fackel beigegeben, um die Entzündung der Liebe in den Gemütern der Menschen zu bemerken« (Zedler, S. 1733). Die große Liebe erscheint wie eine Teilhabe am Göttlichen: Gott ist Liebe und Liebe ist göttlich. Und was haben die Idee der großen Liebe und Gott gemeinsam? Beide sind zeitlos, beide leben ewig. Und in ihrer zeitlosen Ewigkeit überwinden sie die Begrenzungen des Lebens, vor allem den Tod. Ebenso wie Gott die Angst vor dem Sterben und dem Tod bändigt, so scheint die große Liebe – zumindest in der Idee – den Tod nicht zu fürchten.

Die Idee der großen Liebe und die Angst vor dem Tod

Ein wesentliches Kennzeichen der Liebe besteht darin, dass sie bis zum Tode gehen soll und manchmal auch noch darüber hinaus. Noch heute geloben sich die Paare bei der Heirat ewige Liebe und Treue, »bis dass der Tod uns scheide«. Die Liebe des Lebens, die große, einzige ist also auch daran erkennbar, dass sie ein besonderes Verhältnis zum Tod hat. Eines der ältesten Liebespaare, dessen unglückliche Liebesgeschichte bereits seit dem 6. Jahrhundert v. Chr. bekannt ist, kann im wahrsten Sinne des Wortes ein Lied davon singen: Orpheus war wahrscheinlich der berühmteste und bedeutendste Sänger der Antike und seine Geliebte Eurydike wurde in vielen Liedern von ihm besungen. Orpheus konnte so schön zum Saitenspiel seiner Leier singen, dass selbst die Tiere vor Ergriffenheit stehen blieben und die Bäume, Sträucher und Steine beim Klang seiner Stimme weinten. Er war der Sohn der Muse Kalliope und des Gottes Apoll, seine Frau Eurydike war eine Nymphe des Waldes, eine Elfe. Die Liebenden streiften oft durch die Wälder, verliebt und singend. Eines Tages biss eine giftige Natter Eurydike in die Ferse. Die Legende besagt, dass die Natter eifersüchtig auf sie war, weil sie Orpheus Gesang so sehr liebte. Eurydike starb und Orpheus litt fürchterlichen Seelenschmerz. Seine Trauergesänge konnten seinen Schmerz kaum lindern. Er sann lange darüber nach, welche Schande oder Verfehlung vielleicht den Zorn der Götter heraufbeschworen haben mochte, aber er konnte sich an keinen Frevel erinnern. So beschloss er, in die Unterwelt, das Reich der Schatten und des Todes, hinabzusteigen, um seine Frau zurückzuholen. Er singt und die Pforten öffnen sich ihm, sogar die Pforte zur Unterwelt. Dort tritt er selbstbewusst auf, fragt sich, ob sie dort auch die Liebe kennen und bittet darum, seine Frau wieder mitnehmen zu können, andernfalls würde er auch gleich bei den Toten bleiben:

»(...) ich kam um die Gattin, der jüngst die getretene Natter
Gift in die Wund einhaucht, und die blühenden Jahre verkürzte.
Dulden wollt ich als Mann, und strengte mich; aber es siegte
Amor. Man kennet den Gott sehr wohl in der oberen Gegend.
Ob ihr unten ihn kennt? Nicht weiß ich es, aber ich glaube (...)
Löste der Eurydice, fleh ich, oh löst das beschleunigte Schicksal! (...)
Wenn mir das Schicksal versagt das Geschenk der Vermählten, niemals
Kehr ich von hinnen zurück! Dann freut euch des doppelten Todes!«
(Ovid, S. 239-245).

Durch seinen Gesang waren selbst die Wesen der Unterwelt gerührt und selbst die »Geier zerhackten die Leber nicht mehr« (Ovid, S. 240). Keiner konnte den flehentlichen Gesängen widerstehen und sie riefen Eurydike herbei, die unter den frisch Eingetroffenen weilte. Man gab dem Sänger seine Frau zurück, allerdings mit einer Bedingung: Auf dem Weg nach oben dürfe er sich nicht umdrehen. »Jetzt empfing sie der Held von Rhodope samt der Bedingung, daß er die Augen zurück nicht wendete, bis er entflohen aus dem avernischen Tal; sonst wäre die Gab ihm vereitelt« (Ovid, S. 240). Die Liebenden steigen nach oben und dort geschieht das Schreckliche:

»Schnell erklommen sie nun durch Todesstille den Fußsteig,
Jäh empor, und düster, umdrängt von dumpfigem Nachtgraun;
Und nicht waren sie ferne der oberen Erde.
Jetzo besorgt, sie bleibe zurück, und begierig des Anschauns,
Wandt er die Augen voll Lieb; und sogleich war jene versunken« (Ovid, S. 240).

Er streckt noch die Arme nach ihr, versucht sie zu greifen und nach oben zu ziehen, aber er greift nur in »weiche Lüfte«. »Wieder starb sie den Tod; doch nicht ein Laut um den Gatten klagte. Konnte sie wohl, so geliebt zu sein, sich beklagen?« (S. 240).

Eurydike konnte oder durfte sich nicht beklagen, denn Orpheus hatte ihr den größten Liebesbeweis erbracht, zu dem ein Mensch fähig ist. Er war ihretwegen in die Unterwelt abgestiegen, hatte sein eigenes Leben riskiert und nur die Sorge um sie, dass sie zurück bleiben könne, hatte ihn veranlasst, sich noch einmal umzusehen. Sie war gestorben, aber seine Liebe war stärker gewesen als ihr Tod. Ja, seine Liebe hatte ihren Tod besiegt, hatte sie aus der Unterwelt befreit, war mit ihr den Weg zurück ins Leben gegangen und hatte nur deshalb nicht das letzte Stück des Weges geschafft, weil er in seiner Liebe so unvernünftig war, weil er sie so sehr liebte, dass er sich um sie sorgte und sie anschauen musste. Seine Liebe war so groß, dass er letztlich im Leben scheiterte, aber was ist schon dieses banale Scheitern im Leben gegen einen solchen unendlichen Liebesbeweis? Wenn sie jetzt wieder zurück muss, dann wissen wir doch, dass sie es dort unten aushalten kann, dass sie sich über alle Maßen geliebt fühlt, und das macht jede Unterwelt erträglich. Die große Liebe hat den Tod letztlich doch besiegt.

Die lebenslange Liebe ist der sehnlichste Wunsch der Liebenden. Und wenn sich dieser Wunsch erfüllt, wenn die Liebe auch über den Tod hinaus besteht, dann hat sie ihre Berechtigung, dann hat sie damit den Nachweis der eigenen Größe erbracht. Auch das Beispiel von Philemon und Baucis zeigt, dass der Sinn der Idee von der großen Liebe in der Überwindung des Todes besteht. Die große Liebe befreit den Menschen von allen irdischen Zwängen und Einschränkungen, sie hebt die Gesetze von Raum und Zeit auf und bringt die Menschen zugleich dem Göttlichen näher. Die Angst vor dem Sterben und Tod war schon immer die größte Angst der Menschen und die Idee der großen Liebe, diesem säkularisierten Gott, das wichtigste Mittel gegen die Angst. Daneben hat die Idee der großen Liebe noch eine zweite Aufgabe: die Bindung der menschlichen Aggression.

Die Bindung der menschlichen Aggression in der Liebesbeziehung

Es gibt verschiedene Erklärungen dafür, warum die Geschichte von Romeo und Julia so dauerhaft die Zeiten überlebt und wahrscheinlich die bekannteste Liebesbeziehung aller Zeiten ist. Sie hat unzählige Fassungen erlebt und überlebt und selbst eine Neufassung in der Originalsprache vor wenigen Jahren fand großen Anklang – sogar bei der Jugend. Die Geschichte schildert die wahre, einzige und große Liebe. Es ist die Geschichte einer Liebe, die den Tod

Die große Liebe

nicht fürchtet. Die Geschichte einer Liebe jenseits sozialer Schranken. Und es ist die Geschichte einer Liebe, die die Feindschaft und die Aggression besiegt und an deren Ende eine lange Feindschaft aufgehoben wird, damit der Tod der Liebenden nicht sinnlos war.

William Shakespeare hat den Stoff der Liebesbeziehung zwischen Romeo und Julia samt ihrem tragischen Tod nicht selbst erfunden, sondern als Quelle das 1562 von Arthus Brookes veröffentlichte Gedicht »The tragicall Historye of Romeus and Juliet« benutzt. Der Chor gleich zu Beginn des Prologs fasst bereits das Wesentliche der Geschichte zusammen und spricht auch schon das Ende über den Tod der Liebenden hinaus an.

»Zwei Häuser in Verona, würdevoll,
wohin als Szene unser Spiel euch bannt,
Erwecken neuen Streit aus altem Groll,
Und Bürgerblut befleckt die Bürgerhand.
Aus beider Feinde unheilvollem Schoß
Entspringt ein Liebespaar, unsternbedroht,
Und es begräbt – ein jämmerliches Los –
Der Väter langgehegten Streit ihr Tod.
Wie diese Liebe nun dem Tod verfiel,
Der Eltern wüten, immerfort erneut,
Erst in der Kinder Ende fand sein Ziel,
Das lehrt zwei Stunden euch die Bühn heut;
wollt ihr geduldig euer Ohr dem leihn,
woll'n wir's von Mängeln, wo's noch not, befrein« (Shakespeare, S. 4).

Julias Schrecken ist groß, als sie am Ende des ersten Aufzuges von der Wärterin erfährt, in wen sie sich verliebt hat: »Wärterin: Sein Nam' ist Romeo, ein Montague, Und Eures großen Feindes einz'ger Sohn.
Julia: So einz'ge Lieb aus großem Haß entbrannt! Ich sah zu früh, den ich zu spät erkannt. O Wunderwerk! ich fühle mich getrieben, den ärgsten Feind aufs zärtlichste zu lieben« (Shakespeare, S. 28f).

Die Feindschaft der Familien scheint die Liebe immer wieder unmöglich zu machen, sie können sich nicht sehen und bleiben daher einsam in ihrem Sehnen.

»Doch Leidenschaft gibt Kraft, Zeit weist die Wege, Der Liebe Süße schwächt die schlimmsten Schläge« (Shakespeare, S. 30).

Die große Liebe

Im ersten Akt wurde der alte Hass abgelöst durch die junge Leidenschaft und die einseitige Liebe durch die wechselseitige. Im zweiten Akt wird die Liebe gegen alle Konventionen verteidigt – insbesondere in der Gartenszene und den Hochzeitsvorbereitungen – und beide, Romeo und Julia, sind sogar bereit, ihre Herkunft aufzugeben und sich nur noch als Liebende zu begegnen. Und als Julia Romeo bittet: »O Romeo, leg deinen Namen ab. Und für den Namen, der dein selbst nicht ist, nimm meines ganz!« antwortet er: »Ich nehme dich beim Wort. Nenn Liebster mich, so bin ich neu getauft und will hinfort nicht Romeo mehr sein« (Shakespeare, S. 34).

Das Duett zwischen den beiden im nächtlichen Garten ist ein Liebessonett mit phantastischen Dialogen. Sie fragt: »Wer zeigte dir den Weg zu diesem Ort?« und er antwortet: »Die Liebe, die zuerst mich forschen hieß. Sie lieh mir Rat, ich lieh ihr meine Augen.« Und nach diesem Liebesbekenntnis kommt auch sie schnell zu dem ihren, ohne Rücksicht auf Konvention und Sitte: »Gern hielt ich streng auf Sitte, möchte gern verleugnen, was ich sprach: doch weg mit Förmlichkeit! Sag, liebst du mich? Ich weiß, du wirsts bejahn (...)« (Shakespeare, S. 35).

Und als er ihr antwortet, er wolle sofort beim heiligen Mond schwören, lehnt sie dies ab mit dem Hinweis, der Mond sei ihr zu wandelbar, er solle lieber bei seinem eigenen edlen Selbst schwören. Und diese Gartenszene endet mit rasender Geschwindigkeit der liebenden Leidenschaft im Heiratswunsch, denn Julia ist schnörkellos und geradlinig.

»Wenn deine Liebe tugendhaft gesinnt, Vermählung wünscht, so lass mich morgen wissen, durch jemand, den ich zu dir senden will, wo du und wann die Trauung willst vollziehn. Dann leg ich dir mein ganzes Glück zu Füssen und folge durch die Welt dir als Gebieter.« Und er verabschiedet sich in gar nicht so tugendhafter Weise: »Schlaf wohn' auf deinem Aug', Fried' in der Brust! O wär' ich Fried' und Schlaf und ruht' in solcher Lust!« (Shakespeare, S. 37f).

Im dritten Aufzug kippt das anfänglich eher Komödiantische ins Tragische durch das Wiederaufleben der Familienkonflikte, konkret den Konflikt zwischen Romeo und Tybalt. Tybalt lästert und beschimpft Romeo, es kommt zum Streit und Gefecht, Tybalt fällt von Romeo getroffen und Romeo ruft angesichts der Verwirrungen schließlich aus: »Weh mir, ich Narr des Glücks!« Der Prinz kommt hinzu, fragt nach dem Streit, hört sich Benvolios Erklärungen an und verkündet am Ende: »Weil er das verbrochen, sei über ihn sofort der Bann gesprochen (...) Romeo flieh schnell von hinnen! Greift man ihn, soll er nicht dem Tod entrinnen« (Shakespeare, S. 57ff).

Diese Verbannung wird von beiden Liebenden mit dem Tod gleichgesetzt, denn wenn sie nur mit dem anderen leben können, nur in der Gemeinsamkeit eine einheitliche Identität haben, dann ist Trennung gleichzusetzen mit Tod. Erst bei der nächsten heimlichen Begegnung – in der fünften Szene des dritten Aufzugs – haben sie sich wieder und sind damit wieder »ganz«. Sie haben die Nacht zusammen verbracht, der Morgen naht, die Vögel zwitschern und die Wärterin warnt Julia, dass bald ihre Mutter in ihr Zimmer käme. Die Liebenden müssen sich trennen und wieder ist da das Gefühl von Zerrissenheit und das Bild des nahenden Todes.

»Julia: O denkst du, daß wir je uns wiedersehen?
Romeo: Ich zweifle nicht...
Julia: O Gott! ich hab ein Unglück ahnend Herz. Mir deucht, ich säh dich, da du unten bist, als lägst du tot in eines Grabes Tiefe. Mein Auge trügt mich oder du bist bleich.
Romeo: So Liebe, scheinst du meinen Augen auch. Der Schmerz trinkt unser Blut. Leb wohl! Leb wohl!« (Shakespeare, S. 73).

Liebesvereinigung in der Hochzeitsnacht und Trennungsschmerz, in der Liebe wissen um den nahen Tod – in der Beziehung von Romeo und Julia sind stets beide Elemente enthalten und auf jedes Glück folgt das Unglück: Auf die Ehe der beiden folgt der Tod Tybalts und die Verbannung, auf die heimliche Hochzeitsnacht folgt Capulets Eheplan für seine Tochter Julia mit Paris und auf das Hilfsmittel des Schlaftrunks folgt die Vorverlegung der geplanten Hochzeit. Die Tragik setzt sich im fünften Akt fort mit der Falschmeldung von Julias Tod. Romeo beschließt daraufhin, zu ihr zu gehen und ebenfalls zu sterben. Er besorgt sich starkes Gift beim Apotheker und der Brief, der ihn über das Missverständnis hätte aufklären können, findet wegen der Seuche keinen, der ihn zustellt. So bleibt er in dem Glauben von Julias Tod. Er eilt zum Friedhof, zum Grab der Capulets, wo er Julia vermutet und auf Paris trifft. Beide fechten und Paris stirbt. Romeo findet Julia, fragt sich, »warum bist du so schön noch?« (Shakespeare, S. 104) und beschließt neben der Schlafenden zu sterben. Er verabschiedet sich von ihr in einer letzten Umarmung, trinkt das Gift und stirbt. Sie erwacht, fragt sich sogleich »Wo ist mein Romeo?« (Shakespeare, S. 106), erkennt ihren Gatten an ihrem Busen, tot, sieht den Becher in der trauten Hand festgeklemmt, hört die nahende Wache, nimmt Romeos Dolch und ruft aus: »O willkommener Dolch! Dies werde deine Scheide. Roste da und lass mich sterben« (Shakespeare, S. 107). Und während sie stirbt fällt sie auf Romeos Leiche. Am Grabe der beiden Toten ruft dann der Prinz die Herren der beiden Häuser Capulet und Montague zusammen und herrscht sie an: »Seht, welch ein Fluch auf eurem Hasse ruht, daß eure Freuden Liebe töten muß!« (Shakespeare, S. 111). Und beide versöhnen sich am Grabe ihrer Kinder.

Die Liebe von Romeo und Julia triumphiert damit nicht nur über den Tod, sondern auch über die sozialen Schranken und erst ihr Tod bringt die Feindschaft zwischen den Familien zu einem Ende. Eine solche romantische Liebe ist wahrhaft grenzenlos und am Ende kommt trotz des Todes der beiden Liebenden ein Gefühl des Sieges auf: Es ist der Sieg über die menschliche Aggression selbst dort, wo sie als alte Feindschaft unüberwindbar schien.

In Liebesbeziehungen kann solch ein Sieg kein einmaliger sein, auch wenn sich manche Menschen dies wünschen. Auch reichen keinerlei tränenreiche Bekundungen oder gut gemeinten Absichtserklärungen, um die Aggression dauerhaft zu bändigen. Menschliche Aggression ist ein Teil der Conditio Humana, des Allzumenschlichen, und sie kommt daher als Gefühl, das sich der Kommandozentrale des Ich, des Verstandes oder der Ratio nur schwer unterordnet. Aggressionen sind insofern ein Teil der menschlichen Bewältigungs- und Anpassungssysteme in der Auseinandersetzung mit der Umwelt und wenn es emotional hoch her geht, wie es in Liebesbeziehungen nun einmal der Fall ist, dann sind die Aggressionen nicht mehr weit. Es geht also immer um ein relatives und instabiles Gleichgewicht zwischen den Polen Liebe und Aggression und dies wiederum bedeutet, dass die Dauer einer Beziehung niemals sicher und dass der Ablauf der Liebesbeziehung durchaus turbulent sein kann, ja, sein muss. »Weil das Gleichgewicht von Liebe und Aggression ein dynamisches ist, ist die Integration und Tiefe der Beziehung potentiell instabil. Selbst unter den besten Umständen können die Partner es nicht als selbstverständlich voraussetzen, daß sie zusammenbleiben werden; dies gilt umso weniger, wenn bedeutsame ungelöste Konflikte eines Partners oder beider Partner das Gleichgewicht von Liebe und Aggression bedrohen. Selbst unter anscheinend viel versprechenden und sicheren Bedingungen verschieben neue Entwicklungen manchmal dieses Gleichgewicht« (Kernberg, S. 99). Dies müssen die Liebespartner aushalten können, dass sie die Aggressionen niemals endgültig bändigen können, dass Aggression von der Liebe gebunden werden muss, aber nie ganz verschwindet und dass die Aggression manchmal sogar gut sein kann, nicht nur für die energische Problemlösung, sondern durchaus auch für eine lustvolle Sexualität.

Erst nachdem die relative Pathologie der Verliebten in ihrem Verhalten, ihrem Denken und ihrer Sprache, ihre Vergötterung des geliebten Menschen in all ihren Verklärungen, die Beziehungen dieser unsterblichen großen Liebe zum Tod, ihr verdrängender Anteil daran und letztlich die wesentliche Aufgabe der Bindung der Aggression durch die Liebe besprochen ist, kann man solcherart gewappnet wieder daran gehen, sich vollends der Mystifikation, der Idealisierung und Romantisierung der Liebe zu widmen. Dann und erst dann kann die Mystifikation der Liebe anerkannt oder zugelassen werden, weil sie nicht mehr der Verdrängung einer konflikthaften Wirklichkeit, sondern der Stärkung eines menschlichen Ideals dient.

Es gibt einen neueren Roman in der deutschen Literatur, der es verdient, an dieser Stelle ausführlich erwähnt zu werden. Er heißt »Die große Liebe« und handelt nicht nur von einer wunderschönen Liebe, sondern auch von einer handfesten Liebesaffäre. Und er enthält alle Zutaten, die ein Liebesroman heute braucht: das Meer, den Strand, die wunderschöne Frau, den einsamen Mann, viel Wein, Meeresfrüchte in allen Variationen, lange Spaziergänge, einen eifersüchtigen Verlobten und – Italien! Was konnte da noch schief gehen, das Buch musste ein Bestseller werden.

Die große Liebe

Schon in der ersten Begegnung ist die Verwirrung der Gefühle enthalten. »Sie war ungewöhnlich groß und hatte langes, blondes Haar, mit einem Stich ins Rötliche, sie trug ein langes, grünes Kleid, mit dessen Schlichtheit die beiden einzigen goldenen Schmuckstücke, eine Halskette und ein Ring, kontrastierten. Als sie mich erkannte, fuhr sie sich mit der Rechten durchs Haar, es war eine leicht verlegene Geste. (…) sie beherrschte den Raum so stark, dass ich unwillkürlich begann, in meinen Taschen nach dem Fax zu suchen (…) ich schaute durchs Fenster auf das Hafengelände, als fände ich draußen Hilfe… Ich konnte ihrem Blick nicht standhalten (…)« (Ortheil, S. 30ff). Die schöne Frau heißt Dottoressa Franca und arbeitet als Meeresbiologin in einem Ort namens San Benedetto an der italienischen Adria. Sie arbeitet dort im Meeresmuseum und ihr Verlobter, den sie bereits seit Kindheitstagen kennt, ist der ebenso intelligente wie erfolgreiche Leiter des Museums, Dottore Alberti. Sie waren in die gleiche Schule gegangen, er war mit ihrem Bruder befreundet gewesen und nach dem Studium trafen sie sich wieder. Er wird in Kürze auf eine Leitungsstelle nach Ancona wechseln und sie soll ihn als seine Stellvertreterin dorthin begleiten. »Gianni ist sehr ehrgeizig, erzählte sie weiter, er ist gewitzt und hochintelligent, es ist ein Vergnügen, mit ihm zu arbeiten, alles geht leicht voran, er hat immer neue Ideen, in wenigen Wochen tritt er die Direktorenstelle in Ancona an, er hat mir einen Platz an seiner Seite verschafft, wir sind ein Team (…)« (Ortheil, S. 217). Ein Team! Eine lange Beziehung, eine ausgemachte Sache, nicht überschwänglich emotional oder gar poetisch, aber eine sichere und zukunftsträchtige Beziehung, die man nicht einfach mit einer Liebesaffäre aufs Spiel setzt.

Der Ich-Erzähler ist ein deutscher Fernsehredakteur aus München, der für einen Film über das Meer recherchiert. Die beiden begegnen sich im Museum, im Ort, im Cafe und es entwickelt sich schnell eine intuitive Vertrautheit zwischen beiden. Lange Passagen des Romans sind dem Essen und Trinken gewidmet, dem langen, genussvollen, italienischen Essen, denn beide essen gern. »An der Art, wie sie sich nach dem Kellner umschaute, erkannte ich ihre Vorfreude, ich hatte richtig vermutet, sie aß und trank gern, mit Frauen, die nicht gerne aßen und tranken, dachte ich, hast du noch nie etwas anfangen können. Sie rührte die angebotene Speisekarte nicht an, sie bestellte Antipasti, kein Gemüse, ausschließlich Fisch, die Weinbestellung übernahm sie gleich mit, ich hatte noch nie mit einer Frau zusammen gegessen, die ohne langes Reden den Wein bestellt hatte, eine Flasche Sauvignon, gut gekühlt, bitte« (Ortheil, S. 73). Es ist vordergründig die Erotik der italienischen Küche, die kleinen Häppchen, die alle mit Brot gegessen und Wein herunter gespült werden und zwischen den Beiden entsteht eine Nähe und Intensität der Beziehung, die durch eine selbstverständliche Vertrautheit etwas Einmaliges erhält. Essen gehen, lange Gespräche, die vom Geschäftlichen ins Private wechseln, spielerisch beinahe, und dann in Geschichten übergehen, bei denen man sein eigenes Leben neu erfindet. Beide sind in den Erzählungen bei sich, in sich versunken zwischen Antipasti, Wein, Brot und den Blicken des zugewandten Gegenübers und verschmilzen dabei langsam zu einem Paar. Nach dem Essen einen Digestivo, dann der Café und noch ein kleiner Spaziergang am Strand. Zwei Tage später ein gemeinsamer Ausflug in die nahe gelegenen Berge und wieder die gleiche, selbstverständliche, in die Landschaft und das Essen eingetauchte Intensität ihrer Begegnung. Sie essen die schlichte Bergkost und nach dem Essen erkundigt er sich nach einem Zimmer, lässt es sich auch zeigen, beschließt aber dann doch, sich Zeit zu nehmen – und erst viel später gesteht sie ihm, dass sie es so gern gehabt hätte, wenn er sie geküsst hätte, wenn sie die

Nacht dort oben in den Bergen verbracht hätten, ja, sie hat ihn beinahe gehasst dafür, dass er es nicht tat.

Nach einer der nächsten Begegnungen bietet sie ihm das Du an, eher beiläufig, und für ihn ist es wie der erste Kuss. Aber der Ort ist klein, die Leute beginnen zu reden und sich Gedanken zu machen. Zum ersten Mal denkt er: die große Liebe. Wenn er mit ihr zusammen ist, bleibt die Zeit stehen, ist er ausschließlich mit ihr beschäftigt, fasziniert von ihr, von allem, was sie sagt und von allen kleinen Handlungen, die alle genau registriert werden, und wenn er wieder allein ist, dann breitet sich eine Leere und eine Sehnsucht in ihm aus, die nur wieder durch ihre Gegenwart gefüllt werden kann.

Ihr Verlobter, Dottore Alberti, bekommt langsam mit, was die beiden treiben, er spürt die gegenseitige magische Anziehungskraft, die sie aufeinander ausüben, und er beschließt, als ganzer italienischer Mann zu kämpfen, und zwar mit allen Mitteln, die ihm zur Verfügung stehen. Zuerst stellt er seine Verlobte zur Rede, dann beschließt er, sich diesem »deutschen Touristen« zu widmen. Die beiden treffen sich in einem Restaurant. »Er trank, dann begann er, ich habe mit Franca gesprochen, ich erwähne keine Details, wir sind alle alt genug, um die Situation zu begreifen« (Ortheil, S. 232). Natürlich will er wissen, was dieser Deutsche von seiner Verlobten will, ob es nur eine Urlaubslaune ist oder mehr, welche Folgen sich daraus für ihn ergeben, oder ob es gar etwas Ernstes ist? »Sie werden es pathetisch finden, antwortete ich, aber in meinen Augen ist es *Die große Liebe*, sie ist es übrigens auf beiden Seiten, es ist *Die große Liebe* ohne Herzschmerz und Eifersucht, ohne Intrigen und Vorbehalte, ohne jeden Kummer und Rücksichten« (Ortheil, S. 234). Dottore Alberti scheint nicht wirklich irritiert, vermutet er doch einen verwirrten Verliebten vor sich zu haben, dem man erst einmal Zeit zur Abkühlung geben muss und der dann wieder zur Besinnung kommen wird. »Signore, sagte er dann, ich kenne Ihr Alter nicht, vielleicht sind Sie ein klein wenig älter als ich, jedenfalls sind Sie nicht mehr im pubertierenden Alter und damit aus dem Alter heraus, in dem man so schwärmerische Begriffe wie *Die große Liebe* gebrauchte und auch noch daran glaubt, diese Begriffe sind etwas für Romane und poetische Abhandlungen, den Ernst des Lebens berühren sie nicht (…). Wie stellen Sie sich ein gemeinsames Leben mit Franca denn vor, wo und wie soll es stattfinden, wollen Sie etwa einmal im Monat aus München anreisen?« (Ortheil, S. 235). Das ist psychologisch gesehen eine klassische Realitätsüberprüfung, die Dottore Alberti hier von dem Verliebten einfordert und gleich danach fordert er eine weitere reife Leistung von ihm: die Übernahme der

Verantwortung für sein Handeln. »Sie übernehmen eine große Verantwortung, wenn Sie sich irren, wenn Ihre Gefühle vielleicht schon in einem Monat schwächer werden und sich auf eine andere Stimmungslage, sagen wir zum Beispiel auf eine in München, einstellen, werden Sie Francas Leben zerstören« (Ortheil, S. 235). Aber der Verliebte bleibt ruhig, sagt, dass diese Fragen ebenso wie die nach einer konkreten gemeinsamen Zukunft nur ihn und Franca etwas angehen würden. Diese Gelassenheit in der Gewissheit einer großen Liebe macht den betrogenen Mann fassungslos und am Ende verliert der analytische Verstandesmensch seine Contenance: »Sie sind naiv, Sie sind nichts anderes als ein hergelaufener, naiver Tourist (…)« (Ortheil, S. 238). Das Gespräch endet ohne Klärung unter Männern und später berichtet Giovanni seiner Franca, dass er gar nicht die Empfindung gehabt habe, dass Dottore Alberti ein Rivale sei, sondern eher ein Freund, das Unglück sei nur, dass beide Männer die gleiche Frau lieben würden.

Francas Schwachstelle ist ihr Vater, sie hat Angst, Dottore Alberti könne ihrem Vater von ihrer Liebesaffäre berichten, sie bei ihrem Vater in ein schlechtes Licht rücken und das beunruhigt sie so sehr, dass sie beschließt, ihren Vater zu informieren, bevor es jemand anderes tun könnte. Sie ruft ihn an, er antwortet, er würde es sich überlegen zu kommen und kommt dann am nächsten Abend. Und dann erhält der Roman eine Wendung, die zugleich eine Erklärung für »Die große Liebe« ist. Nachdem Franca mit ihrem Vater gesprochen hat, möchte dieser den neuen Mann kennen lernen. »Haben Sie Lust, mit mir am Strand spazieren zu gehen? fragte er, ich gehe so gern dort spazieren, richte mich aber ganz nach Ihnen, gehen wir an den Strand, sagte ich, das ist ein guter Gedanke« (Ortheil, S. 281). Die beiden Männer unterhalten sich nicht über Franca, nicht über die große Liebe, nicht über seinen Beruf, seinen sozialen oder familiären Hintergrund, nicht über die Frage, die Dottore Alberti so bewegte: Wie stellen Sie sich, junger Mann, denn die gemeinsame Zukunft mit meiner Tochter vor? All dies besprechen sie nicht. Sie reden über das Meer, die Sonne, die Malerei, die Musik, die Kunst, die Küstenbewohner und das Schwimmen. Dabei entwickeln Sie gemeinsam, wie zwei neugierige Philosophiestudenten in einem existentialistischen Café, eine »Grundlegung zu einer Metaphysik der Morgengymnastik im Meer unter besonderer Berücksichtigung einer Metaphysik des Schwimmens« (Ortheil, S. 285). Und noch während des Gesprächs stellen beide erstaunt fest, dass sie sich gut verstehen, dass es Spaß macht, miteinander zu reden, dass zwischen ihnen eine Seelenverwandtschaft besteht.

Franca ist Vaters Tochter, ihre Eltern hatten sich früh scheiden lassen. Sie findet in diesem deutschen Journalisten ihren Vater wieder. Die große Liebe ist psychologisch gesehen eine Übertragungsliebe. Die Stärke dieser großen Liebe ergibt sich daraus, dass sie auf einer alten Liebe aufbaut, sich alte und neue Liebe verbinden und viele Beziehungselemente einer alten Vater-Tochter-Beziehung auf die heutige Liebesbeziehung übertragen werden und in ihr eine Fortsetzung, vielleicht sogar Vollendung, erfahren. Das ist es, was ihre Liebe so stark, so verlässlich und so überzeugend sein lässt, ohne Zweifel, ohne Umwege, ohne Mätzchen und Missverständnisse. Und auf dieser sicheren Basis ist die Frage der Zukunft nicht beunruhigend. Franca beschließt, sich erst mal frei zu nehmen und am nächsten Freitag für einen Monat nach München zu kommen. Beide haben in sich die Gewissheit, dass sie zusammenbleiben werden und müssen dies daher gar nicht konkret besprechen. Giovanni sagt ihr einfach, sie möge am nächsten Freitag um 21.00 Uhr in der Osteria Italiana in München sein und kurz vor 21.00 Uhr bestellt er beim Ober das Essen. »Ich studierte ausführlich die Karte und komponierte im Stillen ein kleines Menu, dann schaute ich auf die Uhr, ich ließ den Kellner kommen, um bereits zu bestellen, ich sagte, bringen Sie jetzt eine Flasche, es ist gleich soweit. Sind Sie ganz sicher? Fragte er, oder wollen wir nicht lieber warten? Nein, sagte ich, bringen Sie jetzt den Wein, ich bin ganz sicher. Er brachte die Flasche, öffnete sie, und ließ mich kosten, er stellte die Flasche in einen Kübel mit Eis, das Eis klirrte leise, da hörte ich, wie die Tür des Lokals sich öffnete, ein schwacher Windzug fuhr durch den Raum, jemand trat ein, der Kellner bewegte sich eilig zum Eingang, buona sera signora, sagte er, Sie werden bereits erwartet. Ich hörte ihre Stimme, buona sera, vielen Dank, sie klang sehr ruhig, vollkommen sicher und war von jener melodisch klingenden Art, die mich einmal hatte aufhorchen lassen« (Ortheil, S. 317). So endet das Buch und der Leser ist sich sicher, dass diese Beziehung weitergeht, dass es die große Liebe für beide ist und dass alle Fragen danach, wann und wo und wie es weitergeht, vollkommen banal sind.

Wenn *die große Liebe* eine Übertragungsliebe ist, gibt es dann nur eine einzige, oder kann es auch mehrere große Lieben in einem Leben geben? Beispielsweise könnte man mit einer großen Liebe zusammen leben und eine andere treffen, dann mit dieser eine Liebesaffäre beginnen und sich von der ersten Liebe trennen? Auch hierauf hat Toni Morrison eine Antwort. Sie wurde von Studentinnen gefragt, ob es nur eine große Liebe im Leben gebe und sie antwortete: »Es gibt wahrscheinlich sieben, aber dafür müssen sie reisen.« (Brigitte, 18/2004, S. 82) Und verschmitzt fügt sie hinzu: »Ich bin überzeugt, dass dumme Leute dumm lieben. Gemeine Leute gemein. Aber es ist die Macht der Liebe, die das ändern kann. Du kannst schlau werden, und du kannst aufhören, gemein zu sein. Und wenn sich eine Liebe als destruktiv erweist, können wir das ändern und jemand anderen anders lieben… Nichts ist so erotisch, als einen anderen Geist zu berühren. Und dann gibt es natürlich den Teil, wo sie nicht mehr reden wollen, sondern einfach nur ins Bett.« (ebd., S. 84)

Die Liebe des Lebens

Manchmal fragt man sich bei der äußeren Erscheinung zweier Partner, warum ausgerechnet diese beiden Menschen zusammen sind und sich auch noch lieben, obwohl sie auf den ersten Blick so gar nichts gemein haben, ja manchmal sogar das Gegenteil von einander sind: groß und klein, schön und unscheinbar, attraktiv und hässlich, schöner Pfau und graue Maus. Wenn das Äußere nicht zusammenpasst, was mag sie dann an inneren Themen zusammenführen? Michael Lukas Möller hat einmal gesagt, der ideale Partner sei derjenige, der die größte Wahrscheinlichkeit mit sich bringe, das eigene Lebensthema und die damit verbundenen Gefühle, wie Angst, Trauer, Verlassenheit oder gar Schmerz nicht nur zu verstehen, sondern zugleich am besten lindern zu können. Wenn der Partner nicht nur das tiefe Verständnis, sondern zudem das Versprechen der Heilung oder der Lösung mit sich bringe. Wenn dieses Kriterium zu den anderen, von denen ich bereits gesprochen habe, hinzukommt, dann kann die Liebe sehr bedeutsam werden. Allerdings: Diese Liebe ist stark abhängig von der Art des Lebensthemas und den damit verbundenen Gefühlen. Und wenn es um Gefühle wie Verlassenheit, Überforderung, Einsamkeit, Trauer, Hilflosigkeit oder gar Hoffnungslosigkeit geht, dann sieht eine solche Liebe über lange Zeit gar nicht glücklich aus und die Freunde und Verwandten fragen sich, warum diese beiden Menschen überhaupt noch zusammen sind.

Häufig kommen solche Menschen in die Paartherapie, weil sie nicht so einfach ihre Liebesbeziehung beenden können oder wollen, obwohl es ihnen über lange Zeit sehr schlecht geht und alle Freunde ihnen mehrfach geraten haben, sich doch zu trennen. Diese Freunde haben dann die Vorstellung, eine Partnerschaft solle glücklich sein, die Menschen zufrieden, und das alles mit möglichst wenig Konflikten. Was sie verkennen ist, dass Liebe sehr oft etwas mit

Leiden und Schmerz zu tun haben kann, ja sogar, dass nur die Größe einer solchen Liebe es möglich macht, den tiefen Schmerz und die ganze Verzweiflung zuzulassen. Solche Paare haben schwere Zeiten miteinander und sie wissen manchmal nicht, ob sie mehr an sich selbst leiden, als an der Partnerschaft. Sie haben beide schon mehrfach voreinander gestanden und gedacht, dass eine Trennung vom Partner auch die Möglichkeit, ja sogar die Wahrscheinlichkeit mit sich bringe, dem Leiden ein für alle Mal zu entkommen und nur ohne den Partner jemals wieder glücklich sein zu können. Aber sie sind dann zum Unverständnis aller Freunde doch zusammengeblieben und haben eher weiter gelitten als geliebt.

Eine solche »Liebe des Lebens« kam eines Tages zu mir in die Paartherapie. Und als sie all ihre Probleme geschildert hatten, fragte ich mich, was denn so stark sein könne, sie all dies über die Jahre aushalten zu lassen, was sie unterhalb dieser heftigen Beziehungsprobleme so stark aneinander binde, dass sie alle ihre Schwierigkeiten miteinander bislang nicht dazu gebracht hatten, sich einfach zu trennen. Natürlich waren da einerseits die Kinder, diese liebenswerten Beziehungsstabilisatoren, die sie aneinander banden. Und sie hatten immer auch noch ganz passablen Sex miteinander und meinten, nonverbal würden sie sich ganz gut verstehen, ihre Körper könnten gut beieinander sein, nur reden dürften sie nicht, dann würde es kompliziert. Sie war Mitte 30 und er um die 40, sie hatten drei Kinder zwischen 4 und 9 Jahren. Er war promovierter Chemiker in einem Pharmakonzern, sie eine Dolmetscherin für mehrere Sprachen. Sie waren seit 12 Jahren ein Paar und seit 10 Jahren verheiratet.

Die Krise bestand schon seit vielen Jahren und sie beschrieb ihr Problem in klaren Worten: »Ich erreiche diesen Mann nicht, er ist zu wie eine Auster, ich komme nicht an ihn heran und wenn er so ist, dann sterbe ich langsam an Einsamkeit und emotionaler Unterzuckerung.« Er wusste, wovon sie redete. Sie hatte mit einem Geliebten versucht, ihn aus der Reserve zu locken, aber er hatte nur still gelitten und das hatte sie sich nicht mehr mit ansehen können, zumal sie den Geliebten auch nicht wirklich liebte und ihre Familie nicht für ihn aufgegeben hätte. Das Problem bestand darin, dass der Ehemann emotional immer wieder in einen »Standby-Modus« wechselte. Diesen Begriff hatten wir in der Therapie erfunden, um dem Problem einen Namen zu geben. Seine Gefühle wurden auf wundersame Weise reduziert, er erschien unempfindlich, hatte selbst auch kaum noch Kontakt zu seinen Gefühlen, wusste nicht, wie er in diese gefühllosen Zustände hinein kam, noch, wie er wieder heraus kommen konnte. Diese Zeiten im Standby-Modus waren schon kurz nach

Beginn der Beziehung aufgetaucht, mit der Zeit aber immer länger und intensiver geworden. Er merkte, dass seine Frau ihn dann emotional nicht mehr erreichen konnte, wusste aber nicht, was er dagegen tun konnte. Mit den Kindern war es anders, die konnten ihn noch erreichen, besonders sein erstgeborener Sohn, aber auch der zeigte aus der Sicht seiner Mutter schon bedenkliche Anzeichen der »Krankheit« seines Vaters.

Im Verlaufe der Therapie haben wir zunächst versucht herauszuarbeiten, in welchen Situationen der Mann drohte, in diesen Standby-Modus zu gehen. Was waren die Auslöser, seine Trigger-Moments? Welche Situationen mit welchen Gefühlen konnten dazu führen, dass er zunehmend unempfindlicher wurde? Als Problem stellte sich dabei heraus, dass diese Unempfindlichkeit nur im privaten Leben ein Problem darstellte, im beruflichen wurde dies als eine besondere Fähigkeit bewertet, die ihn im Karrierefahrstuhl nach oben beförderte. In der Arbeit schien er durch diesen Standby-Modus unverwundbar und unbegrenzt belastungsfähig. Dass er dabei auch über seine physischen Grenzen hinwegging, machte ihn allerdings nachdenklich. Wesentliches Ergebnis unserer Suche war eine emotionale Überforderung. Sobald er sich emotional überfordert fühlte, wurde er unempfindlich. Das Problem war, dass er diese gefühlsmäßige Überforderung gar nicht wahrnahm, sie aber jeweils seiner Abspaltung der Gefühle vorausging. In der Psychologie nennen wir diesen Vorgang Dissoziation. Damit ist ein unbewusster Prozess gemeint, unangenehme Gefühle nicht mehr fühlen zu müssen, sie abzuspalten, zu dissoziieren. Das heißt, die normalerweise mit einer Situation verbundenen, assoziierten Gefühle werden abgespalten und damit wird eine bunte Situation zu einer grauen, eine gefühlvolle zu einer erträglichen. Diesen Mechanismus kannte der Mann schon viel länger als seine Frau und als wir in der Therapie zu den Situationen kamen, die für seine Gefühlswelt einmal die bedrohlichsten waren, da näherten wir uns den Ursprüngen dieser Abspaltungen. Sein Vater war ein chronischer Alkoholiker gewesen, der mit seinen alkoholischen Aggressionen der Familie über Jahre das Leben zur Hölle gemacht hatte. Seine Mutter hatte dies nicht mehr ausgehalten und mehrfach versucht, sich umzubringen. Er hatte mindestens drei Szenen erlebt, in denen die Mutter zunächst herumschrie, sie werde sich jetzt umbringen, dann in den Keller ging, sich dort einschloss und sich aufhängen wollte. Der Vater war im Vollrausch auf dem Sofa eingeschlafen und er musste als Sohn hellwach sein, denn seine kleine Schwester konnte ihm nicht helfen, die weinte nur und hing an ihm. Dann musste er seine Gefühle beherrschen, ja,

Die große Liebe

»weg machen«, ruhig und konzentriert bleiben, in das Gartenhaus gehen, die Axt holen, damit die Kellertür einschlagen und seine Mutter vom Stuhl herunterholen, auf dem sie bereits stand, um sich zu erhängen. Diese Szenen erzählte der Mann während der Therapie so, als ob er einen Film beschreiben würde, den er letzte Woche gesehen hatte. Seine Frau weinte während des Berichtes. Er allerdings berichtete ohne Gefühle, aber es war klar, dass gerade darin die große Kompetenz lag, auch die schwierigsten Situationen zu beherrschen und damit – und nur damit – seine Mutter zu retten. In seinem späteren Leben war dieser Mechanismus immer mehr von alleine aufgetaucht, besonders in Situationen, die eine potentielle Überforderung beinhalteten. Wie sollte er etwas abstellen, was nicht nur seiner Mutter das Leben gerettet hatte, sondern auch ihm selbst, denn nur so hatte er emotional überleben können.

Seine Frau schien das krasse Gegenteil von ihm zu sein, sehr emotional, das Herz auf den Lippen, warmherzig, manchmal ein Vulkan, oft zu Tränen gerührt, liebevoll. Anscheinend hatte er in ihr alles gefunden, was er nicht hatte oder zeigen konnte. Sie hatte einen Vater gehabt, dessen Programm lautete: Gefühle gibt es nicht! Zwischen den Eltern hatte es eine tiefe Spaltung gegeben und sie hatte als die Tochter die Aufgabe gehabt, diese eheliche Spaltung durch ihre Lebensfreude, ihr Dasein als Sonnenkind, auch als Delegierte ihrer Mutter zu überwinden, das gefühllose Leben für ihre Mutter mit diesem Mann erträglicher zu machen und damit die Familie zusammenzuhalten. Die gleiche Rolle hatte sie heute in ihrer Familie, sie war immer noch in diesem Programm und suchte nach neuen Lösungen für alte Probleme. Ihr wurde bewusst, dass sie mit ihren Erfahrungen und Rollen auf wundersame Weise zu diesem Mann passte und ihm wurde klar, dass er diese Frau gefunden hatte, um seine verlorenen Gefühle wieder entdecken zu können. Dieses Muster hatte sie all die Jahre zusammenbleiben lassen, oder hatte zumindest verhindert, dass sie sich trennen, obwohl sie oftmals kurz davor waren. Als er formulierte, was seine Frau tun könne, damit er gar nicht erst in diesen Modus herein gerate, war dies zugleich der Weg, den sie gehen konnte, um ihn emotional zu erreichen. »Hab keine Angst, ich liebe dich, wir schaffen das!« Wenn sie ihm diese Botschaft glaubhaft vermittelte, dann konnte er seine Automatik der Abspaltung der Gefühle anscheinend auf Handbetrieb umstellen und bekam damit die Kontrolle über seine Überforderungssituation und seine Gefühle.

Was hat das alles mit Liebe oder gar großer Liebe zu tun? Dies ist die große Liebe: das füreinander geschaffen sein, das tiefe Gefühl der Verbundenheit, das Nachempfinden-Können des Leidens und des Schmerzes des anderen. Zugleich sind die Partner füreinander auch die Lösung, zunächst die potentielle, dann die wirkliche. Jürg Willi nennt dieses Zusammenspiel der unbewussten Persönlichkeitsanteile zweier Partner eine Kollusion, ein Zusammen-Spielen (co ludere). Solche Kollusionen gibt es anscheinend in jeder Beziehung, nicht nur in den so genannten neurotischen. Und wahrscheinlich ist es darüber hinaus auch ein besonderes Kennzeichen der großen Liebe: des Gefühls, dass der andere mein Lebensthema nicht nur versteht, sondern auch heilen kann. Bleibt nur noch zu fragen, was denn in solchen Beziehungen passiert, wenn sie diese Lebensthemen bewältigt haben, ob sie sich auch dann auch noch attraktiv finden und zusammenbleiben? Es kann sein, dass sie sich trennen, aber dann hat diese Trennung zumindest andere Gründe. Es kann aber auch sein, dass sie zusammenbleiben und einfach nur das Leben genießen und sich lieben.

4. Die Ehe ist tot, es lebe die Liebe!

Der Ehemann »war sich selbst gegenüber ehrlich und aufrichtig. Er gab sich keinen Täuschungen hin, er war auch nicht imstande, sich Reue wegen seines Verhaltens vorzuspielen. Es war ihm unmöglich, sich dafür zu verdammen, daß er, ein vierunddreißigjähriger, gut aussehender und nach Liebe dürstender Mann, nicht mehr in seine etwas jüngere Frau verliebt war, die Mutter von fünf lebenden und zwei toten Kindern. Er bereute nur, sein Geheimnis nicht sorgfältiger bewahrt zu haben. Aber er litt unter seiner Lage und bedauerte seine Frau und seine Kinder. Wenn er geahnt hätte, welche Wirkung die Aufdeckung seiner Sünden haben würde, hätte er sich vielleicht bemüht, sie besser zu verheimlichen. Niemals hatte er sich das ernstlich überlegt; irgendwie war er der Meinung gewesen, seine Frau habe seine Untreue längst erraten, aber stillschweigend darüber hinweggesehen. Ja, er hatte sogar angenommen, daß sie, die welkende, alternde, nicht mehr hübsche und in keiner Weise bemerkenswerte Frau, die nur eine einfache, gütige Familienmutter war, schon aus Gerechtigkeitsgefühl weitherzig sein würde. Und jetzt hatte sich in so erschreckender Weise das Gegenteil gezeigt!« (Tolstoi 2004, S. 9f). Er bittet seinen Freund um Rat und Hilfe. »Sag mir nur, was ich tun soll: Deine Frau wird alt, du aber bist erfüllt von Leben und fühlst unversehens, daß du deine Frau nicht mehr mit der ganzen Liebe lieben kannst, wie sehr du sie auch verehrst. Und plötzlich ergreift dich eine andere Leidenschaft (…) du bist verloren, vollkommen verloren! Was soll ich tun?« (Tolstoi 2004, S. 55). Diese Worte eines verzweifelten Ehemannes, der sich mitten in einer Liebesaffäre vor den Abgründen seiner Ehe und Familie sieht, stammt aus dem Jahre 1878, geschrieben von Leo Tolstoi in seinem Roman »Anna Karenina«. In der Ehe hatte sich seine Verliebtheit in seine Frau »irgendwie verloren« und ihn in die Arme des Kindermädchens getrieben, so einfach und so schrecklich war es. Der um Rat gefragte Freund war Lewin – »Lew« Tolstois Alter Ego – und er antwortete ihm lachend auf die wiederholte Frage, was er nun tun solle: »Keine Brezeln stehlen« (Tolstoi 2004, S. 55).

Ist es so einfach? Reicht der Hinweis auf die platonische Liebe, um solchen Gefahren von vornherein zu trotzen, wie es Lewin empfiehlt? Aber die Ehe fing doch schließlich auch mal so an. Wie kann etwas, das immer – oder zumindest meistens – so wunderbar und einmalig anfängt, in Kampf enden? War alles ein Missverständnis? Gibt es nur die verliebte Liebe, den Kick des Augenblicks, dem man wie ein drogensüchtiger Junkie immer wieder hinterherlaufen muss? Es ist ein Dilemma: die Liebe braucht einen Ort, sie sucht sich als Gefühl zu stabilisieren und den flüssigen Aggregatzustand zu verfestigen, will die Zeit anhalten und Verbindlichkeit schaffen. Die Liebenden geben sich das Versprechen für die Zukunft, sie brauchen es und werden erst ruhig, wenn sie es haben. Die Flüchtigkeit des Augenblicks soll überwunden werden und damit auch seine Unverbindlichkeit und Vergänglichkeit. Aber mit der Ehe als Institution, dem Ehevertrag als rechtlicher Entsprechung der gefühlten Bindung und all den Insignien und Sakramenten, vom Gold über den Schleier bis zur gemeinsamen Steuererklärung, mit all diesen Verfestigungen und Verrechtlichungen des Emotionalen waren auch der Ehebruch und der Liebesverrat erschaffen. Ohne diese Insignien und Verträge gibt es nicht nur keine Ehe, sondern auch keinen Ehebruch und keine Liebesaffäre im heutigen Sinne. Die Ehe soll aus der verliebten Liebe eine gelebte Liebe in der Zeit werden lassen. Doch wie kann die Ehe als eine rechtliche Gemeinschaft eine emotionale Beziehung steuern, wie kann das Recht eine Liebesbeziehung stärken? Die Institution Ehe wirkt immer nur symbolisch, weil das rechtliche Versprechen einer dauerhaften Liebe psychisch und paardynamisch wirksam ist. Insofern kann die Ehe einen positiven Prozess unterstützen, aber sie kann einen negativen nicht verhindern. Denn wenn die Liebe nicht mehr ausreichend da ist, wenn aus der verliebten Liebe keine gelebte Liebe werden kann, dann wird die Ehe als Glücksversprechen in ihr Gegenteil verkehrt, dann erstarrt die Ehe in einer Langeweile und wird zum Gefängnis für beide Partner. Und dann erscheint der Ehebruch durch eine Liebesaffäre als der einzig mögliche Ausbruch aus diesem Gefängnis.

Was ist also die gelebte Liebe im Unterschied zur verliebten? Sie kennt nicht nur die eigenen Bedürfnisse, sondern auch die des Partners. Sie lebt im Angesicht der Zeit, der Vergänglichkeit und letztendlich des Todes. Sie versucht, Veränderungen nicht zu verhindern, sondern den Wandlungen, den Metamorphosen der Liebe, Raum zu geben. Sie beharrt nicht auf einmal erreichten Gefühlen und Privilegien beim anderen. Sie versucht nicht, statisch und konservativ zu sein, indem sie Ursprüngliches zu konservieren versucht. Die verliebte Liebe ist oft blind, aber die reife, gelebte Liebe sieht die Notwendigkeit einer permanenten, lebendigen und respektvollen Auseinandersetzung mit dem sich ändernden Partner, bei gleichzeitiger selbstkritischer Reflexion der eigenen Veränderungen. Sie versteht die ursprüngliche Liebesbeziehung als eine Art Startkapital, das sich nicht automatisch vermehrt, mit dem aber gut gearbeitet werden kann und gearbeitet werden sollte. Und sie ist noch Vieles mehr, ohne etwas über die Kinder – diese herrlichen Wesen der Beziehung – gesagt zu haben. Wer behauptet, ich kreierte hier einen neuen Mythos der gelebten Liebe im Unterschied zur verliebten Liebe, der hat Recht. Wie wir an der verliebten Liebe sehen, ist die Liebe selbst ein Mythos – und dazu noch hochwirksam. Es wird Zeit, dass wir ihm einen anderen, lebbaren Mythos entgegensetzen! Ist aber die Ehe der rechte Ort für diesen Mythos? Kann die gelebte Liebe mit der Ehe vereinbart werden oder schließen sich Liebe und Ehe aus?

Die Ehe ist tot, es lebe die Liebe!

Nachdem wir über ein Jahr in einer Paartherapie versucht haben, das plötzliche Ende einer einstmals glücklichen Paarbeziehung zu verstehen, nachdem wir die Achterbahnfahrten der Gefühle nachgezeichnet haben, mit all der Wut, Trauer, Angst, Trostlosigkeit, Verzweiflung, Rachelust und Zukunftshoffnung, nachdem all dies durchlebt, durchlitten und durchgearbeitet wurde, sitzt die Frau mir in einer letzten Therapiestunde allein gegenüber, lässt mich von ihrem Exmann schön grüßen, dessen Liebesaffäre der Auslöser für die Paarkrise und die letztendliche Trennung war, berichtet mir schwärmerisch von ihrem neuen Partner und schließt diesen Bericht ab mit dem resignativen und zugleich triumphalen Satz: »Die Ehe ist tot, es lebe die Liebe!«

Hat sie mit diesem Satz vielleicht nicht nur eine persönliche Bilanz aus 15 Jahren Ehe, Partnerschaft und Familie gezogen, sondern dem Zeitgeist aus der Seele gesprochen? Sicherlich hat sie nicht für diejenigen gesprochen, die die Ehe noch vor sich haben, für all die jungen Menschen, denen nach den letzten Shell-Jugend-Studien eine glückliche Partnerschaft und Familie die wichtigsten persönlichen Ziele ihrer Zukunft sind, die wieder in weiß heiraten wollen und für die Liebe noch viel mit Schicksal zu tun hat. Aber sicher hat sie den meisten derjenigen Partner aus der Seele gesprochen, die eine Erfahrung wie die Ehe kennen – und das sind immerhin 90% aller 50-jährigen Menschen in den westlichen Industrienationen (vgl. Hahlweg, S. 192).

Liebende wollen ihr Liebesobjekt behalten, besitzen, sich einverleiben, nur für sich haben und die Momente der Glückseligkeit in eine Ewigkeit verlängern. Liebende sind insofern naiv und kindlich und wollen es auch bleiben. Von der Realität, die sie umgibt, möglichen Zweifeln an der Ernsthaftigkeit ihrer eigenen Liebe oder der ihres Partners, oder gar ersten Anzeichen einer möglichen Vergänglichkeit ihrer Liebe wollen sie nichts wissen. Wer sie darauf anspricht, kennt das Ausmaß ihrer Liebe nicht, ist ein Unwissender oder gar ein Feind ihrer Liebe, von dem sie sich zurückziehen müssen. Der körperlichen Verschmelzung mit dem Liebesobjekt folgt die psychische, in ihrem Erleben werden sie zu einer Einheit. Insofern ist es aus der Sicht der Liebenden logisch, dass sie diese neue Einheit in jeder Hinsicht dokumentieren möchten: rechtlich als Bund der Ehe, vor Gott durch eine Trauung, ökonomisch durch gemeinsamen Besitz, durch ihren gemeinsamen Familiennamen und durch gemeinsame Kinder als einer Art lebendigem Beweis ihrer dauerhaften Liebe.

Dieses Programm, das die Ehe als verfestigten Zustand der Liebe begreift, funktioniert so lange, wie die Partner einander in Liebe zugewandt sind. Sobald die Liebe schwindet, erleben die Betroffenen die Ehe nicht mehr als

Glücksnest, sondern als ein Gefängnis: dann wird zusammen gehalten, was nicht mehr zusammen gehört. Liebesaffären erhalten dann eine moralische Berechtigung, wenn sie im Namen einer neuen Liebe die Fesseln einer alten, überlebten Liebe sprengen möchten. Sie sind das moralische Mittel der Wahl, der Liebe wird sozusagen in ihrem eigenen Namen gekündigt und damit ist bewiesen: Nur die Liebe kann der Liebe ein Ende bereiten. Wenn die Liebe in der Ehe ihre Berechtigung verloren hat, wenn Liebe und Ehe zu einem Gegensatz geworden sind, dann muss die Ehe aufgelöst werden, damit die Liebe wieder eine Chance hat.

»Heiraten verderben die zartesten Verhältnisse«

Goethe lässt in seinem Buch »Die Wahlverwandtschaften« den Grafen eine vehemente, kulturkritische Rede über das Heiraten und die Ehe halten. »Leider haben überhaupt die Heiraten etwas Tölpelhaftes; sie verderben die zartesten Verhältnisse, und es liegt doch eigentlich nur an der plumpen Sicherheit, auf die sich wenigstens ein Teil etwas zugute tut. Alles versteht sich von selbst, und man scheint sich nur verbunden zu haben, damit eins wie das andere nunmehr seiner Wege gehe« (Goethe 2003, S. 78). Und wenn dann die Eheleute »eins wie das andere ihre Wege gehen«, scheinen Liebesaffären vorher bestimmt.

Die Phantasie von einem Liebhaber ist lange da, bevor sich eine Liebesaffäre quasi als Schicksalsschlag einstellt. Diese Phantasie ist universell und menschlich und kann als Vorbote einer realen Liebesaffäre verstanden werden. Jeder Mensch, der jahrelang in einer Ehe lebt, hat irgendwann einmal die Phantasie, ein Geliebter oder eine Geliebte würde aus dem Nichts auftauchen und dann die geheimsten Wünsche befriedigen. Dieser Traumpartner würde alles das tun, was der reale Partner nie getan hat oder tun würde. Welche Gestalt sollte dieser Traumpartner haben, wie sollte er oder sie sein? Schön, stark, sanft, klug, einfühlsam, wild und romantisch, neu, erobernd…? Und er oder sie müsste ganz und nur für einen selbst und jederzeit verfügbar sein.

In Molières »Amphitryon« wird dieser Traum wahrhaftig. Jupiter ist der Geliebte von Alkmene und besucht sie in verschiedenen Formen: als Schwan, Stier oder Goldregen. Eines Tages ersinnt er sich eine besondere List, ihre Liebe zu erobern und erscheint diesmal in Gestalt eines Doppelgängers ihres Ehemannes. Dabei macht der Gott Jupiter anscheinend einen Denkfehler; er setzt Liebe und Ehe gleich, glaubt die Liebe durch das Nadelöhr der Ehe finden und erobern zu können und scheitert natürlich kläglich. Am Ende gesteht er gegenüber dem Ehemann Amphytrion seine Niederlage ein und fasst sie in einschmeichelnde Worte, die den Ehemann beruhigen sollen (Molière, S. 57):

»Du hast nicht den geringsten Grund zu klagen.
Ich aber muss dir offen sagen,
Dass ich, obgleich ein Gott, das Spiel verlor.
Alkmene hängt an dir mit Herz und Sinnen,
Und täuscht` ich ihr des Gatten Bild nicht vor,
Nie wär es mir geglückt, sie zu gewinnen.«

Aber wie konnte der Gott Jupiter nur der törichten Meinung sein, als Ehemann geliebt werden zu wollen? Das Pariser Publikum des Jahres 1668 hatte seinen derben Spaß daran. Erst in Kleists Bearbeitung des gleichen Stoffes wird die Welt aus deutscher und heutiger Sicht wieder ganz im Sinne der Romantik gerade gerückt. Bei Molière jedenfalls machte sich der Gott Jupiter lächerlich, weil damals die Heirat das Privileg höherer Schichten und die Ehe vorrangig ökonomisch motiviert war, für die Liebe hielten sich die Herren ihre Kurtisanen oder Hofdamen.

Die Ehe als privater Ort der Liebe ist eine reine Erfindung des Bürgertums. Sie war meistens eine Männersache und viele – nicht nur die Feministinnen – meinen, dass sie es heute noch ist. Im Kern war die Ehe von Beginn an nicht nur eine aristokratische, sondern auch eine männliche Institution und insofern Widerspiegelung patriarchaler Verhältnisse.

Von der ökonomischen Möglichkeit der Ehe bis zu ihrer Geißelung als Gefängnis der Liebe war es allerdings noch ein weiter Weg, der spätestens mit August Strindberg einen fulminanten Höhepunkt erreichte. Bei Strindberg ist die Ehe selbst nur noch erstarrt in Langeweile, rituellen Handlungen, Sinn(en)losigkeit und der letztendlichen Unfähigkeit, den Mut zum Ende aufzubringen – entweder durch Mord oder Suizid. Solch ein Ende wäre noch aktiv, achtenswert, klassisch und honorabel, aber im »Totentanz« der Ehe verkehrt sich die Liebe der lebendig Toten in eine letzte gähnende Nekrophilie. Und wahrhaftiges Gift für jede Form der Romantik ist Strindbergs Buch »Plädoyer eines Irren«, von dem er gleich zu Beginn sagt: »Dies ist ein schreckliches Buch« (Strindberg, S. 7). Dort hält der betrogene und eifersüchtige Ehemann ein Schlussplädoyer, das noch heute sicherlich Balsam für die geschundenen Seelen vieler verlassener Ehemänner sein könnte und empfiehlt diesen abschließend: »Mann, wer du auch seist, betrüge, täusche, lege herein, um nicht selbst betrogen, getäuscht und hereingelegt zu werden« (Strindberg, S. 348).

Ähnlich hat es Tolstoi in seiner »Kreutzersonate« beschrieben, auch er benutzt das Bild der Ehe als Gefängnis, in dem zwei Sträflinge aneinander gekettet dahinsiechen. So läßt er seinen Helden Posdnyschew – dem nachgesagt wird, er spreche für den alten Tolstoi selbst – am Ende einer glücklichen, aber von Eifersucht zerfressenen Ehe resignierend feststellen (Tolstoi 1994, S. 81): »So lebten wir in einem ewigen Nebel, ohne die Lage zu erkennen, in der wir uns befanden. Und wenn das nicht gekommen wäre, was schließlich gekommen ist, so hätte ich bis in mein hohes Alter so weitergelebt und noch auf meinem Sterbebett gedacht, ich hätte ein ganz gutes Leben hinter mir, zwar nicht durchweg gut, aber auch nicht schlecht, ein Leben, wie alle es leben. Ich hätte den Abgrund von Unglück und schändlicher Liebe, in dem ich zappelte, nie erkannt. Wir waren zwei Sträflinge, die an eine Kette geschmiedet sind, einander hassen, sich gegenseitig das Leben vergiften und sich bemühen, das nicht zu sehen. Ich wußte damals noch nicht. Ich wußte damals noch nicht, daß von hundert Ehepaaren neunundneunzig in der gleichen Hölle lebten wie ich und daß es nicht anders sein konnte.«

Niederschmetternd an diesen Aussagen sind die letzten sieben Worte; bis dahin war alles annehmbar als ein Resümee eines alten, verbitterten Menschen, aber »daß es nicht anders sein konnte« ist ein vernichtendes Urteil über die Ehe schlechthin. Die Kreutzersonate trägt übrigens diesen Namen auch aus Gründen der Eifersucht. Die Frau machte gemeinsam mit einem Freund Hausmusik, und sie erreichten besonders bei der Kreutzersonate einen Grad der Harmonie, der den Ehemann zur Raserei und Eifersucht brachte, denn solch eine Harmonie in der Musik war – seiner Meinung nach – nur zwischen Liebenden zu erreichen.

Das Paradies ist anderswo

Innere seelische Fragen, ungelöste Lebensthemen oder einfach nur unbewusste Ängste und Konflikte führen nicht nur Paare zusammen und treiben mit ihnen ihr Spiel von Anziehung und Abstoßung, auch zwischen Künstlern, Literaten oder Malern führen sie zu Freundschaften und Feindschaften. So war der Schwede August Strindberg ein persönlicher Freund des französischen Malers Paul Gauguin. Bevor Gauguin am 3. Juli 1895 zum zweiten und letzten Mal Frankreich verlässt, um endgültig auf Tahiti zu leben und zu malen, organisieren seine Freunde eine Ausstellung seiner Bilder, um damit noch etwas Geld einzutreiben, das er für seine Umsiedelung dringend braucht. Die Einladungskarte für diese Abschiedsausstellung verfasst sein Freund August Strindberg, dessen Theaterstücke zu dem Zeitpunkt bereits von der Pariser Kulturszene begeistert gefeiert werden. Neben Strindberg gehörte auch ein verrückter Holländer zu Gauguins Freunden, mit dem er einige Monate in Südfrankreich in einer Art Künstlerwohngemeinschaft zusammen gelebt hatte – Vincent van Gogh. Paul Gauguin war verheiratet und hatte bereits mehrere Kinder mit der Dänin Mette, die er nur die »Winkingerin« nannte.

Bevor Gauguin in der Mitte seines Lebens entdeckte, dass er eigentlich Maler sein wollte, war er ein durchaus erfolgreicher Börsenmakler gewesen, aber nach dem Börsencrash und dem Arbeitsplatzverlust hatte er seinem verdutzten Chef einen Kuss gegeben, um ihm dafür zu danken, dass er ihn entlassen hatte und er damit frei war für das Malen, die Skulpturen, sein Leben als Künstler und Exot. Er verließ Frau und Kinder, versuchte sein Glück in einer Künstlerkommune in der Bretagne und ging dann doch zurück nach Tahiti, um dort als wilder Naturalist zu leben. Dort malte er nicht nur »Aita tamari vahine te parari« (Die Kind-Frau, die noch Jungfrau ist), er lebte auch mit diesen jungen Frauen zusammen. Glücklich war er mit den Frauen hauptsächlich dann, wenn er sie malen konnte, meist schlafend oder liegend. Er heiratete noch mehrmals auf Tahiti, hatte eine Vahine – eine Lebenspartnerin auf Tahiti – nach der anderen, hatte auch Kinder mit ihnen, die starben oder überlebten, aber diese jungen Frauen haben ihn auch immer wieder still verlassen und er zog sich dann zurück – in die Malerei, den Rum oder das Opium. Bis zu seinem 35. Lebensjahr lebte er ein bürgerliches, erfolgreiches, kinderreiches Familienleben in Europa mit seiner dänischen Frau Mette, ab da zog es ihn in die Südsee und in die Arme der Kinder-Frauen und in Ehen, die ihm nichts mehr bedeuteten. Dort lebte er im »Haus der Wonnen« (La Maison du Jouir), wie er es schon einmal getan hatte, als er mit van Gogh in Südfrankreich lebte, aber diesmal malte er auf die Außenwände des Hauses nackte Frauen in wollüstigen Posen und schrieb sein neues Lebensmotiv an die Hauswand: »Soyez amoureuses et vous serez heureuses« – Gebt euch der Liebe hin und ihr werdet glücklich sein. Kann es sein, dass dieser Bruch im Leben des Paul Gauguin, der auf Tahiti nur unter dem Namen »Koke« bekannt war (ein

Die Ehe ist tot, es lebe die Liebe!

Versuch einer seiner ersten Frauen, den Namen Gauguin tahitianisch auszusprechen), etwas mit seiner Großmutter Flora Tristan zu tun hatte, die als Sozialrevolutionärin bis zu ihrem frühen Tod für die Befreiung der Frau und die Abschaffung der Ehe gekämpft hatte? Kann es sein, dass Kinder und Enkelkinder in einer Art intergenerationellem Auftrag ein Werk fortsetzen, das deren Eltern oder Großeltern nicht haben fertigstellen können? Delegationen nennen wir solche Phänomene in der Familienpsychologie, unbewusste Aufträge an nachfolgende Generationen.

Flora Tristan hatte ihren Kampf mit Mitte 30 begonnen, und ihr Enkel Paul Gauguin hat diese Metamorphose einige Jahrzehnte später von einem respektablen Ehemann zum Künstler und Exzentriker Koke ebenfalls mit Mitte 30 durchgemacht. Sie hatte sich klar über die Ehe geäußert, denn ihr Leben an der Seite ihres Ehemannes war ein derartiges Joch gewesen, dass sie danach niemals mehr imstande war, mit einem Mann intim zu sein, nur einmal mit einer Frau. Mario Vargas Llosa hat das verflochtene Leben dieser beiden Persönlichkeiten – hier die sozialrevolutionäre Frauenrechtlerin Flora Tristan, die mit dem Buch »Meine Reise nach Peru. Fahrten einer Paria« (Paris 1838) ein erstes kritisches Bild der korrupten peruanischen Gesellschaft gezeichnet hatte, dort der verrückte Maler Paul Gauguin, der nach Tahiti auswanderte, gelbe Menschen und rote Pferde malte – in einem wunderbaren Buch beschrieben.

Flora Tristans Meinung zur Ehe war eindeutig: »Es ist nicht christlich, dass sich ein Mann im Namen der Heiligkeit der Familie eine Frau kauft, sie zur Kinderproduzentin, zum Lasttier macht und sie obendrein jedes Mal, wenn er zuviel getrunken hat, verprügelt« (Vargas Llosa, S. 15f). Und als eine Witwe sich über ihr Los beklagt, antwortet sie ihr: »Vergessen Sie Ihre Trauer, verlassen Sie dieses Grab. Fangen Sie an zu leben. Bilden Sie sich, tun Sie Gutes, helfen Sie den Millionen von Menschen, die wirklich reelle, konkrete Probleme haben, Hunger, Krankheit, Arbeitslosigkeit, Unwissenheit, und nichts dagegen ausrichten können. Sie haben kein Problem, sondern eine Lösung. Die Witwenschaft hat Sie davor bewahrt, entdecken zu müssen, was für eine Sklaverei die Ehe für die Frau bedeutet. Spielen Sie sich nicht als Heldin eines romantischen Romans auf. Folgen Sie meinem Rat. Kehren Sie ins Leben zurück und beschäftigen Sie sich mit großmütigeren Dingen als damit, Ihren Schmerz zu pflegen. Und wenn Sie Ihre Zeit nicht damit verbringen wollen, Gutes zu tun, dann genießen Sie sie, amüsieren Sie sich, reisen Sie, nehmen Sie sich einen Liebhaber. Genau das hätte Ihr Mann getan, wenn Sie an Tuberkulose gestorben wären« (Vargas Llosa, S. 96). Für Flora war die Ehe ein Gitterkäfig, in dem die

Frauen gefangen waren und die Befreiung der Frau ging ihrer Meinung nach nur über eine Kritik und Überwindung der Institution Ehe. Gleiches hätte Flora wohl über Elsa Einstein gedacht, die über viele Jahre die Geliebten ihres Ehemannes Albert in ihrem Haus ein- und ausgehen sah.

Einstein: Zum getreuen Ehemann untauglich

»Sie werden wohl wissen, dass die meisten Männer (wie auch nicht wenige Frauen) von Natur nicht monogam veranlagt sind. Die Natur schlägt umso mächtiger durch, wenn Sitte und Umstände dem betroffenen Individuum Widerstände in den Weg stellen. Erzwungene Treue aber ist für alle eine bittere Frucht. Statt also einen Groll aufkommen zu lassen gegen Ihren Mann, sollten Sie ihn lieber bedauern (...)« (Fölsing, S. 699). Diese tröstenden Zeilen schrieb Albert Einstein einer Dame, die sich wegen der notorischen Untreue ihres Ehemannes an ihn gewandt hatte. Er wusste, wovon er sprach. Einsteins Architekt hat einmal über ihn gesagt, dass er auf Frauen wirkte, »wie ein Magnet auf Eisenpulver« (Fölsing, S. 699). Zwar war Einstein mit seiner Cousine Elsa verheiratet, aber das bedeutete nicht, dass er seiner Natur widerstehen konnte. Einstein hatte viele Geliebte und manchmal musste seine Frau schon früh morgens das Haus verlassen, um in Berlin lange Einkäufe zu machen, wenn ihr Ehemann seine Geliebte nach Hause bestellt hatte.

Im April 1930 zog Einstein mit Ehefrau und Hausangestellter in sein Landhaus in Caputh in der Nähe von Potsdam, um dort die Ruhe zu genießen. Er hatte sich absichtlich kein Telefon installieren lassen, dafür hatte er aber umso mehr Gäste, unter denen reichlich bewundernde Damen waren. »Schon seit dem Herbst 1925 wurde Einstein oft in Begleitung einer schönen Frau gesehen; sie war nicht viel jünger als er, schon verwitwet, aber elegant und überaus attraktiv. Diese Toni Mendel pflegte einen exquisiten Lebensstil, hielt sich ein Auto mit Chaffeur und residierte in einer großen Villa am Wannsee. Einstein war es zur lieben Gewohnheit geworden, dort manchen Tag und manche Nacht zu verbringen, und zeitweilig hatte er am Wannsee sogar ein Segelboot vertäut. Aus dieser Beziehung hatte Einstein nie einen Hehl gemacht, und Toni Mendel schien irgendwie zur erweiterten Familie zu gehören, wenn auch an der Peripherie und von seiner Frau nur gezwungenermaßen geduldet. Elsa Einstein wusste sich nur unbeholfen zu wehren, indem sie etwa ihren Mann schikanierte, als er wieder einmal von der Freundin zu einem Theaterbesuch abgeholt wurde; während unten das Auto wartete, kam es oben in der Wohnung zu einem lauten Spektakel, weil Frau Elsa das für den Ausgang nötige Kleingeld nicht herausrücken wollte« (Fölsing, S. 700). Einstein scherte sich nicht um die Moral und die so genannte Öffentlichkeit und versuchte erst gar nicht, seine Ehe in einem moralisch einwandfreien Licht darzustellen. So blieb Toni Mendel über viele Jahre seine Geliebte und ständige Begleiterin bei Konzert- und Theaterbesuchen; und in seinem Haus herrschte zwischen den Eheleuten eine kühle Atmosphäre, die allen Gästen auffallen musste. Auch das Hausmädchen erinnerte sich daran, dass der Herr Professor »gern nach schönen Frauen geguckt. Für schöne Frauen hatte er eine Schwäche« (Fölsing, S. 700). Und die schönen Frauen hatten auch überhaupt nichts dagegen, sich in der Öffentlichkeit mit einem Genie an ihrer Seite zu zeigen, das machte sie nur noch attraktiver.

Noch lange bevor Toni Mendel 1932 Berlin verließ, hatte Einstein eine weitere Geliebte, ein richtiges Blumenmädchen und damit eine Geschichte wie in »My fair Lady« – das Blumenmädchen und der Professor. Die Dame besaß eine Kette von Blumenläden, fuhr allerdings eine Limousine mit Chauffeur und hatte den besonderen Namen Estella Katzenellenbogen. Wirklich böse wurde Frau Elsa Einstein aber erst bei einer Dame, die »die Österreicherin« genannt wurde. Ihr Name war Margarete Lebach und sie wird als eine äußerst hübsche, junge, blonde Frau beschrieben. Einstein lud sie zu sich in sein Haus ein, teilweise regelmäßig jede Woche, und seine Frau Elsa verließ wütend das Haus, um ihr nicht zu begegnen. Ihr Mann ließ ihr keine andere Wahl – außer der Trennung.

Einstein betrachtete seine Liebesaffären, die er über Jahrzehnte pflegte, als seine ganz persönliche Privatangelegenheit, als einen Teil seiner nicht-monogamen Natur und so wie seine Ehefrau ihm nicht reinzureden hatte, so wenig erlaubte er anderen, darüber zu berichten oder gar zu schreiben, auch nicht seinem Schwiegersohn Rudolf Kayser, der als Redakteur und Lektor arbeitete. Mit Toni Mendel schrieb er sich noch viele Jahre lang Briefe, auch noch in der Zeit, als beide in Amerika lebten, aber er hat sie so wie alle anderen Geliebten aufgefordert, die Briefe zu vernichten. Seine Frau blieb ihm treu und unterstützte ihn vorbehaltlos in seiner Arbeit. Während der Zeit im Sommer 1930 in Caputh, als er die Damenbesuche empfing und mit Toni Mendel die Konzerte besuchte, schrieb Elsa an eine Freundin: »Abgesehen von den vielen Besuchen, die hier ein und aus gehen, ist es idyllisch. Albert arbeitet wie kaum je zuvor. Hat sich die herrlichste Theorie ausgedacht. Sie wird immer schöner, von Tag zu Tag. Wenn sie nur wahr bleibt!!!« (Fölsing, S. 697). Letztlich war Albert Einstein ein Mann, der trotz seiner Zeiten im Rampenlicht der Öffentlichkeit, seiner großen Feste und offenen Türen für die Gäste aus aller Welt, dennoch sehr einsam und zurückgezogen war. Er bezeichnete sich einmal als »Einspänner, der dem Staat, der Heimat, dem Freundeskreis, ja selbst der engeren Familie nie mit ganzem Herzen angehört hat, sondern all diesen Bindungen gegenüber ein sich nie legendes Gefühl der Fremdheit und des Bedürfnisses nach Einsamkeit empfunden hat« (Fölsing, S. 703). Die Ehe mit Elsa erscheint als Agreement eines einsamen Menschen mit einer Ehefrau, einer Familie oder gar der Institution Ehe. Es war der Versuch »eines Unverbundenen« dennoch ein wenig Bindung zu bekommen, sie aber niemals so eng werden zu lassen, dass sie die persönliche Freiheit einschränken konnte. Und damit war vor allem die persönliche Freiheit im Umgang mit der Natur gemeint, mit den natürlichen Trieben, die sich durch eine Ehe nicht bändigen lassen.

5. Liebesaffären und sexuelle Leidenschaften

Liebe ist kein Dauerzustand einer Verliebtheit, obwohl viele Menschen es gerne so hätten. Verliebtheit ist vielmehr eine Idealisierung des Sexualpartners und hat damit sehr viel mit Sexualität zu tun. Wenn also Menschen sagen, sie seien in ihre Partner nicht mehr verliebt, dann bedeutet dies zunächst einmal, dass sie ihren Sexualpartner nicht mehr idealisieren. Dies ist normal, denn es ist nicht nur aufregender, sondern auch leichter, mit einem Menschen Sexualität zu haben, den man noch nicht so gut kennt, als mit einem Partner, mit dem man schon Jahre gemeinsam verbracht hat. Ist also eine Liebesaffäre ein legitimer Versuch einer sexuellen Stimulans? Und kann diese Stimulans sich nicht nur in der Sexualität der Verliebten ereignen, sondern auch in der Liebesbeziehung? Am 25.1.2005 berichtete der Informationsdienst Wissenschaft in einer Email:

»Sexuelle Unzufriedenheit in der Partnerschaft ist die häufigste Ursache für einen Seitensprung: Bei 76 Prozent der Männer und 84 Prozent der Frauen sind Defizite im Sexualleben Hauptgrund für diesen Schritt. Das hat eine Studie ergeben, die am Georg-Elias-Müller-Institut für Psychologie der Georg-August-Universität durchgeführt wurde. Der Göttinger Psychologe Dr. Ragnar Beer wertete dazu die Aussagen von 219 Männern und Frauen aus, die ihrem Partner untreu waren.«

Wie allerdings, so fragt man sich, kommt es zu der sexuellen Unzufriedenheit der Partner? Sind die Partner unzufrieden, weil in ihrer Liebesbeziehung etwas nicht stimmt und sie es folglich in der Sexualität am ehesten und deutlichsten spüren, da es der intimste und sensibelste Bereich einer Liebesbeziehung ist? Oder haben sie sexuell keine Lust mehr aufeinander und miteinander, führt also die Sexualität ein Eigenleben, unabhängig von der sonstigen Liebesbeziehung? Dann wäre die sexuelle Leidenschaft eine unabhängige Größe, die uns alle abhängig macht, und wir alle wären der sexuellen Leidenschaft schutzlos ausgeliefert.

Sexuelle Leidenschaft hatte unter ehrbaren Bürgern noch nie einen guten Ruf. In seinen Essays »Über die Liebe« (Francis Bacon, zit. n. Schmölders, S. 78) von 1597 äußert der britische Lordkanzler und Philosoph Sir Francis Bacon seine schlechte Meinung über die wollüstige Liebe: »Eheliche Liebe pflanzt das menschliche Geschlecht fort, freundschaftliche Liebe veredelt, aber wollüstige Liebe vergiftet und erniedrigt es« (Schmölders, S. 80). Wollüstige Liebe entstamme nicht nur den niederen Instinkten, sie vergifte auch die Zwischenmenschlichkeit, denn sie spalte angesehene Beziehungen und stürze sie ins Elend. Hat sich an dieser Einstellung zur wollüstigen Liebe, wie sie in Liebesaffären ohne Rücksicht auf bestehende Beziehungen und Verabredungen gelebt wird, etwas geändert?

Liebesaffären haben ein besonderes Verhältnis zur Sexualität. So wie alle anderen Liebesbeziehungen, sind auch sie in ihren Anfängen stets begleitet von starken sexuellen Impulsen, aber diese Impulse sind gefangen im Verhältnis von sexuellem Verlangen und verbietender Moral. »Ich fühle mich wie ein Wanderer in der Wüste, der endlich eine Wasserstelle gefunden hat und nun nicht trinken darf?!« So formulierte ein Klient sein Dilemma bezüglich einer heftigen erotischen Liebesaffäre mit einer Arbeitskollegin. Hier hatte das lange unterdrückte und unbefriedigte sexuelle Begehren endlich eine Erlösung gefunden und nun sollte er aus einer rationalen Einsicht heraus darauf verzichten? Diese Frau hatte ihn erst einmal spüren lassen, wie sehr er bislang unter einer ritualisierten und unbefriedigten Sexualität gelitten hatte und darauf sollte er seiner Frau und den Kindern zuliebe verzichten und sich stattdessen in eine Paartherapie begeben, um sich diese Lust eventuell auch noch ausreden zu lassen? Niemals! Nicht mit ihm! Auf der anderen Seite konnte er es nicht ertragen, seine Frau so leiden zu sehen und wurde von einem schlechten Gewissen geplagt. Besonders seinen Kindern gegenüber hielt er es kaum aus. Ihre Fragen nach seiner neuen Freundin und der Zukunft der Familie wollte er nicht beantworten.

Sexualität macht aus dem Flirt eine Liebesaffäre

Sexualität ist nicht nur schön, angenehm, entspannend und eine wunderbare Art, seine Freizeit, seinen Urlaub oder seine Nächte zu verbringen, sie hat auch etwas Bedrohliches, weil darin der autonome Mensch der Moderne seine tiefste Abhängigkeit spürt: Die Abhängigkeit von seinen biologischen Bedürfnissen und die Abhängigkeit von anderen Menschen bei der Befriedigung dieser menschlichen Bedürfnisse. Insofern muss diese dunkle Seite der Sexualität allein schon Angst auslösen – die Angst vor einem Autonomieverlust –, aber hinzu kommt bei den Liebesaffären die Angst um den Verlust einer bestehenden Paarbeziehung und zugleich die Angst vor dem Verlust des neuen Liebespartners. Nicht selten ist diese mehrfache Verlustangst auch noch begleitet von der Angst, sich selbst zu verlieren, nicht mehr Herr im eigenen Haus zu sein, vom Leben getrieben zu werden, anstatt selbst das Leben im Griff zu haben. Am deutlichsten wird dies in der Sexualität beim Orgasmus. »Im Orgasmus entgleitet dem bewussten Ich für einige bedeutungsvolle Augenblicke die Kontrolle. Diese Empfindung ist ebenso fesselnd wie im Grunde ängstigend. Die Selbstvergessenheit lässt einen Verlust der Selbstkontrolle fürchten. Sie führt dazu, dass viele Menschen den Orgasmus durch hektische Anstrengungen haben wollen, bevor er sie hat« (Schmidbauer, S. 11).
Das sexuelle Erleben in einer Liebesaffäre ist auf mehrfache Weise ebenso berauschend, wie Angst auslösend. Mit sexueller Bindung wird wiederum versucht, diese Angst zu verscheuchen, was diese wiederum verstärken kann und so weiter. Angst und sexuelle Erlebnis- und Genussfähigkeit sind auf diese Weise miteinander gekoppelt, neutralisieren sich einerseits und potenzieren sich andererseits.

Das sexuelle Verlangen nach dem geliebten Menschen kann sich bei einer Liebesaffäre nicht ungestört und frei entfalten, weil bei mindestens einem der beiden Liebenden schon eine Paarbeziehung besteht, auch wenn sie aktuell krisenhaft ist. Dies macht zwar manchmal die sexuelle Attraktion noch größer, weil ein solches unmoralisches Handeln geradezu lustvoll sein kann, aber zugleich potenziert es wiederum die Schuldgefühle. Sexuelle Liebesaffären jenseits der Schuldgefühle sind eher selten und haben oftmals einen neurotischen Hintergrund. Dies betrifft zum Beispiel solche Persönlichkeiten, die man in der Psychologie die hysterischen nennt und denen nachgesagt wird, dass sie sich besonders gern in bestehende Paarbeziehungen erotisch einmischen und geradezu berauschte Gefühle entwickeln, wenn sie es wieder einmal geschafft haben, eine bestehende Beziehung zu spalten.

In der Liebesbeziehung entsteht ein körperliches Verlangen nach dem geliebten Menschen, das nah am Schmerz sein kann und dieser Schmerz einer körperlich spürbaren Sehnsucht kann scheinbar nur durch körperliche Vereinigung mit dem geliebten Menschen gestillt werden. Insofern wird das sexuelle Verlangen von den Liebenden gern als Beweis ihrer Liebe, ja ihrer Einmaligkeit gedeutet. Die ab- und aufgeklärten Menschen allerdings, die nicht dem Liebeswahn verfallen sind – und das sind nahezu alle Menschen, außer dem Liebespaar selbst – sehen die sexuelle Attraktion der Liebenden eher nüchtern, als zeitlich begrenzten Ausdruck ekstatischen Erlebens, der mit der Zeit wieder nachlassen wird. In der sexuellen Attraktion des Verliebt-Seins ist die Sexualität sowohl Ausdruck der Liebe, als auch ihr permanenter Verstärker. Sie wird zu einer Sucht, der man nicht mehr entrinnen kann, nur in der Abhängigkeit, im rauschhaften Sich-Hingeben, im Verschmelzen mit dem Liebesobjekt, kann noch ein Sinn gesehen werden.

Und dann gibt es da noch die postmodernen Menschen, die süchtig sind nach der Liebessehnsucht, nach dem Verlieben, der ekstatischen Sexualität und die am liebsten nur diese Phase der Liebe leben möchten, sei es auch zu Lasten einer dauerhaften intimen Beziehung. Immer wieder Verlieben bedeutet den wiederholten Kick, den berühmten Flash, dem so viele Drogenabhängige hunderte und tausende Male hinterherlaufen, um ihn noch einmal zu erleben, bevor sie einsehen müssen, dass es im Leben nur dieses eine Mal gab und die Wiederholbarkeit eine Täuschung ist. »The first cut is the deepest« – der erste Schnitt ist der tiefste, die erste Liebe ist die größte und bleibt ewig im Gedächtnis erhalten.

Gemeinsame Sexualität ist die Grenzüberschreitung, die aus dem legitimen Flirt zwischen zwei Menschen eine Liebesaffäre werden lässt. Ein Flirt wird erst dann zu einer handfesten Liebesaffäre, wenn es zu eindeutig sexuellen Handlungen zwischen den Verliebten kommt, wobei Küssen, Knutschen, One-Night-Stand oder gegenseitiges Anbaggern heute kulturell durchaus zulässig sind und schlimmstenfalls zu einem schiefen Haussegen führen. Insofern sind die Versuche des ehemaligen US-Präsidenten Bill Clinton interessant, seine Beziehung zu Monica Lewinsky zu klassifizieren. Zunächst versuchte er, seine Liebesaffäre als nicht-sexuelle Beziehung zu verklären, indem er den juristischen Kunstgriff einer neuen Definition von Sexualität wagte: oraler Sex sei kein Sex, nur Geschlechtsverkehr sei Sex. Nach dieser Definition hätte er keine Sexualität mit Monica gehabt und folglich auch keine Liebesaffäre. Als diese Definition nicht mehr zu halten war und für einen äußerst intelligenten Menschen wie ihn lächerlich wirkte, brach seine Verteidigung weitgehend zusammen. Später erklärte Bill Clinton seine Liebesaffäre mit Monica Lewinsky in seiner Autobiographie anders: »I did it for the worst of all possible reasons. I did it because I could.« Die Gelegenheit machte ihn zum Ehebrecher. Es mag gut sein und ist durchaus zu hoffen, dass dies die offizielle Version eines Erklärungsversuchs ist und dass dieses Schuldeingeständnis, wie schräg auch immer es formuliert ist, nur den Sinn hat, die öffentlichen Diskussionen zu beenden. Phillip Roth hat in seinem Buch »Der menschliche Makel« diese monatelangen, kontroversen Diskussionen der amerikanischen Öffentlichkeit als »Ekstase der Scheinheiligkeit« bezeichnet: »In Amerika war es der Sommer eines gewaltigen Frömmigkeitsanfalls, eines Reinheitsanfalls, denn der internationale Terrorismus, der den Kommunismus als größte Bedrohung der nationalen Sicherheit ersetzt hatte, wurde seinerseits durch Schwanzlutschen ersetzt, und ein viriler, jugendlicher Präsident in mittleren Jahren und eine verknallte, draufgängerische einundzwanzigjährige Angestellte führten sich im Oval Office auf wie zwei Teenager auf einem Parkplatz und belebten so die älteste gemeinsame Leidenschaft der Amerikaner wieder, die historisch betrachtet vielleicht auch die trügerischste und subversivste Lust ist: die Ekstase der Scheinheiligkeit« (Roth, S. 10).

Diese Kultur der Scheinheiligkeit, gemischt mit einer ganz besonderen US-amerikanischen Prüderie, hat im Land der Freiheit immer wieder nur sexuelle Verklemmungen hervorgebracht. Kultur und Sexualität waren und sind immer in einem Spannungsverhältnis, das nur individuell ausgehalten und beantwortet werden kann. Daher ist es wichtig zu beachten, aus welchem Blickwinkel eine sexuelle Liebesaffäre betrachtet wird. Je nachdem, wen man zu welchem Zeitpunkt fragt, erhält man eine andere Antwort. Die betrogenen und verlassenen Partner sehen den Sündenfall und betonen die Schuld. Festgemacht wird die Argumentation an der handfesten Sexualität, die als schmutzig, verwerflich und schuldbeladen beschrieben wird. Aus der Sicht der Verliebten hat die Sexualität mit dem begehrten Liebesobjekt stets etwas Reines und Neues und die daraus entstehenden Fragen an die Sexualität sind ebenso naiv wie rechtfertigend: Ist diese rauschhafte Sexualität nicht die höchste Steigerungsform der wahren Liebe? Ist solch eine Sexualität nicht nur die Erfüllung, sondern zugleich der Nachweis einer einzigartigen Liebe? Ist die gemeinsame Verschmelzung in der Sexualität nicht sogar ein Zeichen dafür, dass die Liebenden füreinander geschaffen sind? Ist das Erlebnis eines gemeinsamen Orgasmus nicht nur ein hormonell ausgelöster Glücksmoment, sondern auch ein Weg, diese Liebe tief und unverwundbar werden zu lassen? Ist die Sehnsucht nach körperlicher Vereinigung, der spürbare Schmerz des Verlangens nach dem Liebespartner, der konkrete Beweis, dass es wirkliche und wahrhaftige Liebe ist, ja, nur sein kann? Die Antworten auf all diese Fragen geben sich die Liebenden gern selbst, denn ihren Beteuerungen bringt ihre Umwelt berechtigtes Misstrauen entgegen.

Erotik ist lediglich ein Rausch

Können wir an der berauschenden Sexualität die Liebe erkennen, weil solch eine tiefe, gemeinsame Erfahrung nur mit einem liebenden Menschen möglich ist? Oder ist dieser Zustand, in dem man wahrlich von Sinnen ist, eher bedenklich, animalisch, triebhaft? Dann ist Sexualität lediglich der Ausdruck der Triebhaftigkeit, eine lächerliche Entblößung des Menschen, ein Kniefall vor den niederen Instinkten, letztlich etwas, was uns in all unserer Bedürftigkeit geradezu animalisch sein lässt? Für Lou Andreas-Salome, die in ihrem Leben tiefe persönliche Beziehungen zu Nietzsche, Rilke und Freud hatte und die bereits als femme fatale bekannt war, bevor sie erst mit Mitte 30 ihre Jungfräulichkeit verlor (Schmölders, S. 13), hatte die Erotik etwas Dunkles und Untergründiges, das die bedeutsamen Seiten eines Menschen bestenfalls streifte. Für sie war es möglich, »dass Jemand im tiefen, dunklen Untergrund unseres Wesens uns erotisch anzieht, ohne dass diese Anziehung weit genug reichte, hoch genug sich erstreckte, um auch noch viele andere Bereiche unserer selbst in Schwingung zu versetzen. Sie bleibt eben ein starker Rausch, ein Rausch unseres Gesamtwesens, lediglich innerhalb bestimmter Punkte, während sie auf andern Punkten der

Entmutigung, der Ernüchterung Platz macht« (Lou Andreas Salome, zit. n. Schmölders, S. 208). Keiner hat die Sexualität und die »Geschlechtsliebe« (Schmölders, S. 176) allerdings so harsch kritisiert und als unmenschliches Treiben angeprangert, wie der eingefleischte Junggeselle Arthur Schopenhauer. Seine Haltung ist eindeutig: Die Geschlechtsliebe vernebelt den Verstand, vornehmlich den männlichen; Sexualität ist biologische Triebhaftigkeit, niederer Instinkt und als solcher weiblich. Wenn der Mann Wissenschaft und Kultur voranbringen will, dann müsse er sich des Weiblichen und mithin des Sexuellen erwehren. Aber wenn der Mann schon Rücksicht nehmen muss auf die Natur und die Weiblichkeit, dann bitte mit Verstand. Dann soll er sich mit Bedacht eine Frau wählen, die Schopenhauer haargenau beschreibt. »Die oberste, unsere Wahl und Neigung leitende Rücksicht ist das Alter. Im ganzen lassen wir es gelten von den Jahren der eintretenden bis zu denen der aufhörenden Menstruation, geben jedoch der Periode vom achtzehnten zum achtundzwanzigsten Jahre den Vorzug. Außerhalb jener Jahre kann kein Weib uns reizen (…). Die zweite Rücksicht ist die der Gesundheit: akute Krankheiten stören nur vorübergehend, chronische, oder gar Kachexien, schrecken ab, weil sie auf das Kind übergehen. Die dritte Rücksicht ist das Skelett, weil es die Grundlage des Typus der Gattung ist (…)« (Arthur Schopenhauer, Physiognomik der Geschlechtsliebe, zit n. Schmölders, S. 176). Auf den folgenden Seiten dieser Abhandlung schreibt Schopenhauer ausführlich über die notwendige Kleinheit der Füße, die Ansicht der Zähne, die Fülle des Fleisches, den vollen weiblichen Busen und als letztes über die Schönheit des Gesichts, die kleine Biegung der Nase, den kleinen Mund, das Kinn und die schönen Augen und die Stirn. Nachdem er die Beschreibung der Frau wie ein tierärztliches Gutachten abgehandelt hat, kommt er am Ende zu einer erstaunlichen Erkenntnis über die psychischen und intellektuellen Eigenschaften. »Endlich kommt die Rücksicht auf schöne Augen und Stirn: sie hängt mit den psychischen Eigenschaften zusammen, zumal mit den intellektuellen, welche wir von der Mutter erben.« Also scheint da doch Seelisches und auch Intellektuelles im Körper des Weibes zu schlummern? Wie sehr muss er seine eigene Abhängigkeit von den Frauen gehasst haben, um sich auf diese Weise scheinbare Autonomie und Unabhängigkeit zu schaffen.

All das ist nicht neu. Das wirklich Neue an der modernen Sexualität ist lediglich ihre immense und übersteigerte Bedeutung, die sie für nahezu alle Lebensbelange des postmodernen Menschen bekommen hat. So fragt sich der Sexualwissenschaftler Gunter Schmidt: »Was ist das Besondere an der modernen Sexualität? Etwas, das eher altertümlich, traditionell, uralt anmutet und das doch, in historischen Dimensionen gedacht, brandneu ist: daß Liebe und Sexualität zusammengehören, d. h. Sexualität besonders intensiv und erfüllend ist, wenn sie in Liebe geschieht, und daß Liebe sexuellen Ausdruck braucht, um sich zu verwirklichen; daß Sexualität Intimität ist, d. h. sich nah sein, Geborgenheit, Vertrautheit; daß Sexualität eine wichtige oder gar die wichtigste Grundlage von Partnerschaft und Ehe ist; daß eine befriedigende Sexualität eine besonders wichtige Voraussetzung für Lebensglück ist« (Schmidt, S. 19). Bei so viel Bedeutung fällt allein die Vorstellung schwer, dass Paare ihre Sexualität locker, leicht, vielleicht sogar spielerisch leben und genießen. Solch eine Bedeutung macht noch mehr Druck und Angst, als ohnehin schon da ist. Und daraus entsteht vielleicht auch die Idee, ganz besonders leicht mit ihr umzugehen – beispielsweise in einer Liebesaffäre oder auch innerhalb der Partnerschaft. Die unzähligen Partnerschaftsratgeber sind ein kulturelles Warnzeichen dafür, dass Lockerheit gelernt werden soll, dabei gibt es solche Ratgeber schon seit Jahrtausenden.

Eilt gemeinsam zum Höhepunkt – Anweisungen für das Liebesspiel

Ovid hat nicht nur die berühmten »Metamorphosen« verfasst, sondern in seiner »Ars Amatoria« (Liebeskunst) aus dem Jahre 1 v. Chr. auch konkrete Empfehlungen für die Praxis der Liebe gegeben. So schrieb er getrennte Anweisungen zum Verfassen von Liebesbriefen für Männer und für Frauen. Den Männern empfahl er: »Deine Rede sei glaubwürdig, deine Worte vertraut, aber schmeichelnd, so dass du persönlich mit ihr zu sprechen scheinst« (Ovid, Liebeskunst, zit. n. Schmölders, S. 36). Und den Mädchen gab er in wohlwollend väterlicher Manier gute Ratschläge für die Abfassung von Liebesbriefen an den Geliebten: »Lass ihn fürchten und zugleich hoffen, und sooft du zurück schreibst, werde seine Hoffnung zuversichtlicher und seine Furcht geringer. Benützt zwar gepflegte, aber naheliegende und vertraute Worte, ihr Mädchen. Eine allgemein verständliche Redeweise findet Gefallen. Ach, wie oft wurde ein noch schwankender Liebhaber durch einen Brief entflammt, und wie oft hat einer schönen Gestalt ein barbarischer Brief geschadet!« (Ovid, Liebeskunst, zit. n. Schmölders, S. 36f).
Und ebenso einfühlend wie konkret sind auch seine Anleitungen an die Liebenden für das Liebesspiel.

»Glaube mir, die Wonne der Venus darf nicht überstürzt werden, sondern muss allmählich durch langes Verzögern hervorgelockt werden. Hast du die Stellen gefunden, deren Berührung der Frau Freude macht, so stehe die Schamhaftigkeit dir nicht im Wege, sie zu berühren; du wirst die Augen anschauen, die zitterndem Feuer erglänzen, wie die Sonne oft auf klarem Wasser widerscheint. Klagelaute werden hinzukommen, hinzukommen wird liebreiches Murmeln, sanfte Seufzer und tänzelnde Worte. Und lass du nicht die Geliebte im Stich, indem du ihr mit volleren Segeln vorauseilst, und auch sie soll nicht deiner Fahrt vorausein. Eilt gemeinsam zum Höhepunkt; dann ist die Lust vollkommen, wenn Mann und Frau gleichzeitig überwältigt daliegen. So musst du es halten, wenn euch genügend Zeit und Muße zur Verfügung steht und keine Furcht euch bei eurem heimlichen Tun zur Eile zwingt. Ist ein Verzögern gefährlich, dann ist es gut, sich voll in die Riemen zu legen und dem dahinjagenden Pferd die Sporen zu geben« (Ovid, Liebeskunst, zit. n. Schmölders, S. 37f).

Das ist Aufklärung in Poesie oder poetische Aufklärung und man fragt sich, warum solche Texte heutzutage nicht mit den jungen, pubertierenden Menschen in der Schule besprochen werden – da könnte man doch in einer Unterrichtsstunde die Fächer Deutsch, Geschichte, Ethik und Biologie zusammenlegen und dies eine Buch lesen.

Die reine Begierde

»Wir wollen die Bücher beiseite setzen und handgreiflicher und einfältiger reden. Ich finde, wenn ich alles überlege, dass die Liebe nichts anderes ist, als eine Begierde, des gewünschten Gegenstandes wirklich zu genießen« (de Montaigne, S. 915).

Wozu also die langen schwülstigen Ausführungen über die Wege und Abwege der Liebe, das ist doch alles Gefasel, pure Romantik. Der aufgeklärte Mensch – insbesondere der postmoderne – sieht die Dinge wie sie sind: Das Ziel aller Liebesbekundungen ist der Genuss des begehrten Menschen, die Befriedigung der konkreten sexuellen Begierde. Derart nüchtern sah dies Michel de Montaigne bereits 1588 und war damit einer der frühesten aufklärerischen Denker. Liebe und Sexualität gilt es zu trennen, Liebe erscheint weitaus umfassender als Gefühl, innere Bindung oder gar Sinn- und Lebenserfüllung, während Sexualität ein winziger Teilbereich dieses Kosmos der Liebesgefühle zu sein scheint.

Sexualität bzw. sexuelle Attraktion ist aber nicht nur denkbar als Ausdruck der Liebe, dies ist eher die reine, moralisch einwandfreie und allgemein akzeptierte Norm. Und wenn aus der Sexualität dann Liebe entsteht, so erscheint dies als eine späte Legitimation einer verfrühten Sexualität. Aber kann es auch eine lustvolle Sexualität zwischen zwei Menschen geben, die keiner weiteren Legitimation durch die Liebe bedarf? Hier scheiden sich die Geister zwischen Männern und Frauen, Moralisten und Hedonisten, Liebenden und Leidenden. Sexualität ohne Liebe als legitimatorische Basis hat etwas Unmoralisches, dies bleibt der Prostitution überlassen, die eben als käufliche Liebe keine wirkliche Liebe ist.

Liebesaffären standen schon immer unter dem Generalverdacht sexueller Motive, allein niederen Instinkten und Trieben zu gehorchen und damit ebenso berauschend wie vergänglich zu sein. Moralisch sind sie so etwas wie eine doppelte Verfehlung: Sie sind unmoralisch, weil sie aus dem Betrug an der bestehenden Beziehung bzw. der Ehe entstehen und sie sind zudem unmoralisch, weil das Sexuelle als zentrales Motiv der Liebenden erscheint. Damit haben die Liebenden gegenüber ihrer Umwelt ein erhebliches Legitimationsproblem, dem sie nur durch eine Mystifikation – die wahre Liebe – entrinnen zu können glauben.

Erst recht frech und unanständig erscheinen dagegen diejenigen, die sich um keinerlei Entschuldigungen für ihr sexuelles Handeln bemühen und die im Gegenteil in der Lust ausreichend Grund sehen, sich ihrer Leidenschaft hinzugeben. Da scheint die Prostituierte noch ehrbarer, denn sie verkauft sich für Geld ohne den doppelten Boden einer fragwürdigen Moral. Kann es sein, dass sich Menschen aus reiner sexueller Begierde in Liebesaffären stürzen? Kann es sein, dass die bloße »Geilheit« aufeinander die Menschen in die Liebesaffären treibt? Und zwar für länger als eine Nacht? Ein solcher »One-Night-Stand« gilt heute nicht mal als ernsthafte Liebesaffäre, das wäre einfach zuviel Aufhebens um diese »kleine Alltäglichkeit«. Können Liebesaffären aus einem sexuellen Bedürfnis entstehen, aus einer Suche nach Erregung? Es hat den Anschein, als ob eine Liebesaffäre zumindest auf diese Weise beginnen kann, aber es ist fraglich, ob sie die ersten Momente der Erregung überdauert. Dennoch gibt es manchmal Paarbeziehungen, die aus nicht viel mehr als der sexuellen Erregung bestehen, aus einer permanenten Suche nach ihr, kaum, dass sie abgeklungen ist. Dann scheint das Sexuelle selbst Sinn, Inhalt und Inszenierung der Paarbeziehung im Dienste der Erregung zu sein.

Amour fou

»Ich möchte wieder das heftige Pumpen in mir spüren, das rasende, glühende Blut, den langsamen, liebkosenden Rhythmus und das plötzlich heftige Stoßen, die Raserei in den Pausen, in denen ich Regentropfengeräusche höre (…) wie es in meinen Mund schießt, Henry. Oh Henry, ich möchte mit dir so wilde Dinge tun, daß ich nicht weiß, wie ich sie sagen soll.« Und der angesprochene Liebhaber antwortet in der gleichen heftigen Sprache: »Anais ich will dich haben. Ich möchte dich ausziehen, Dich ein bißchen vulgarisieren. Ich möchte Dich besitzen, Dich benutzen, ich möchte Dich ficken, ich möchte Dir einiges beibringen. Vielleicht möchte ich Dich sogar ein bisschen demütigen. Warum sinke ich nicht einfach auf die Knie und verehre Dich? Ich kann es nicht. Ich liebe Dich lachend« (Sichtermann, S. 212). Diese wilde, sexuelle Liebesaffäre zwischen zwei verheirateten Menschen dauert ein Jahr. In diesem Jahr schreibt der Liebhaber allein 900 Briefe (!) an seine sexuelle Leidenschaft und zugleich einen Roman, der ihm Weltruhm einbringen soll. Die Rede ist von Henry Miller, der in dem Jahr sein Buch »Wendekreis des Krebses« schreibt und von Anais Nin, die kurz zuvor eine Studie über D. H. Lawrences »Lady Chatterley's Lovers« veröffentlichte. Der Briefwechsel zwischen den beiden Liebenden wird später unter dem Titel »Briefe der Leidenschaft« veröffentlicht.

Henry Miller hatte eine seiner insgesamt vier Ehen hinter sich und war schon 40 Jahre alt, als er die 29-jährige Ehefrau von Hugo Guiler, des damaligen Repräsentanten der National City Bank, in Paris kennen lernte. »Nach vier Monaten und einer Sturzflut von feurigen Briefen ist es im März 1932 soweit: In einem heruntergekommenen Hotelzimmer, in dem Henry haust, finden sich das New Yorker Rauhbein und die Pariser Dame, und sie treiben es, bis die Fetzen fliegen. Ab jetzt veranstalten sie regelmäßig ›literarische Fickfeste‹, wie Henry es unverblümt ausdrückt, sie fallen übereinander her, wann und wo es nur geht, und Anais wird zur gelehrigen Schülerin im ›black-lace laboratory‹ eines Forschers, dessen erotische Instinkte voll entwickelt sind« (Sichtermann, S. 212). Aber sie treiben es nicht nur miteinander, sie schreiben auch gemeinsam erotische Literatur; das Schreiben kommt immer gleich »hinterher«, die Sexualität zwischen beiden hat absolute Priorität. Während er gerne mit ihr leben möchte, darauf dringt, dass sie sich von ihrem Mann trenne, hält sie die Affäre geheim und bleibt bei ihrem Ehemann – und dies sollte sich auch nach weiteren Liebhabern nicht ändern. Henry ist für sie ein Mann für die Liebe, für den Rausch und das grenzenlose sexuelle Abenteuer, aber er ist kein Mann für das Leben und den Alltag. Sie blieb immer bei ihrem Mann und es ist nicht klar, ob dieser jemals von der Liebesaffäre seiner Frau mit Henry Miller wusste, man muss davon ausgehen. Anais und Henry waren ein Leben lang befreundet und während sie bei ihrem Ehemann blieb, hat er nach dieser Affäre noch drei Mal geheiratet und sicher noch ein Dutzend Liebesaffären gehabt. Das Buch »Wendekreis des Krebses« erschien im Jahr 1934 in Frankreich, in den USA wurde es wegen Pornographie auf den Index gesetzt, kursierte als Raubdruck und wurde erst 1964 zur Veröffentlichung freigegeben. Anais ging 1939 in die USA, lebte dort an der Ostküste mit ihrem Mann und an der Westküste mit einem langjährigen Liebhaber. Henry sollte später in New York mit seiner nächsten Frau June auf ähnliche Weise zusammenleben, wie in den wilden Zeiten mit Anais. June arbeitete als »Taxi Girl«, eine Art »private dancer« für finanzkräftige Herren. Sie wird in den autobiographischen Romanen von Henry Miller zur »großen Möse«, seiner Quelle von Lust und Leid.

Es hat von außen betrachtet den Anschein, als ob das Sexuelle, das Triebhafte, das Instinktgesteuerte in den vorangegangenen Beziehungen von Anais Nin und Henry Miller lange Zeit unterdrückt war, unbefriedigt dahinschlummerte und im Moment der gemeinsamen Begegnung freigesetzt wurde, wie bei einer chemischen Reaktion, bei der zwei an sich harmlose Stoffe zu einer explosiven Verbindung verschmelzen. Damit wären wir bei der alten und weiterhin gepflegten Erklärung, dass eine Liebesaffäre aus einer schicksalhaften Begegnung entsteht, der sich die Liebenden nicht entziehen können. Die Mystifikation des coup de foudre wäre damit Anfang und Ende jeglicher Erklärungen. Aber wir brauchen weder den modernen, noch den radikalen Konstruktivismus um zu wissen, dass die Handlungen des Menschen von seinen Wahrnehmungen abhängig sind, anders gesagt: von seiner inneren Bereitschaft, sich zu verlieben und so vom Schicksal getroffen zu werden.

»Ein ehebrecherisches Auge macht aus der letzten Schlampe noch eine Göttin«

»Gewiß ist wahr, daß helle, strahlende Augen, ein weißer Nacken, Korallenlippen, schwellende Brüste, Rosenwangen etc. für sich selber mächtig verlocken; kommen jedoch anmutige Gebärden hinzu, ein künstliches, anständiges und wohlgebildetes Betragen, ein gezierter Gang, so wirken jene natürlichen Gaben noch weit stärker, zumal wenn seltene Stickereien, reiche, leuchtende Farben, Juwelen, Spangen, Ohrgehänge, Seide, Battist, Musselin, feines gebleichtes Leinen, gebrannte Locken, Salben etc., außerdem noch mitwirken; aus der letzten Schlampe wird noch eine Göttin, wenn Kunst solchermaßen der Natur beispringt. Denn nicht das bloße Auge lockt zur Lust, sondern ein ehebrecherisches Auge, wie Petrus sagt, ein lüstern rollendes, üppiges Auge; ein wanderndes Auge, wie Jesaja sich tadelnd ausdrückt« (Burton, S. 289).

Der Ehebruch liegt im Auge des Betrachters, Schönheit und Verführung werden erst dann wirksam, wenn sie auf ein lüsternes, rollendes Auge treffen.

»Denn es ist kein Liebender, der die Geliebte nicht vergöttert, sei sie so schief, wie sie will, so krumm, wie sie kann; runzlig, ranzig, blaß, sommersprossig, tote Haare und gelbe Haut, ein talgiges Galgengesicht oder eine runde, platte Schießscheibe, oder dumm, dürr und dürftig, schief und schäbig wie eine Vogelscheuche, kahl, glotzäugig, triefäugig, hohläugig, hühneräugig (…)« (Burton, S. 289).

Moderne Paarbeziehungen mit ihrer chronischen Überlastung durch eine romantische Liebe, in der Sinnerfüllung, Sexualität und ewige Liebe in einem existieren sollen, leiden häufig auf eine typische Weise auch in ihrer Sexualität. Solche Paare versuchen, sich selbst in der Sexualität einen angstfreien Raum einzurichten. Sie bilden im Prozess der Paarbildung und im Verlauf der gemeinsamen Jahre eine »mittlere Sexualität« heraus, in der ihre Vorlieben und Gewohnheiten auf einen gemeinsamen Nenner gebracht sind. Wenn wir davon ausgehen, dass jeder Mensch auch ein eigenes sexuelles Profil hat, das einmalig und individuell ist, dann besteht eine solche mittlere Sexualität in der gemeinsamen Überschneidung zweier individueller Sexualitäten, quasi als Schnittmenge. Eine solche mittlere Sexualität als Schnittmenge besteht aus allem, was vertraut und gewohnt ist, was angstfrei und sicher erscheint. »Man hat so seine Sexualität, das ist alles nicht mehr aufregend, aber dafür sind wir ja auch schon so viele Jahre zusammen.« Diese Aussage eines Klienten zeigt das Dilemma dieser eingelebten Sexualität: es fehlt jegliche Aufregung, selbst die Erregung erscheint gewohnt, es gibt keine Angst, kein Prickeln, keine Hemmungslosigkeit, kein Schreien, keine zerwühlten Betten, keine lustvollen Aggressionen, keine schweißnassen Körper und kaum Atemnot. Eine solche Sexualität ist sauber, geplant, rituell, domestiziert – und langweilig. Sie befriedigt immer nur einen sehr kleinen Teil der sexuellen Bedürfnisse und sie hinterlässt real und in der Phantasie eine mittlere Zufriedenheit, die ebenso befriedigend wie unbefriedigend bleibt.

Liebesaffären und sexuelle Leidenschaften

Mensch zu sein bedeutet immer auch, am Rand der Schande zu sein

Liebesaffären sind ein Weg, eine eingeschlafene Sexualität wieder etwas aufzufrischen. Zugleich sind sie anscheinend eine wunderbare Möglichkeit, sich selbst wieder leidenschaftlich zu erleben, sich wieder lebendig zu erleben, das eigene Alter zu vergessen, vielleicht sogar ein wenig dem Tod zu trotzen, zumindest aber einer leblosen Liebesbeziehung zu entrinnen, die auch die letzten Reste erotischer Lust zerstört hat. Aber all dies hat seinen Preis. Rückblickend erscheinen die Jahrzehnte der so genannten »Sexuellen Revolution« der 1960er und 1970er Jahre wie eine unbeschwerte Zeit, zumindest aus der Sicht von Menschen, die um Aids wissen. Für die damalige Jugend und alle, die sich ihr zugehörig fühlten, wurde Sex zum alltäglichen Lebenselixier mit scheinbar schwereloser Leichtigkeit. John Updike resümiert: »Die Sechziger Jahre hatten uns gelehrt, was für einen hohen moralischen Wert der Beischlaf hat, und nur zögernd fanden wir uns bereit, von einer Betätigung zu lassen, die so angenehm und gleichzeitig so gesund war. Indes, man konnte mit jedem schlafen; wir gehörten der bürgerlichen Mittelklasse an, waren verantwortungsbewusste Leute, hatten unsere Berufe und unsere Kinder, und Affären kosteten Energie und hatten seelisch und nervlich einen gewissen Verschleiß zur Folge. Wir hatten noch nicht gelernt, Gefühl und Sex voneinander zu trennen« (Updike, S. 9). Kaum ein Literat der Moderne hat es geschafft, so aufgeklärt über Sexualität zu schreiben, ohne moralisierend, und zugleich so locker und unverkrampft, ohne vulgär oder sexualisierend zu sein, wie John Updike. Dazu bedarf es nicht nur eines sprachlichen oder literarischen Talents, sondern auch reifer Erfahrung und tiefer Menschlichkeit. Updike: »(...) es war meine Art, ein Mensch zu werden, und Mensch zu sein bedeutet immer auch, am Rand der Schande zu sein« (Updike, S. 88). Menschliche Perspektive bedeutet, den Menschen so zu sehen und zu lieben, wie er nun mal ist, mit all seinen Schwächen und Gebrechen, seinen Selbsttäuschungen und Illusionen. Manchmal muss man erst alt werden, um zu dieser Weisheit zu gelangen, weil sich dann die Perspektive verändert.

John Updike hat seine Erzählungen mit über 70 Jahren geschrieben. In der Titelgeschichte »Wie war's wirklich?« schreibt er von den Erinnerungen eines älteren Herrn, offensichtlich ein Alter Ego: »Don Fairbairn hatte zunehmend Mühe, sich zu erinnern, wie es wirklich war in der breiten Mittelspanne seines

Lebens, als er seiner ersten Frau, wie zerstreut auch immer, half, die gemeinsamen Kinder großzuziehen. Seine zweite Ehe, einst so strahlend und staunenswert und neu, war jetzt zweiundzwanzig Jahre alt, genauso alt wie seine erste damals, als er an einem grässlichen Wochenende auf und davon gegangen war« (Updike, S. 202).

Und dann teilt ihm diese zweite Ehefrau namens Vanessa mit, dass sie zu den Langleys zu einer Party eingeladen sind. Die Langleys »waren, was Geselligkeit anging, unersättlich, seit ihnen die Psychotherapie zu der Erkenntnis verholfen hatte, dass sie einander nicht ertragen konnten« (Updike, S. 203). So schlendert der alternde Don über die Party und stellt erstaunt fest, dass er sich unter Frauen bewegt, die noch fruchtbar sind. »Wie merkwürdig es war, wieder auf einer Party zu sein, wo die Frauen noch menstruierten« (Updike, S. 213). Das ist ein verschmitzter Blick zurück und der Gedanke kommt auf: Da war doch noch was? Und als seine Frau Vanessa ihm auf dem Rückweg im Auto berichtet, sie habe auf der Party eine alte Schulfreundin getroffen, die gerade eine zweifache Mastektomie hinter habe, denkt er kurz nach: »Don überlegte, ob er sich revanchieren sollte mit dem Geständnis, wie wunderbar seltsam er es gefunden habe, wieder unter fruchtbaren Frauen zu sein, wie erregend und anregend das gewesen sei« (Updike, S. 215).

Die Frauen seiner Geschichten sind allerdings keine bloßen Eroberungen, wie das häufig in männlichen Heldengeschichten der Fall ist. Diese Frauen werden manchmal sogar auf besondere Weise vergessen, während andere in der Erinnerung verbleiben, wie Sehnsüchte am Ende von Filmen oder Büchern.

»Wenn man, rückblickend, die Frauen zählt, mit denen man zusammen war, kommt man nicht annähernd auf die Zahl, die ein durchschnittlicher Collegestudent heute in vier Jahren schafft. Es gab Frauen, mit denen zu schlafen man versäumt hatte, und gerade die sind einem mit perverser Intensität in Erinnerung« (Updike, S. 9).

Diese Beziehungen tauchen in späteren amourösen Bilanzen des Mannes wie unbeglichene Rechnungen auf und fast hat es den Anschein, als wolle er die Geschichte zurückdrehen, um alles nachzuholen. Im Rückblick erscheinen diese Frauen als die unberührten, »die gewissermaßen jungfräulichen, die den Sirenengesang des Unbekannten mit sich genommen hatten, als sie hinter meinem Horizont verschwanden« (Updike, S. 26).

Der Ehebruch ist allgegenwärtig im Rückblick auf die 1970er Jahre, besonders in New York. »Es war eine Offenbarung für mich, diese nächtliche

New Yorker Kameradie und die freundliche Art, mit der die Stadt meinen Ehebruch in ihren Rund-um-die-Uhr-Betrieb hineinquirlte« (Updike, S. 52). Und wenn er die Liebesaffären beschreibt, dann fast auf eine vergessliche Art, denn »wenn wir zu lange über unsere Ehen sprachen, stolperten wir unweigerlich über die Tatsache, dass ihre beendet war und meine nicht« (Updike, S. 61).

Eine sexuelle Liebesaffäre ist wie eine Droge

In der Erzählung »Naturfarbe« schildert John Updike die Liebesaffäre eines Mannes mit einer sehr rothaarigen Frau. Seine Frau hat immer angezweifelt, dass das Rot der Haare echt sei und er hatte sich in der Verlegenheit gesehen anzumerken, dass ihre Schambehaarung aber auch rot sei. Dieses rote Haar hatte es ihm angetan. »Wenn sie es herabließ, wurde die Mähne zu einer umhüllenden, umgarnenden dritten Gegenwart im Bett« (Updike, S. 129). Zwanzig Jahre nach ihrer Liebesaffäre trifft Frank die rothaarige Maggie plötzlich wieder und seine Erinnerungen kommen wieder hoch. Zum Beispiel denkt er, als er sie auf der Strasse mit einem ihm unbekannten Mann kommen sieht, an den Moment, als er ihr sagen musste, dass er doch wieder zu seiner Familie zurückgeht. »›Ich krieg's nicht auf die Reihe‹, hatte er gesagt; in seiner Familie ebenso wie in ihrer herrschte wildes Durcheinander, und die Stadt rings um sie war entrüstet. ›Du meinst‹, sagte sie, und ihr Gesicht war zerfurcht, und ihre Oberlippe verkrampfte sich, so groß war die Anstrengung, in diesem Augenblick äußerste Klarheit zu haben, ›du möchtest wieder zurück?‹ – ›Ich möchte nicht, das ist nicht das richtige Wort, aber ich glaube, ich muss.‹ – ›Dann geh, Frank. Geh, Liebster. In gewisser Weise wird es dadurch einfacher für mich‹« (Updike, S. 130). Während Maggie für die gemeinsame Zukunft mit Frank ihre Scheidung durchgefochten hatte, war er bei seiner Familie geblieben und nach der Liebesaffäre sogar weggezogen, denn seine Stadt war zu klein gewesen für das langsame Vergessen einer Liebesaffäre und ihrer Folgen. »Die Kinder, die er nicht hatte verlassen wollen, waren längst erwachsen und aus dem Haus (…). Er hatte die Wahl gehabt und sich für seine Ehefrau entschieden, und eine Ehefrau war sie, nicht weniger, nicht mehr. Maggie, ihrerseits, hatte sich erholt (…)« (Updike, S. 130).

Es macht ihn zornig und wütend, dass sie nach ihm noch andere Liebhaber gehabt hatte, dass sie sich von ihm erholt, eine neue Liebe hatte und ihn heute nicht mehr vermisste. Er weiß, dass dies ein vollkommen irrationaler

Gedanke ist, dass er überhaupt nicht die geringste Berechtigung hat, sich darüber aufzuregen, dass sie nach immerhin zwanzig Jahren wieder einen neuen Mann hat, aber er tut es trotzdem und diese Kränkung und die plötzlich aufkommende sexuelle Eifersucht setzen ihm hart zu.

Für Frank war Maggie die erste Liebesaffäre gewesen, sie allerdings hatte vorher schon viele gehabt, vorwiegend rein sexuelle. Diesen Umstand erwähnt sie nicht prahlerisch, sondern eher nüchtern. »Damals, als Sam und ich getrennt lebten, war ich eine richtige Hure. Ich habe mit jedem geschlafen« (Updike, S. 131). Diesen Vorsprung gilt es aufzuholen. Diese Rivalen der Vergangenheit müssen auf eindeutig sexuelle Weise besiegt werden und zwar am Ort des Geschehens selbst: in ihr. Löwen töten die Nachkommen ihrer Vorgänger, wenn sie ein Weibchen erobert haben, weil es nicht darum geht, die Art zu erhalten, sondern ganz egoistisch ihre Gene durchzusetzen. Dieser genetische Egoismus scheint tief im »Männlichen« verwurzelt und steuert zumindest zum Teil auch die männliche Sexualität bei den Menschen.

»Sie sagte nicht, ob sie mit irgendeinem ihrer Bekannten geschlafen habe, aber er konnte es sich bei dem einen oder andern vorstellen, und so war sein Herz abgehärtet, bevor ihrer beider Affäre überhaupt begonnen hatte. Er musste jetzt mit ihr schlafen. Es war eine Art Rennen, bei dem er gefährlich ins Hintertreffen geraten war. Die Männer, mit denen sie geschlafen hatte, waren jeder noch in ihr (…)« (Updike, S. 132).

Ihre Liebesaffäre begann im Frühjahr und wurde im Herbst jäh unterbrochen, weil sie bekannt wurde. Frank kannte ihren Mann Sam, mit dem er freundschaftlich verbunden war und Maggie kannte seine Frau Ann, die sie wirklich schätzte: »Sie schien Ann wirklich zu mögen, und es kam vor, dass sie, allein mit Frank, sich laut darüber verwunderte, wie er nur daran denken könne, eine so nette Frau zu verlassen« (Updike, S. 133).

Er hingegen fand ihren Mann Sam eher grob und ihrer unwürdig, ihr Festhalten an der Beziehung zu Sam legte er ihr als Schwäche aus. Sie fragte ihn direkt und angriffslustig, ob er ihr etwas Besseres bieten könne, als diesen Mann, woraufhin er kraftlos und lakonisch feststellte: »Du weißt, wie gern ich dich heiraten würde. Aber ich bin schon der Mann einer anderen« (Updike, S. 134). Daraufhin nannte sie ihn ironisch »den schönen Gefangenen« und schlug zum ersten Mal eine Trennung vor. »›Ich glaube, wir sollten uns nicht mehr treffen.‹ – ›O mein Gott, nein. Dann sterbe ich.‹ – ›Ja nun, mich bringt es jetzt schon um. Du bist noch ein wenig unreif. Wenn ein Gentleman mit einer Dame sein Vergnügen gehabt hat, zieht er sich diskret zurück.‹ Er hasste es, wenn sie die sexuell Überlegene herauskehrte. Er wollte lernen, aber nicht belehrt werden« (Updike, S. 134). Die Liebesaffäre fliegt auf, bevor eine gemeinsame Zukunft eine Chance hatte, zur Gegenwart zu werden. Der Ehemann Sam wütet fürchterlich und droht auch mit juristischen Schritten, während Franks Ehefrau Ann »sich in schönem verletztem Stolz abwandte. Frank fand sich als Maggies Feind wieder, weil er nicht ihr Mann geworden war« (Updike, S. 135). Dann war er mit seiner Familie in das nächste Dorf gezogen, sechs Meilen entfernt. Seine Ehe schien gerettet, während ihre zerbrach: Sam zog sich in eine Einzimmerbude zurück und die Geliebte Maggie blieb mit ihren beiden Kindern, sechs und acht Jahre alt, allein zurück. Dabei hatten beide lange Zeit vorher das Ende kommen sehen, aber nichts dagegen tun können.

Er war süchtig nach ihr geworden, er brauchte sie, wie ein Junkie den Stoff, und mit der ihn umgebenden Realität passierte – wie bei Süchtigen auch – etwas Kurioses: Er nahm sie weiterhin war, spaltete sie aber gleichzeitig irgendwie ab.

»Sie nahm Risiken auf sich, wenn sie sich mit ihm traf, dieselben Risiken, die auch er auf sich nahm – entdeckt zu werden, schuld zu sein an einer zerrütteten Familie –, aber er hielt ihre Ehe schon für zu beschädigt, als dass man ihr hätte nachtrauern müssen, wohingegen seine eigene durch seinen Treuebruch eine Steigerung erfuhr: seine Frau und seine Kinder wurden kostbar in ihrer Verletzlichkeit. Wenn er, verschwitzt und keuchend von seinen Sünden, zu ihnen zurückkehrte, weinte er fast über ihre süße Ahnungslosigkeit. Aber er konnte nicht aufhören. Er verstrickte Maggie tiefer, er war süchtig nach ihr, und es scherte ihn nicht, was aus ihnen werden sollte, bis es Zeit war, sein Schicksal von ihrem zu lösen« (S. 132f).

Die Trennung von Maggie macht für ihn und seine Familie erst einmal das Leben leichter, aber seine innere Ambivalenz bleibt und in seinen Tagträumen hat er weiterhin mit ihr Sex. »Frank war hin und her gerissen: einerseits war es ihm recht, dass sie nicht mehr dazu gehörte – ihre Macht über ihn, die Herrlichkeit, die sie für ihn hatte, ließen keinen Raum für Mitleid –, andererseits hatte er den unmöglichen Wunsch, wieder mit ihr zusammen zu kommen, die Worte zu ihr zu sagen, die sie beide über alles hinweg heben und sie wieder ins Bett befördern würden« (Updike, S. 138).

Irgendwie liebt er sie noch, dass weiß nicht nur er, sondern auch seine Frau Ann. Nachdem er Maggie nach mehr als zwanzig Jahren wiedersieht, sich vor ihr in einem Drugstore versteckt, um nicht mit ihr reden zu müssen und seine

Frau ihn anschließend darauf anspricht, dass auch sie Maggie gesehen, ja sogar mit ihr gesprochen hat, gesteht er ihr seine Feigheit, oder besser seine Angst, mit Maggie zu reden. Anns Antwort ist niederschmetternd in ihrer unumwundenen Klarheit: »Dass du dich so wenig souverän zeigst, spricht nicht gerade für uns« (Updike, S. 144). Dieses »für uns« macht den feinen Unterschied. Sie klagt ihn nicht an, dass er feige und miserabel sei, nein, sie hält seine Feigheit, die wiederum Ausdruck seiner Angst und seiner noch vorhandenen Liebe zu Maggie ist, für eine Niederlage ihrer gemeinsamen Beziehung. Das ist niederschmetternd gut! Die Liebesaffäre, zumal die längst zurückliegende und nach zwanzig Jahren noch nicht verwundene, ist im Kern eine Niederlage der Beziehung. »Untreue, dachte er, macht anfangs das erotische Feld eines Paares weiter, fruchtbarer, lässt es am Ende aber müde und ausgelaugt zurück. Wie eine bewusstseinserweiternde Droge zerstört sie Zellen« (Updike, S. 144).

Das Verlangen nach Wechsel

Das Sexuelle ist berauschend und bedrohlich, es beglückt und spaltet, es hebt die Liebenden über die Wolken und zersetzt die Moral, es besteht aus vielen kleinen Toden und nimmt damit die Angst vor dem einen großen. Warum gehen Menschen sexuelle Liebesaffären ein? Die Volksmeinung hat da einen klaren Standpunkt: Wenn man immer nur Erbsensuppe isst, dann entsteht ein Verlangen nach Wechsel. Dies bedeutet, dass langjährige Partnerschaften allein schon aus sexuellen Gründen keine Chance auf Verwirklichung haben, weil die Eintönigkeit des immer Gleichen die Menschen dazu bringe, sich miteinander zu langweilen, den Reiz aneinander mit der Zeit zu verlieren, und dass dieser schleichende Prozess der sexuellen Langeweile unausweichlich sei. Darauf gibt es eine schöne, literarische Antwort und eine ernste, wissenschaftliche. Zunächst die literarische Antwort von Paul Valery, einem feinsinnigen Autor zwischen Naturwissenschaft, Philosophie und Psychologie, wie er sie in seinen »Heften« (»Cahiers«) niedergeschrieben hat:

»Die einen suchen die Frauen, um ihrer zu genießen und danach den Kopf frei zu haben für anderes. Und somit entsteht bei ihnen das Verlangen nach Wechsel. Andere haben eine Frau, so wie man Pantoffeln hat, immer bequem dieselbe. Wenige, unendlich wenige, ersehnen in der Frau ein lebendiges Wesen, in dem sich ständig etwas entdecken, dem sich ständig etwas abgewinnen läßt, eine kleine Welt, die, wenn auch noch so sehr durchdrungen, stets

Unendliches an Dunklem und Unvertrautem birgt. Das sind die wahrhaft Liebenden. Sie sind überaus selten, und wo es einmal einer werden könnte, gerät er an eine Frau, die genau so ist wie die Männer, von denen ich zuerst sprach« (Paul Valery, zit. n. Schmölders, S. 236).

Die Antwort des Sexualwissenschaftlers Ulrich Clement ist nicht minder interessant und erfordert ein anderes Verständnis der menschlichen und partnerschaftlichen Sexualität, als es bislang in der verharmlosenden Masters-Johnsons-Therapie galt. Sein Konzept der leidenschaftlichen Sexualität will die Sexualität nicht durch Entspannung einschläfern, sondern der Aufregung, dem erotischen Potenzial, der Erregung und damit auch der Angst einen legitimen Platz einräumen. Er geht davon aus, dass jeder Mensch eine ihm eigene Sexualität besitze, die er in eine Paarbeziehung einbringe. »Partner unterscheiden sich in ihrem erotischen Spektrum, ebenso wie in ihrer Körperstatur, ihrem Aussehen, ihrer Lebensgeschichte« (Clement, S. 240).

Die gemeinsame Sexualität eines Paares ist aber nicht nur Ausdruck ihrer Beziehung und auch nicht nur das, was an sexueller Begegnung zwischen den beiden Partnern möglich ist. Das Sexuelle ist mehr als die Beziehung und das gemeinsame Sexuelle ist in der Regel weniger, als die Summe der beiden individuellen Sexualitäten.

»Im Gegensatz zu den meisten Paartherapien, die von einem Primat der Beziehung ausgehen und die Sexualität als Teil der Partnerschaft verstehen, damit meist auch Sexualität als Ausdruck der Beziehung interpretieren, geht die Paartherapie des Begehrens davon aus, dass die partnerschaftliche Sexualität nur ein Teil des sexuellen Spektrums einer Person ist. Das sexuelle Spektrum einer Person ist weiter und umfasst den Teil der sexuellen Biografie, der sich vor der gegenwärtigen Partnerschaft ereignete, sexuelle Phantasien, die sich nicht auf den Partner beziehen, sexuelle Erfahrungen mit anderen Partnern, Selbstbefriedigung usw… Es gibt Bereiche des individuellen Begehrens, die vom Partner geteilt werden, andere, die von ihm nicht geteilt werden. Der gemeinsame Teil der sexuellen Spektren beinhaltet all die Vorlieben, Praktiken, Inszenierungen, die sich auf den jeweils anderen Partner richten und die von ihm beantwortet werden« (Clement, S. 240).

Dies klingt schön, harmonisch, lieb und nett, aber auf die Dauer ist diese harmonisierte Sexualität langweilig. Wenn nur das Gemeinsame und Gewohnte in der Sexualität gelebt wird, dann ist die Ritualisierung und Erstarrung der Sexualität die zwangsläufige Folge und damit wird das sexuelle Erleben und die sexuelle Leidenschaft zu einem eigenständigen Problem unabhängig von der Frage, wie es um die restliche Paarbeziehung bestellt ist.

»Rücksicht und Gegenseitigkeit, also durchaus Tugenden der partnerschaftlichen Kommunikation, können im erotischen Kontext sedative Wirkungen haben. Die freundliche kooperative Regulierung der sexuellen Wünsche auf den kleinsten gemeinsamen erotischen Nenner ist der zentrale Mechanismus zur Erzeugung routinierter Alltagssexualität mit geringen Amplituden: Sie wird nicht richtig schlecht – und auch nicht richtig gut« (Clement, S. 241).

Was ist die Lösung dieses Dilemmas? Neugier, Lust, Mut zum Risiko, Überwindung der Angst!

»Die produktive therapeutische Perspektive besteht darin, vom Kompromiss der sexuellen Lustlosigkeit zur Neugier auf die unentdeckten erotischen eigenen Seiten und der des Partners zu kommen und zur Eröffnung eines gemeinsamen Möglichkeitsraumes. Dieser Weg ist eine kreative Kür, die ein Paar heiteren Sinnes durchtanzt. Nicht allein jedenfalls. Er ist mit Angst verbunden, mit Angst vor Verlassenwerden, Angst vor männlichen bzw. weiblichen Kleinheitsgefühlen, nicht begehrenswert, nicht potent zu sein, Angst, die immer angenommene Illusion der Besonderheit für den Partner zu verlieren« (Clement, S. 242).

Diese sexuelle Selbsteröffnung ist ganz im Sinne einer Intimität schaffenden Handlung zu verstehen, denn Intimität und damit auch sexuelle Intimität ist nichts anderes als die Überwindung der Angst in Richtung einer Selbsteröffnung. Wer dieses Risiko nicht eingeht, läuft Gefahr, seine verborgenen sexuellen Wünsche so lange zu decken und mit Moral zu bekämpfen, bis der Kampf im Angesicht einer geliebten Person aufgegeben werden und die Liebesaffäre beinahe zwangsläufig entstehen muss.

Sexuell motivierte Liebesaffären sind also nicht nur Ausdruck allgemeiner, nicht-sexueller Beziehungsprobleme, sondern können direkt mit einer unbefriedigten Sexualität verbunden sein, die eine ritualisierte und harmonisierte Gewohnheits-Sexualität mit sich bringt. Sie sind dann der Versuch, eine persönliche und paardynamische Entwicklungsblockade aufzuheben, deren Ursprung eine unbefriedigte gemeinsame Sexualität darstellt. Wahrscheinlich lassen sich mindestens zwei Ausgänge sexuell motivierter Liebesaffären unterscheiden: Die eine führt zu einer Verbesserung der Sexualität in der Paarbeziehung und am Ende steht die Trennung von der Geliebten oder dem Geliebten. Hier wird die Liebesaffäre genutzt, um eine in die Krise oder Stagnation geratene Beziehung voranzubringen. Die Partner holen sich damit von außen eine sexuelle Stimulans, Kompetenz oder Erlebnisfähigkeit, die sie selbst nicht haben oder zulassen können, die aber für die Weiterentwicklung ihrer Einzelpersönlichkeiten und ihrer Paarbeziehung bedeutsam ist. Das Resümee einer solchen Liebesaffäre könnte lauten: Ich habe mit einer Geliebten eine Erfahrung gemacht, die für meine persönliche Entwicklung sehr bedeutsam war und die ich gern in meine Beziehung einbringen möchte, um davon gemeinsam zu profitieren und einen längst überfälligen – und bis dato angstbesetzten – Entwicklungsschritt vollziehen zu können. Hier kehrt der Liebhaber oder die Liebhaberin nach der Liebesaffäre in die Paarbeziehung zurück und bringt seine persönlichen Erfahrungen und Veränderungen in die Paarbeziehung ein.

Der andere Ausgang der sexuell motivierten Liebesaffäre auf der Basis einer sexuellen Frustration in der Paarbeziehung endet mit der Trennung der Partner, weil die Liebesaffäre als Paarbeziehung eine höhere Bedeutung erlangt hat, als die derzeitige Paarbeziehung. Diese höhere Bedeutung bekommt sie natürlich durch eine innere Bewertung der Partner und dabei scheint das Sexuelle wiederum eine wesentliche Rolle zu spielen. Bei einer solchen Trennung würde der bislang gebundene Partner für sich etwa resümieren: Ich war bislang in meiner Sexualität in der Paarbeziehung frustriert und habe jetzt einen Menschen kennen gelernt, der es mir ermöglicht hat, diese Seite zu entdecken, mich selbst lustvoll und leidenschaftlich zu erleben, wie ich es bislang nicht zu können glaubte. Diese Erfahrung werde ich mit meinem Partner nicht haben können und daher bleibe ich bei meiner Geliebten, die für mich hinter dem sexuellen Rausch auch als Mensch und Partnerin immer wertvoller geworden ist. Welchen Ausgang eine sexuell motivierte Liebesaffäre nimmt, ob sie zur Weiterentwicklung der Paarbeziehung beiträgt oder zu ihrer Trennung führt, scheint von einer Reihe von Faktoren – Risiko- und Schutzfaktoren – abzuhängen, nicht zuletzt der Qualität der bisherigen Paarbeziehung und vor allem der Leidensfähigkeit und der Trennungsängste der betrogenen Ehepartner.

6. Der Verführer

Liebesaffären führen nicht nur zu schlaflosen Nächten und emotionalen Turbulenzen, sie können auch die schönsten Fortschritte in Paartherapien infrage stellen und dem ganzen Prozess eine andere Wendung geben. Denn plötzliche Liebesaffären tauchen durchaus auch während der Paartherapien auf, insbesondere dann, wenn ein Verführer am Werke ist.

Kai war wieder mal fremdgegangen und Anke rief an, um den gemeinsamen Termin abzusagen und stattdessen einen Einzeltermin wahrzunehmen.

Sie bat darum, einen Termin vor Kai zu bekommen, »damit der Ihnen nicht seine Version verkaufen kann und Sie Bescheid wissen, wenn er kommt«. Ihre Freundin hatte wenige Tage zuvor Kai mit einer anderen Frau gesehen. »Sie hat die beiden in dem Café gesehen, in dem sie auch arbeitet, das weiß auch Kai. Dann setzt der sich vor meine Freundin, eng umschlungen und dauerknutschend. Das muss man sich mal vorstellen: macht da mit dieser Tussi rum und kommt danach heulend zu mir, das sei alles nicht so, wie ich mir das denken würde und er würde doch nur mich lieben. Wie er das Ding mal wieder fährt, das ist total respektlos, ich fühle mich gedemütigt. Außerdem kenne ich diese Tussi auch noch seit Jahren, aber verlangen Sie nicht von mir, dass ich hier ihren Namen ausspreche. Mein Vertrauen ist total im Keller, deswegen habe ich Sie auch darum gebeten, mit Ihnen allein sprechen zu können, ich kann mir im Moment nicht vorstellen, mit ihm zusammen hier zu sitzen.«

Eine Stunde später sitzt der reuige Kai vor mir, scheint zerknirscht, lächelt zugleich spitzbübisch, macht schon wieder Scherze und hält mir eine Rede. »Was soll ich dazu sagen? Shit happens! Hab ich doch gestern so eine Talkshow gesehen mit dieser Frau von dem Michel Friedmann. Sie hat ihm verziehen, jetzt haben sie geheiratet und kriegen ein Kind. Warum verzeihen alle Leute diesem Friedmann, der sich mit minderjährigen osteuropäischen Prostituierten die Nase zukokst und gleichzeitig mit erhobenem Zeigefinger durch die Republik läuft und andere moralisch beurteilt? Warum verzeiht mir keiner, warum kann Anke mir nicht auch mal verzeihen, das war doch nur ein kleiner Anfall mit einer alten Freundin, mit der ich vor Jahren mal was hatte. Hab ich mich darüber aufgeregt, als sie mit diesem Typen auf der Fete rum gemacht hat? Nun müssen wir doch mal die Kirche im Dorf lassen.« Er weiß, dass er bei mir mit diesen Beschwichtigungen und lockeren Sprüchen nicht durchkommt und als ich ihn frage, warum er ausgerechnet mit dieser Frau an diesem Wochenende in diesem Café war, wehrt er sich nicht mehr dagegen. Er weiß, dass ich ihm bei seinem Handeln eine gewisse Absicht unterstelle, eine unbewusste. Er kennt das Spiel schon und antwortet bereitwillig auf meine Fragen. Ja, er hat sich eigentlich besonders gut mit Anke verstanden, bis dahin, es war alles in Ordnung: Sie war kurz davor, wieder bei ihm einzuziehen, hatte schon ein paar Klamotten wieder in seine Wohnung gebracht, es sah alles nach neuer Liebe aus. Und als er dann diese ehemalige Freundin traf und sich mit ihr verabredete, hat er sich gar nichts dabei gedacht. Und dass dann auch noch die Freundin von Anke ihn mit ihr im Café traf war der reine Zufall. Meine Interpretation war eine andere: »Ihnen wurde die Beziehung mit Anke mal wieder zu eng, die

Liebe kam ihnen zu nah, sie hatten Angst und brauchten wieder Distanz. Dazu haben sie die alte Freundin genutzt, die ihnen wie gerufen über den Weg lief.« Er lächelt mich gequält an und vermeidet den Blickkontakt. Den strafenden Vater kann er jetzt nicht gebrauchen, eher einen, der ihm auf verständnisvollere Weise aus dem Dilemma mit den Frauen heraus hilft: Er liebt die Frauen, hasst zugleich die Abhängigkeit von ihnen, sucht ihre Nähe, um sich im Glanz ihrer Augen zu spiegeln und sucht die Distanz, sobald die Beziehung mal wieder zu eng und damit für ihn bedrohlich wird. Er ist vielleicht so etwas wie ein moderner Casanova.

Aus dem Leben des Giacomo Girolamo Casanova

Giacomo Casanova ist weltbekannt geworden als Frauenheld, so dass sein Name zum Synonym für den Verführer schlechthin wurde, aber man würde ihm nicht gerecht werden, wenn man ihn darauf reduzierte. Er war »Hasardeur und Schwärmer, weit gereister Scharlatan und Intrigant, Alchimist und Glücksspieler, Astronom und Bodenreformer, Diplomat und Kolonisator, Komödiendichter, Unterhalter und Aphoristiker, Übersetzer der Ilias, Romancier, Philosoph und Altphilologe, Librettist und Geiger, Ökonom und Historiker, portugiesischer Gesandter, Freimaurer, venezianischer Spion und Mitbegründer der französischen Staatslotterie, ein Monstrum, Abenteurer, Höfling, Mediziner und Theologe, Börsenhändler, Kalenderreformer, Seidenfärber und – Verführer: das ist mehr, als je eine fiktive Romangestalt jemals vorgelebt hat, und doch ist Giacomo Casanova dies alles wirklich gewesen« (Willemsen, S. 491).

Giacomo Casanova wurde am 2. April 1725 in Venedig geboren. Seine Eltern waren beide Schauspieler, insbesondere seine attraktive Mutter war eine durch ganz Europa und Russland reisende, sehr gefragte Schauspielerin. Sein Vater wird in den Schriften über ihn kaum erwähnt, und so blieb der kleine Giacomo stets bei seiner Großmutter, wenn seine Mutter auf einer ihrer vielen Reisen war. Ein vaterloser Junge, groß geworden bei den Frauen, immer auf der Suche nach der Zuwendung der Mutter? Dies wäre eine zu einfache psychologische Erklärung. Und dennoch scheint er ein ewig Getriebener gewesen zu sein, auf der Suche nach irgendetwas oder gar sich selbst, von einer Eroberung eines Frauenherzens zur nächsten Frau eilend, meistens befriedigt selten zufrieden, dann wieder auf der Reise. Er lebte in diesem flüssigen Zustand der Verliebtheit und der Unverbindlichkeit und Roger Willemsen hat einmal nachgerechnet, »dass Casanova in den rund vierzig Jahren, über die er uns berichtet, knapp 120 Geliebte hat. Das macht etwa drei pro Jahr« (Willemsen, S. 503). Das klingt moderat für ein Jahr, manche schaffen das auch für ein paar Jahre und in den Zeiten der jugendlichen Reifungskrisen lassen sich durchaus auch noch mehr Trophäen der Promiskuität erreichen. Aber Casanova hat diese Eroberungswut über Jahrzehnte betrieben, mit einer unbegreiflichen Intensität und immer wiederkehrenden Erregung, ohne sich jemals fest zu binden oder gar zu heiraten, obwohl er viele und sicher auch ernst gemeinte Heiratsanträge ausgesprochen hat. Und erst am Ende seines Lebens beklagt er sich in seinen Memoiren darüber, dass »die Unabhängigkeit in meinem Alter eine Art von Sklaverei ist. Hätte ich eine Frau geheiratet, die so geschickt gewesen wäre, mich zu lenken und zu beherrschen, ohne mich mein Joch fühlen zu lassen, so hätte ich mir mein Vermögen bewahrt, Kinder gehabt und wäre jetzt nicht mutterseelenallein und arm. Aber lassen wir diese Abschweifungen über unwiderruflich Vergangenes; da ich mein Glück in meinen Erinnerungen finde, wäre ich verrückt, wenn ich nutzlosen Selbstanklagen nachhängen würde« (Casanova, S. 332).

Die Erinnerungen scheinen eine letzte Möglichkeit zu sein, sich selbst im Alter in der sexuellen Phantasie zu erregen, wenn der Körper nicht mehr mitmacht und die Frauen alle nicht mehr da sind.

Rückblickend hat Casanova sein Leben einmal in drei Abschnitte eingeteilt. Seine wilde Jugendzeit endet abrupt im Frühjahr 1764, als er nach einem geplatzten Wechsel überstürzt England verlassen muss, um dem Galgen zu entgehen. Er schreibt, er hätte damals beinahe nicht nur seine Ehre verloren, sondern »man hätte mich einfach nur aufgehängt« (Casanova, S. 89). Er hatte sich in England mit einer Prostituierten eingelassen, die ihm Hoffnungen machte, ihn aber letztlich immer wieder abblitzen ließ. Ja, auch das ist Casanova: er trieb es nicht nur mit jungen schönen Damen der gehobenen Gesellschaft am Hofe von Kaisern und Königen, auch von Stand und Schönheit wenig attraktive Frauen erregten seine Aufmerksamkeit und seine Säfte und er war auch nicht abgeneigt, sich die Gunst der Damen inklusive ihrer Dienste durch Geld, Geschenke und Schmuck zu erwerben. Und fast hat es den Anschein, als ob das Hinhalten, Zögern und Zaudern eine bessere Möglichkeit für die Damen war, sich Casanovas Gegenwart zu versichern, als sich der Eroberung hinzugeben. Widerstand reizte ihn, er fühlte sich zur Höchstleistung gefordert und zugleich hatte er von diesen Frauen, die sich nur so ihrem Schicksal ergaben, den höchsten Respekt, obwohl er andererseits auch wieder behauptete: »Eine unzugängliche und launenhafte Schöne anzuschmachten, ist verlorene Liebesmühe. Das Glück darf weder zu leicht noch zu schwer zu erlangen sein« (Casanova, S. 331)

Mit fast 50 Jahren darf Casanova endlich in seine geliebte Heimatstadt Venedig zurückkehren, aus der er verbannt worden war. Als er neun Jahre später die Stadt wieder verlässt, endet der zweite Akt seines Lebens. Aber da hatte er sein aktives Leben anscheinend bereits hinter sich, »denn von meinem fünfzigsten Jahre ab kann ich nur Trauriges darbieten, und das macht mich traurig« (Casanova, S. 93). Die letzten acht Jahre seines Lebens arbeitete er neben seiner Tätigkeit als Bibliothekar des Grafen Waldstein bis kurz vor seinem Tode an seinen Memoiren, die mehr als 4500 Seiten umfassen. Er starb am 4. Juni 1798 in Dux in Böhmen. Seine Erinnerungen enden kurz vor seiner Rückkehr nach Venedig zu einem Zeitpunkt, als er nicht einmal 50 Jahre alt war. Aber da hatte er schon ein durchaus bewegtes Leben hinter sich. »Er hat mit mehreren Päpsten, Königen, Kaisern verkehrt, die russische Zarin hat ihn empfangen, Friedrich der Große ihn zum Erzieher machen wollen. Er hat mit Betrügern und Zuhältern, mit Passano und Cagliostro Umgang gehabt, aber auch mit Voltaire, Rousseau, d'Alembert, Winckelmann, Crèbillion, Fürst de Ligne, da Ponte, Benjamin Franklin, Richelieu, Madame de Pompadour, Metastasio, Fielding, Mengs, Fontenelle, Voisenon, Carlin, Helvetius, Albrecht Haller, vermutlich mit Mozart, vielleicht auch mit Goethe und Wieland: ein Schaulustiger, ein Caseur, ein professioneller Augenzeuge, der einer Kutsche entsteigt, mit Koffern voll Kostümen, mit Perücken und Pomaden, mit Juwelen, Büchern, Spitzen, mit venezianischen Seidenschuhen und Orden am Revers: Giacomo Casanova, Chevalier de Seingalt, mit dem selbst gemachten Titel, ein großer Autor, ohne es zu wissen, der, dem wir die vollständigste und farbigste Abbildung des 18. Jahrhunderts in der Weltliteratur verdanken« (Willemsen, S. 491f).

Die Kapitel seiner Erinnerungen tragen fast alle Frauennamen: Bettina, Henriette, Leonilda, Helene und Hedwig, Clementina, Nina usw. Der Bericht über »Helene und Hedwig« enthält einen Casanova in Höchstform. Die Geschichte beginnt mit einer erlesenen philosophisch-theologischen Diskussion, schildert die Eroberung zweier Jungfrauen, deren Attraktivität nicht nur körperlich, sondern auch geistig außerordentlich erscheint und endet wie sie alle enden – mit seiner Abreise, die zugleich eine Reise zu nächsten Eroberung darstellt.

Hedwig ist eine 22-jährige Theologin mit außergewöhnlicher Intelligenz und ihre sechs Jahre jüngere Cousine Helene hat herausragende körperliche

Reize. Wie so oft beginnt die Affäre mit philosophischen Gesprächen und geistigen Schmeicheleien. »Die schöne Blondine entflammte mich durch die Reize ihres Geistes« (Casanova, S. 324). Spaziergänge, zärtliche Bemühungen und kleine Geschenke folgen, der Weg wird bereitet, das Ziel ist angepeilt. Dann kommt die Eröffnung der Liebe in einem Nebensatz: »denn ich liebe sie zärtlich« (Casanova, S. 329). Die theologische Frage, zu welchen Teilen Jesus Christus Mensch und zu wie vielen Teilen Gott war, erfährt bei ihm eine besondere Wendung. Die Diskussion kulminiert in der Frage, ob Jesus hätte ein Kind zeugen können mit der Samariterin. Hedwigs Antwort ist eindeutig: »Die Samariterin hätte nach Ablauf von neun Monaten ein männliches und nicht weibliches Kind geboren, und dieses einer irdischen Frau und einem Gottmenschen entsprungene Geschöpf wäre zu einem Viertel Gott und zu drei Vierteln Mensch gewesen« (Casanova, S. 324f).

Ein anwesender, erfahrener Theologe widerspricht und einige Tage später, als die drei bereits vertraut miteinander sind, knüpft Casanova an dieses Gespräch wieder an: »›Nun gut, reizende Hedwig, Ihr Theologe wollte Ihnen sagen, dass Jesus Christus einer Erektion nicht fähig war.‹ – ›Was ist denn das?‹ – ›Geben Sie mir Ihre Hand.‹ – ›Jetzt fühle ich es, und so dachte ich es mir auch; denn ohne diese natürliche Erscheinung könnte der Mann seine Gefährtin nicht befruchten. Und der dumme Theologe behauptete, das sei eine Unvollkommenheit!‹ – ›Ja, denn dieses Phänomen entspringt dem Begehren; Beweis dafür ist die Tatsache, dass es sich bei mir nicht zeigen würde, schöne Hedwig, wenn ich sie nicht reizend gefunden hätte, und wenn das, was ich von Ihnen sehe, mir nicht die verlockendste Vorstellung von den Schönheiten vermitteln würde, die ich nicht sehe. Sagen Sie mir Ihrerseits freimütig, ob Sie nicht einen angenehmen Kitzel empfinden, wenn Sie diese Härte fühlen?‹ – ›Das gebe ich zu und gerade an der Stelle, die Sie streicheln.‹«

So kommt Casanova auf eine beinahe unschuldige, aufklärerische Art von den theologischen Fragen zu den harten Realitäten und es ist immer wieder erstaunlich, wie galant er diesen Weg zum Sexuellen immer wieder findet, egal zu welcher Uhrzeit, an welchem Ort, in welcher Gesellschaft und bei welchem noch so abstrakten Thema. Er findet das Sexuelle in allem und jedem auf beinahe spielerische und naive Weise und man hat Angst, ihm Unrecht zu tun, wenn man dahinter eine Absicht oder gar ein abgekartetes Spiel sehen würde. Und dennoch war es nichts anderes, wenn man seinen eigenen Ausführungen glaubt, auch bei Hedwig und Helene. Er schreibt: »Während meiner langen Laufbahn als Libertin hat mich mein unüberwindlicher Hang zum schönen

Geschlecht alle Mittel der Verführung anwenden lassen, und ich habe einigen hundert Frauen, deren Reize mein Interesse geweckt hatten, den Kopf verdreht; aber den besten Erfolg hatte ich stets, wenn ich Novizinnen, deren moralische Prinzipien und Vorurteile der Eroberung im Wege standen, vorsorglich nur in Gesellschaft einer zweiten Frau angriff. Ich wusste schon früh, dass ein junges Mädchen sich einfach aus Mangel an Mut schwer verführen lässt, während es sich in Gegenwart einer Freundin verhältnismäßig leichter ergibt; die Schwächen der einen führen zum Fall der anderen« (Casanova, S. 351f).

Ob er nun in erster Linie Hedwig oder Helene begehrt, weiß er am Ende selber nicht mehr, da wird der große Stratege wieder zum Opfer der Leidenschaften.

Die beiden Cousinen verbringen die Nacht zusammen bei ihrem Onkel und verstecken ihren gemeinsamen Liebhaber in einer Kammer unter der Treppe. Dort muss er einige Stunden unruhigen Wartens verbringen – eine Szene, die durchaus an Boccaccio erinnert – und wird dann anschließend dafür ausgiebig von den beiden jungen Frauen belohnt: »Im Handumdrehen, während ich mit der gelehrten Theologin über die Scham philosophierte, präsentierte ich mich vor ihren Augen in der Nacktheit eines zweiten Adam. Hedwig errötete und ließ, vielleicht aus Angst, sie könne durch allzu große Zimperlichkeit in meinen Augen verlieren, die letzte schamhafte Hülle fallen; dabei zitierte sie den heiligen Clemens von Alexandrien, der behauptete, die Scham sitze nur im Hemd. Ich rühmte laut ihre Schönheiten, die Vollkommenheit ihrer Formen, und wollte damit Helene anspornen, die sich nur langsam auszog; aber der Vorwurf falscher Scham, den ihre Cousine ihr machte, war wirkungsvoller als alle meine verschwenderischen Lobreden. Hedwig war größer als Helene, ihre Haut war weißer und ihre Brust doppelt so stark; aber Helene war erregter, ihre Formen waren lieblicher, und ihre Brüste glichen denen der Venus von Medici« (Casanova, S. 354f).

Der Akt selber verbleibt meist im Nebel literarischer Umschreibungen und bedeutungsvoller Metaphern. »Dann legten wir uns zu Bett. Die Natur sprach gebieterisch, und wir wünschten nichts, als sie zufrieden zu stellen. Sicherheitshalber mir einem Häubchen überzogen, dessen Zerreißen ich nicht zu befürchten brauchte, machte ich Hedwig zur Frau, und als das Opfer beendet war, sagte sie mir unter vielen Küssen, dass der Augenblick des Schmerzes nichts bedeutete im Vergleich mit der Wonne. Helene, die sechs Jahre jünger war als Hedwig, kam bald darauf an die Reihe; aber das schönste Kraushaar, das ich je gesehen habe, bereitete einige Schwierigkeiten. Sie zerteilte es mit ihren beiden Händen, und obwohl sie in die Geheimnisse der Liebe nicht ohne einen schmerzhaften Einriss eingeweiht werden konnte, seufzte sie, eifersüchtig auf den Erfolg ihrer Cousine, nur voll Glück, kam meinen Bemühungen entgegen und schien es an Zärtlichkeit und Feuer mit mir aufzunehmen. Ihre Reize und ihre Bewegungen brachten das süße Opfer rasch zu Ende, und als ich das Heiligtum verließ, sahen meine beiden Schönen, dass ich der Ruhe bedurfte« (Casanova, S. 355f).

Einige Tage später wiederholten sie dieses »Fest«, aber dann musste der Herr wieder abreisen, um seinen Geschäften nachzugehen.

»Am nächsten Tag musste ich abreisen (...). Ich hatte in Genf nichts mehr zu tun, und Madame d'Urfè erwartete mich vereinbarungsgemäß in Lyon. Ich musste die Reise dorthin antreten und unter diesen Umständen war die Nacht, die ich mit den beiden reizenden Mädchen verbringen konnte, die letzte. Mein Unterricht hatte Früchte getragen, und meine beiden Schülerinnen waren zu Meisterinnen in der Kunst geworden, Glück zu genießen und zu schenken. Aber in den Pausen trat Trauer an Stelle der Freude« (Casanova, S. 359). Am Ende verspricht er, vor Ablauf von zwei Jahren wieder zu kommen.

Die Verliebtheit wird nicht zur Liebe, der Wunsch nach einem Zusammenbleiben entsteht nicht, die Liebesbeziehung bekommt nicht die Bedeutung, um eine anstehende Verabredung abzusagen. Die Eroberung ist bedeutsam, die Erregung wird gesucht und die Abreise wird nur dann hinausgezögert, wenn sich die Eroberung verzögert. Der Sieg ist zugleich das Signal für die Flucht. Dabei ist es durchaus denkbar, dass Casanova und Hedwig, diese schöne, geistreiche, 22-jährige Theologin, ein Paar hätten werden können, mit Kindern und festem Wohnsitz. Aber seine Eltern hatten dem kleinen Giacomo auch keine feste Beziehung vorgelebt, waren Reisende gewesen, die eigentlich immer nur auf der Durchreise waren, stets in neue Kostüme gekleidet, ihr wahres Selbst hinter der venezianischen Maske verbergend, und wie sie war auch er stets ein Schauspieler geblieben, der versuchte, sich in den verschiedenen Rollen letztlich selbst zu finden. Ob er sich selbst dabei mehr vorgespielt hat, als den anderen, ob er der Täter und die anderen die Opfer waren oder eher umgekehrt, das werden nicht einmal seine Biographen letztlich klären können.

Casanova hat die Kultivierung des Scheins zur Perfektion getrieben und dies durchaus im konkret materiellen Sinne: »Wenn man sie zusammenzöge, die Bottiche Pomade, die Fässer Parfüm, die Säcke Puder, die Haufen von Perücken, dazu die Accessoires, Lorgnons, Ringe und Geschmeide, mit denen Casanova seinen Hautsack voll Ich den Frauen angenehm zu machen suchte, man hätte den ganzen Aufwand vor Augen, den es ihm wert war, als Edelmann, Kosmopolit und als ein Tourist in Liebesdingen einzureisen und schließlich als ein unter Düften uralt gewordenes Reptil zu sterben, moralisch ausgestopft mit Oskar Wildes Überzeugung, keine Sünde werde am Ende des Lebens so bitter bereut wie die Unterlassungssünde« (Willemsen, S. 495).

Ist es denkbar, dass diese Kultivierung des Scheins noch weitergeht als bei Casanova? Dann müsste die Liebesaffäre gänzlich von Liebe, Erotik, Begehren, kurz allem wirklich menschlichen Gehalt befreit werden, nur noch zur Strategie, zum Zeitvertreib einer gelangweilten Person verkommen, die versucht, ihre innere Leere künstlich mit amourösen Eroberungen zu füllen. Dies ist nicht nur möglich und denkbar, es ist auch dokumentiert in 176 Briefen, protokolliert von einem gewissen Pierre Ambroise Francois Choderlos de Laclos. Das Buch »Les liaisons dangereuses« (deutscher Titel: »Gefährliche Liebschaften«) ist insofern auch kein erotisches Buch, schon gar kein pornografisches und in dieser Hinsicht viel sittsameres als die Memoiren von Casanova, sondern eine im Kern sehr moralische Empörung, die auch entsprechend öffentlich aufgenommen wurde. In dem Buch wird nur noch geheuchelt und gemeuchelt, nichts erscheint mehr wahrhaftig, der Schein bestimmt das Sein, und jedes Gefühl, jede Szene, jede Selbsteröffnung verfolgen einen Zweck, alles löst sich auf in Strategie und Taktik. Liebesaffären finden nicht mehr als Schicksalsschläge ihre Opfer, sondern werden gezielt geplant und eingesetzt, um andere Menschen und Beziehungen zu zerstören. So, wie die meisten Vergewaltigungen im Wesentlichen keine sexuellen Handlungen mit unterlegter Gewalt sind, sondern Gewalthandlungen auf sexueller Ebene, so sind die »Gefährlichen Liebschaften« nur scheinbar Ausdruck von Liebe. Aber letztlich haben sie mit der Liebe nichts zu tun, zumindest was die Protagonisten betrifft, vielmehr sind sie eine Form der Zerstörung von zwischenmenschlichen Beziehungen, und am Ende zerstören sie auch diejenigen, die sie eingesetzt haben.

Gefährliche Liebschaften

Es gibt noch viele Beispiele für das Dilemma des Don Juan in der Weltliteratur, so den Lovelace in Samuel Richardsons »Clarissa«, Roquairol in Jean Pauls »Titan«, Kierkegaards »Tagebuch eines Verführers«, Schnitzlers »Casanovas Heimfahrt« über den abgetakelten Verführer, den diabolischen

Verführer Reinhold in Döblins »Berlin Alexanderplatz« und sicherlich nicht den »Don Juan« von Peter Handke. Sucht man aber nach einer perfiden Steigerungsform des Casanova, dann kann dies nur der Vicomte de Valmont sein.

Das Buch »Gefährliche Liebschaften« erschien erstmals 1782 – da hatte Casanova nicht einmal mit der Niederschrift seiner Memoiren begonnen – und zwar anonym. Die Reaktionen der Öffentlichkeit waren heftig, empörend, moralisch, aber nicht über eventuelle sexuelle Enthüllungen, als vielmehr über eine zutiefst unmoralische, utilitaristische, geplante und kalt ausgeführte Rationalität in einer der letzten Bastionen der Irrationalität: der Liebe. Auch Choderlos de Laclos verweist in seinem Vorwort auf diesen moralischen Kontext seines Buches: »Den Nutzen des Buches wird man vielleicht noch stärker in Zweifel ziehen als dessen Annehmlichkeit, aber er scheint mir doch leichter zu beweisen. Mich dünkt, man erweist der Sittlichkeit einen Dienst, wenn man die Mittel bekannt gibt, deren sich die Sittlosen bedienen, um die Sittlichen zu verderben« (de Laclos, S. 9).

Die Hauptfiguren sind allesamt Angehörige der Pariser Hautevolee. Die Marquise von Merteuil beschließt, sich an ihrem ehemaligen Geliebten, dem Comte de Gercourt, zu rächen. Als Instrument der Rache benutzt sie ebenfalls einen ehemaligen Geliebten, den Vicomte de Valmont, einen Verführer und Herzensbrecher par excellence. Valmont soll die zukünftige Braut von Gercourt verführen, die erst 15-jährige Cecile de Volanges. Dieser wiederum plant aber gerade den Coup seines Lebens: Er will die tugendhafte, moralisch einwandfreie und zudem in ihrer Ehe glückliche Präsidentin Madame de Tourvel verführen und als Trophäe seiner Eroberungen vorweisen können. Madame de Tourvel ist zugleich die einzig integre Person in diesem Buch.

Zu Beginn schreibt die Marquise de Merteuil an ihren ehemaligen Geliebten Vicomte de Valmont: »Kommen Sie, mein lieber Vicomte, kommen Sie zurück! Ich habe eine vortreffliche Idee, mit deren Ausführung ich sie betrauen will. (…) es ist eines Helden würdig: Sie werden dabei der Liebe und der Rache dienen, und sie werden sich seiner in ihren Memoiren rühmen können (…)« (de Laclos, S. 9).

Diese Heldentat, die er in seinen Memoiren erwähnen könne, bestehe darin, ein 15-jähriges Mädchen zu verführen: »Die Heldin dieses Romans verdient übrigens Ihre größte Aufmerksamkeit, denn sie ist wirklich hübsch; erst fünfzehn Jahre alt und wie eine Rosenknospe; gar nicht geziert, aber dumm und lächerlich naiv, wovor ihr Männer ja keine Angst habt« (de Laclos, S. 16).

Valmont bedankt sich in seinem Antwortschreiben zunächst brav und überschwänglich: »Ihre Befehle entzücken mich, die Art und Weise, wie Sie

sie geben, noch mehr: sie machen einen das unbedingte Gehorchen lieben. Sie wissen, es ist nicht das erste Mal, dass ich bedaure, nicht mehr ihr Sklave zu sein« (de Laclos, S. 18).

Aber dann beschwert er sich darüber, dass die ihm gestellte Aufgabe weit unter seinen Fähigkeiten liegt und nicht wirklich eine Herausforderung darstellt, so dass eine Erwähnung in den Memoiren kaum in Betracht gezogen werden könnte. »Was schlagen Sie mir vor? Ein junges Mädchen zu verführen, das weder was kennt, noch irgendetwas gesehen hat, das mir gewissermaßen ohne Gegenwehr preisgegeben ist; das einem ersten verliebten Sturm erliegen wird und das dabei mehr von der Neugierde geleitet ist als von der Liebe. Zwanzig andere könnten dasselbe ausrichten« (de Laclos, S. 18f).

Das ist unter seiner Würde, das sollen mal andere machen, die weniger Fähigkeiten haben als er. Er dagegen stellt sich größeren, wirklichen Herausforderungen. »Nein – mein Plan ist ein anderer: sein Erfolg wird mir ebensoviel Ruhm wie Vergnügen bereiten… Sie kennen doch die Präsidentin de Tourvel, ihre Frömmigkeit, ihre eheliche Treue und ihre strengen Grundsätze. Das ist mein Gegner und ein Feind meiner würdig, und das ist das Ziel, das ich erreichen will« (de Laclos, S. 19).

Man achte auf die militärischen Begriffe: Gegner und Feind. Die Festung dieses Feindes besteht aus Frömmigkeit, ehelicher Treue und strengen Grundsätzen.

In den folgenden Briefen berichtet Valmont seiner geliebten, schönen Freundin detailgenau, welche Fortschritte er in der Eroberung der feindlichen Festung macht.

»Ich richtete es auf einem Spaziergang so ein, dass wir einen Graben zu überspringen hatten, und obschon sie sehr flink ist, so ist sie doch noch schüchterner. Sie können sich denken, dass eine prüde Frau sich scheut, über einen Graben zu springen. Sie musste sich mir anvertrauen und ich hielt diese bescheidene Frau in meinen Armen… Ich habe das Wort Liebe noch nicht ausgesprochen, aber wir sind schon bei jenen gewissen Worten des Vertrauens und Interesses« (de Laclos, S. 24f)

Falls der Leser sich mit dem Verführer identifiziert, so wird er langsam in ein perfides Spiel hineingezogen, das von Beginn an keine moralischen Grenzen kennt, identifiziert er sich aber mit der Frau, dann erkennt er die Wut, die Angst und die Verwirrung auf Seiten dieses Opfers. Valmont fährt unerbittlich fort mit seiner Strategie, der sich seine taktischen Winkelzüge unterordnen und einen seiner nächsten Briefe – im Buch der fünfundzwanzigste – beginnt er mit den Worten: »Hier der Kriegsbericht von gestern« (de Laclos, S. 61). Als er ihr schließlich in einem Brief aufwendig seine Liebe gesteht – als Opfer der Liebe, deren Ursache sie sei – da weist sie diese Avancen klar, eindeutig und ehrenhaft zurück. Madame de Tourvel schreibt an den Grafen Valmont: »Ich glaubte, und das ist mein einziger Fehler, ich glaubte, Sie würden eine anständige Frau respektieren (…). Ich erkläre Ihnen daher, dass Ihre Gefühle mich beleidigen, dass deren Geständnis mich beschimpft, und dass, weit entfernt davon sie jemals zu teilen, Sie mich zwingen werden, Sie nie wieder zu sehen, wenn Sie sich über diese Sache nicht das Stillschweigen auferlegen, das ich von Ihnen zu erwarten, ja selbst zu fordern das Recht habe« (de Laclos, S. 63f).

Er lässt nicht locker, fühlt sich wirklich herausgefordert, schreibt immer weiter über seine Liebe zu ihr, obwohl er weiß, dass sie dies ablehnt, missachtet ihre persönlichen Grenzen der Integrität und sieht sich dabei stets als Opfer der Liebe. »Sie betrachten meine Liebe als eine Beleidigung und vergessen, dass, wenn meine Liebe ein Unrecht wäre, Sie zugleich ihre Ursache und Entschuldigung sind« (de Laclos, S. 80).

Sie bleibt ebenso hart und eindeutig in ihren Aussagen, hält tapfer dagegen und verlangt schließlich seine Abreise: »Ich wünsche also, dass Sie die Güte haben, abzureisen, den Ort zu verlassen, wo Ihr längeres Verweilen mich nur noch mehr dem Gerede der Welt aussetzen könnte (…)« (de Laclos, S. 93).

Er folgt ihrer Anweisung scheinbar brav, nennt dies natürlich einen weiteren Beweis seiner Liebe und schreibt ihr weiter aus Paris. Seine Abreise war damit ertrotzt, dass er ihr weiterhin schreiben dürfe und sie hatte großmütig eingewilligt, nicht ahnend, was sie sich damit antun würde. Von nun an bombardiert er sie mit Briefen voller Liebeserklärungen, in denen er auch mehr und mehr seine innere Verzweifelung beimischt und zugleich ihr die Verantwortung dafür gibt. »Sie tun, als ob Sie die Liebe fürchteten, und Sie wollen nicht sehen, dass Sie allein die Leiden verursachen, die Sie der Liebe vorwerfen« (de Laclos, S. 118).

Damit gerät die arme Madame de Tourvel in eine moralische Zwickmühle: Sie will und kann der Liebe dieses zweifelhaften Verführers nicht nachgeben, kann und will aber auch nicht verantwortlich sein für seine zunehmenden, schweren seelischen Leiden. Sie versucht sich offen und eindeutig wieder und wieder zu erklären, gerät dabei aber immer tiefer in einen Sumpf und hofft inständig, er möge sie verstehen und ihre Situation anerkennen. So schreibt sie ehrlich über ihre Lebenssituation: »Geliebt und geachtet von einem Manne, den ich liebe und achte, habe ich alle meine Pflichten und Freuden in diesem Manne.

Der Verführer

Ich bin glücklich und habe ein Recht darauf. Gibt es lebhaftere Freuden, so verlange ich sie mir nicht, und ich will sie nicht kennen lernen. Gibt es denn etwas Besseres, als in Frieden mit sich selbst zu leben, nur heiterruhige Tage zu haben, ohne Unruhe einzuschlafen und ohne Reue aufzuwachen? Was Sie Glück nennen, ist nur Sinnenrausch, ein Sturm der Leidenschaften, dessen Schauspiel erschreckend ist, selbst wenn man es vom anderen Ufer aus betrachtet. Und wie diesen Stürmen denn begegnen? Wie sich auf ein Meer hinauswagen, das mit tausenden und abertausenden Schiffbrüchigen bedeckt ist? Und – mit wem? Nein, mein Herr Vicomte, ich bleibe an Land; ich liebe die Bande, die mich daran festhalten; ich könnte sie brechen, wenn ich sie nicht wollte; wenn ich sie nicht hätte, würde ich mich beeilen, sie zu nehmen« (de Laclos, S. 124).

Diese Zeilen sind nicht nur eine Liebeserklärung an ihren Mann, an ihre Ehe und ihre derzeitige Lebenssituation, sondern auch Ausdruck einer reinen und gesunden Seele: Madame de Tourvel weiß, dass es manche kurzweiligen und kurzfristigen Freuden gibt, die sie vielleicht nicht lebt, aber sie verzichtet gern darauf, weil sie deren langfristige Konsequenzen kennt. Und sie bittet und fleht und befiehlt ein weiteres Mal: »Lassen Sie mich, schreiben Sie mir nicht mehr, ich bitte Sie darum, ich fordere es. Dies ist der letzte Brief, den Sie von mir erhalten« (de Laclos, S. 125). Er hält sein Spiel aufrecht, beteuert seine Liebe, leidet an ihr wie ein Tier, schiebt ihr die Schuld dafür zu und erledigt in der erzwungenen Pause quasi nebenbei die an ihn gestellte Bitte seiner alten, schönen Freundin Marquise de Merteuil, die kleine 15-jährige Cecile zu verführen, findet aber keinen besonderen Geschmack an ihr, und wendet sich wieder seiner großen Herausforderung zu. Er ignoriert ihre Wünsche nach Ende des Kontaktes, besteht vielmehr darauf, ihr weiterhin schreiben zu dürfen, denn das habe sie ihm früher zugesagt. Um sich persönlich noch einmal bei ihr einstellen zu können, hat er nicht davor zurück geschreckt, Pater Anselm – ohne sein Mitwissen – für seine Belange einzusetzen. So verschafft er sich Einlass, sie empfängt ihn, und bereits beim Eintreten plant er den Ablauf und Schauplatz ihrer Niederlage und seines triumphalen Sieges. Während man sich die üblichen Komplimente mitteilt, peilte er die Lage: als »Schauplatz meines Sieges« schien eine Ottomane im selben Zimmer wie geschaffen. »Aber ich bemerkte, dass ihr gegenüber ein Portrait ihres Mannes hing, und ich besorgte, ich gestehe es, dass bei einer so sonderbaren Frau ein einziger Blick, den der Zufall nach dieser Seite hin lenkte, in einem Augenblick das Werk so vieler Mühe zerstören könnte« (de Laclos, S. 317).

Die Frau wehrt sich tapfer gegen diesen eiskalten Verführer, aber er droht immer wieder damit, sich aus enttäuschter Liebe umzubringen, woran sie dann natürlich die Schuld alleine trage.«»Ich muss Sie fliehen, ich muss es!‹ – ›Nein!‹ rief sie noch und stützte sich, oder vielmehr sank ohnmächtig in meine Arme. Da ich noch an einem so glücklichen Erfolg zweifelte, heuchelte ich einen großen Schrecken, aber in dem Schrecken führte oder trug ich sie vielmehr zu dem schon vorher bestimmten Ort, zum Feld meines Sieges: und sie kam tatsächlich erst wieder zu sich, als sie bereits unterworfen und ihrem glücklichen Sieger verfallen war« (de Laclos, S. 321).

In diesem Brief – dem 126. Brief des Buches – feiert er seinen Sieg über die Tugend, die Integrität, den Anstand und die Moral in beinahe diabolischer Weise und bedient sich dabei des Jargons eines siegreichen Militärstrategen nach gewonnener Schlacht: »Sie ist denn endlich besiegt, diese stolze Frau, die zu glauben gewagt hat, dass sie mir widerstehen könnte! (...) Ich fand eine angeborene Schüchternheit, die fast unüberwindlich und zudem noch durch eine wohlbewusste Schamhaftigkeit verstärkt war, eine stetige und eifernde Tugend, die von ihrer Frömmigkeit gelenkt wurde und die zudem auf zwei Jahre sieghafter Dauer zurückblickte, endlich ein paar auffällige Schritte, die sie aus diesen verschiedenen Gründen unternahm und die allesamt dasselbe bezweckten, nämlich sich meinen Nachstellungen zu entziehen. Es handelt sich also nicht, wie bei meinen anderen Abenteuern, um eine mehr oder minder vorteilhafte Kapitulation, die man unschwer ausnützen, auf die man aber nicht sonderlich stolz sein kann. Es ist ein restloser Sieg, erkauft durch einen mühevollen und beschwerlichen Feldzug, entschieden durch wohlüberlegte Schachzüge« (de Laclos, S. 315). Und er fährt in diesem Ton fort: »Bis hierher meine Freundin werden Sie mir eine Sauberkeit der Methode zugeben, die Ihren Beifall finden wird; und Sie werden weiter sehen, dass ich in nichts von den wahren Grundsätzen dieses Krieges abgewichen bin, von dem wir so oft bemerkten, dass er dem andern so ähnlich ist. Beurteilen Sie mich also wie Turenne oder Friedrich II. Ich habe den Feind zum Kampf gezwungen, ihn gestellt, wo er nur Zeit gewinnen wollte; ich habe mich durch kluge Manöver, die Wahl des Terrains, die der Aufstellung gesichert; ich wusste den Feind in Sicherheit zu wiegen, um ihn in seinem Zufluchtsort leichter zu treffen; ich wusste ihn zu erschrecken, bevor es zum Kampfe kam. Ich habe nichts dem Zufall überlassen, sondern alles in Hinsicht auf einen großen Vorteil im Falle des Erfolges und der Gewissheit von Auswegen im Falle einer Niederlage geordnet; und ich habe es schließlich erst zum Vorstoß kommen lassen, als mir ein Rückzug gesichert war, durch den ich alles decken und halten konnte, was ich vorher erobert hatte. Das ist, wie ich glaube, alles, was man tun kann« (de Laclos, S. 321).

Moralische Empörung ist angebracht und die wahrscheinlich verständlichste und häufigste Reaktion, aber sie verhindert häufig auch das wirkliche Verstehen. In dieser Beschreibung fehlt jeglicher Hinweis auf die eroberte Frau, es ist nur von dem Feind die Rede, der besiegt wurde. Psychologisch ist diese Kleinigkeit – der Feind ist männlich und nicht weiblich – als Unzufälligkeit bedeutsam, weil sie darauf verweist, dass eigentlich ein Mann besiegt wurde. Und symbolisch wird dies untermauert durch die Äußerungen des Vicomte zum Bild des Mannes über der Ottomane. Er sagt zwar, dieses Bild könne die Frau stören, aber ihm fällt dies auf, ihn stört das Bild ebenso, wie es ihn herausfordert. In einer psychologischen Interpretation hat Valmont nicht so sehr die Frau besiegt, und daraus seinen zweifelhaften narzisstischen Gewinn gezogen, als vielmehr ihren Ehemann, der das ganze inszenierte Schauspiel quasi mit ansehen musste. Das war Valmonts eigentliches Motiv: der Ehemann war der Feind, den es zu besiegen galt und nur in dem Dreieck Verführer-Frau-Ehemann kann der Sieg wirklich verstanden, und nicht nur moralisch verurteilt werden. Psychologisch gesehen ist die wiederholte Verführung der Frauen also eher eine Reinszenierung des ödipalen Konflikts, der Mutter-Vater-Kind-Triangulation. Wer da von Moral redet, hat eine; wer die moralische Seite nicht sieht, wie Valmont, der hat keine, psychologisch gesehen noch keine. Sein Entwicklungsstand ist präödipal, er ist psychologisch erst vier bis fünf Jahre alt und in dem Alter hat man meist noch keine entwickelte Moral, denn die ist meist erst ein Ergebnis der Reifungskonflikte dieser Zeit.

Der Rest der Geschichte ist schnell erzählt: Obwohl er ihren Auftrag redlich erfüllt hat und die kleine Cecile verführte, hat Valmont mit seiner Eroberung ein Gelübte gebrochen: Er hat sich wirklich in Madame de Tourvel verliebt, obwohl er es nicht wahrhaben will, aber die kluge Marquise de Merteuil hat es dennoch gemerkt. Sie beschließt wiederum Rache zu üben, diesmal also an Valmont. Sie hat den Verehrer der kleinen Cecile zu ihrem Liebhaber gemacht und erzählt diesem nun, dass Valmont Cecile verführt hat und Schuld an seinem ehemaligen Liebesleid trage. Der Betrogene verletzt daraufhin Valmont in einem Duell tödlich, aber dieser kann auf dem Sterbebett seinem Bezwinger noch die entlarvenden Briefe der Marquise übergeben. So stirbt er, die Marquise aber wird entlarvt als Planerin des ganzen Elends, verliert in einem Prozess ihr ganzes Vermögen, erkrankt schwer und verliert durch die Blattern ihre Schönheit. Cecile geht verzweifelt in ein Kloster und Madame de Tourvel stirbt später in geistiger Verwirrung. Und Valmont? Was bleibt von ihm? Nichts als Prahlerei: »In der Unzahl von Frauen, bei denen ich die Rolle und die Funktionen eines Liebhabers ausgefüllt habe, habe ich noch keine einzige angetroffen, die nicht mindestens so große Lust gehabt hätte, sich zu ergeben, wie ich Lust verspürte, sie so weit zu bringen« (de Laclos, S. 315).

Da ist kein Mitleid mit den Opfern, keine Reue oder gar Selbstkritik, übrig bleibt nur die ungestrafte Überheblichkeit. Das fordert die tapferen Menschen heraus, ruft nach einer strafenden Instanz, nach einem gerechteren Ende, einem übermenschlichen Rächer, nach einer Bestrafung des Wüstlings.

Don Giovanni oder Der bestrafte Wüstling

Wolfgang Amadeus Mozart hat mit seiner Oper »Don Giovanni oder Der bestrafte Wüstling« nicht nur Musikgeschichte geschrieben, sondern eine ersehnte Gerechtigkeit wiederhergestellt. Schon in der ersten Szene wird das Unheil deutlich, das Don Giovanni überall verbreitet. Don Giovanni stürzt aus dem Haus der Donna Anna, die ihn Hilfe rufend verfolgt. Ihr Vater kommt mit dem Degen in der Hand hinter ihr her, und fordert Don Giovanni zum Duell, um sie zu rächen. Zunächst weigert sich Don Giovanni, mit dem alten Mann zu kämpfen, dieser besteht aber darauf und wird im Kampf getötet. Don Giovanni flieht mit seinem Diener Leporello und der herbeigeeilte Verlobte der Donna Anna, Don Ottavio, muss ihr schwören, den ermordeten Vater zu rächen (»Fuggi, crudele, fuggi!«).

Er flieht nach Sevilla, stets auf der Suche nach neuen Liebesabenteuern und trifft auf Donna Elvira, die selbst nach ihm sucht, da er sie in Burgos verführte und danach sitzen ließ. Als er sie erkennt, rettet er sich mit Ausflüchten und es bleibt seinem treuen Diener überlassen, ihn erneut bei einer Dame zu entschuldigen. So sei er nun mal der Don Giovanni, sie möge es ihm nicht verübeln, denn sie sei nur eine der vielen Frauen, die sein Herr in allen Ländern und Ständen verführt habe, allein in Spanien seien es schon »Tausend und Drei«.

Selbst vor Bräuten macht der Eroberer keinen Halt. Don Giovanni ladt alle Gäste der Hochzeit von Zerlina und Masetto auf ein Schloss zu einem großen Fest ein, in der Hoffnung, die Braut Zerlina verführen zu können. Donna Elvira kann allerdings verhindern, dass Don Giovanni zum neuen Liebhaber von Zerlina wird, sie klärt sie auf über den Mann, was diesen jedoch nicht davon abhält, sich eine neue List auszudenken, wie er die junge schöne Braut in einem Nebenzimmer verführen kann, während die Hochzeitsgesellschaft beim Tanz ist. Als ihm dies beinahe gelingt, kommen Donna Elvira, Donna

Anna, Don Ottavio und Masetto der Braut zur Hilfe und Don Giovanni kann sich einer Bestrafung nur durch eine neuerliche List entziehen: Er beschuldigt seinen eigenen Diener, sich unzüchtig der Braut genähert zu haben und selbst ihr Retter zu sein. Keiner der Anwesenden glaubt den Bekundungen des Don Giovanni und so endet der erste Akt im allgemeinen Chaos.

Der Beginn des zweiten Aktes zeigt Don Giovanni mit seinem Diener Leporello wieder auf der Reise und in einem heftigen Zwist über den Ausgang der Hochzeitsfeier. Don Giovanni versucht, seine falschen Vorwürfe an seinen Diener durch einen Beutel Geld wieder gutzumachen, aber dieser verlangt von seinem Herrn, dass er in Zukunft die Verführungen der Frauen einstelle. Dies weist Don Giovanni als schier unerfüllbare Zumutung zurück. Donna Elviras Zofe hat es ihm angetan und er ersucht seinen Diener, mit ihm die Kleider zu tauschen. Als er die Szene bereinigt hat und sich der angebeteten Zofe widmen will, kommt Masetto mit seinen bewaffneten Freunden, um Don Giovanni zu finden und zu bestrafen. Dieser ist allerdings in den Kleidern von Leporello, ahmt auch dessen Stimme nach und führt die Schar in die Irre. Als er mit Masetto allein ist, verprügelt er ihn, so dass die herbeieilende Zerlina ihren Mann halb tot geschlagen auffindet. Sie verspricht ihm die süßeste Linderung seiner Schmerzen (»Vedrai, carino«).

Alle jagen dem armen Leporello hinterher in der Hoffnung, endlich den gesuchten Don Giovanni zur Strecke bringen zu können. Als sie ihn stellen, bleibt diesem nur als letzte Möglichkeit, seine Kleider abzulegen, um sich zu erkennen zu geben, und er beschuldigt seinen Herrn, das Ganze inszeniert zu haben. Die Verfolgergruppe ist allerdings uneins: Während Don Ottavio den Verführer endlich vor ein ordentliches Gericht bringen möchte, hat Donna Elvira auch Mitleid mit ihm.

Auf der Flucht treffen sich Don Giovanni und Leporello nachts auf einem Friedhof und tauschen wieder ihre Kleider. Währenddessen gesteht Don Giovanni seinem Diener, in dessen Kleidern eine Frau verführt zu haben, die glaubte, den Diener vor sich zu haben. Leporello wird eifersüchtig und beide geraten in einen Streit. Da ertönt eine Stimme von einem Grab. Es spricht die Grabesstatue von Donna Annas Vater, den Don Giovanni getötet hat; sie verspricht ihm, dass ihm noch vor Morgengrauen das Lachen vergehen werde. Der verängstigte Leporello muss auf Geheiß seines Herrn die Statue zum Nachtmahl auf Don Giovannis Schloss einladen, sie nimmt diese Einladung an.

Das rauschende Fest beginnt mit viel Musik, Tanz und Gaumenschmaus. Donna Elvira bittet Don Giovanni ein letztes Mal inständig und von Herzen, sein Leben zu ändern. Er weist sie lachend und überheblich ab und sie verschwindet nach draußen, kommt allerdings sofort schreiend zurückgerannt und verschwindet durch eine andere Tür. Leporello soll nachsehen, was sie zum Schreien gebracht habe und schreit selbst auf, als er draußen nachsieht. Auf Nachfrage erklärt er, dass sich das eiserne Standbild vom Grabmahl des Ermordeten nähere. Don Giovanni selbst sieht nach, lädt das Standbild ein, an der Tafel Platz zu nehmen, aber dieses lehnt ab und spricht selbst eine Einladung aus. Don Giovanni nimmt diese an und gibt der Statue die Hand darauf. Sie verlangt von ihm, dass er alle seine Sünden bereue, und als er dies wiederum ablehnt, tut sich vor ihm die Hölle auf. Beim Gesang der unterirdischen Furien stürzt Don Giovanni in die Feuer der Hölle. Als das Inferno vorüber ist, sind alle erleichtert und machen Pläne für die Zukunft. Leporello will sich nach einem besseren Herrn umsehen. Im Finale verkünden die Protagonisten im Sextett die Moral der Geschichte: Das ist das Ende dessen, der Böses tut!

Der postmoderne Verführer

Es gibt einen neueren Roman aus dem Ende des 20. Jahrhunderts, der es durchaus verdient, neben Casanovas Memoiren und den »Gefährlichen Liebschaften« in einem Atemzug genannt zu werden. Der Roman trägt den Namen seines Helden »Leo Kaplan« und stammt von dem Holländer Leon de Winter. Leo Kaplan ist ein Verführer wider Willen, ein weiteres Opfer seiner Liebschaften, ein Schriftsteller, der an einem Buch arbeitet, das so heißt, wie der Roman, den de Winter nach Leo Kaplan geschrieben hat: »Hoffmanns Hunger«.

Schon aus der Vorstellung von Leo Kaplan auf einer der ersten Seiten wird die schillernde Persönlichkeit des Verführers deutlich benannt. »Kaplan, der Schriftsteller, der Ehemann, der Verführer, der Blender, der Zyniker. Nur, wer er wirklich war, wusste er noch immer nicht, und er wechselte seine Rollen wie seine Oberhemden. Sicherheit machte ihm genauso viel Angst wie Unsicherheit, er liebte Hannah, und er liebte andere Frauen, er nannte sich Jude, wollte aber nicht, dass andere ihn Jude nannten, er hatte ein Faible für gutes Essen, wollte aber nicht dick werden, er war Schriftsteller und hasste das Schreiben, er liebte die Einfachheit, war in seinem Verhalten aber höchst kompliziert« (de Winter, S. 22). Als Schriftsteller ist er es gewohnt, sich immer und überall Notizen zu machen, die er später in seinen Romanen verwenden konnte. Hier seine Notiz zum Ehebruch: »Ehebruch = Trapezakt, schön, gefährlich, eine Herausforderung, verlangt körperliche Fitness und Geistesgegenwart, und wenn es schief geht, fällt man tief« (de Winter, S. 20).

Der Roman beginnt im Jahr 1985 in Amsterdam und Leo Kaplan, der Schriftsteller, ist seit fünf Jahren mit seiner zweiten Frau Hannah verheiratet. »Die ersten drei Jahre waren in perfekter Balance verlaufen, ruhig, vertraut. Beide verdienten gut, unternahmen Reisen, kauften sich alles, was sie haben wollten. Sie befriedigten sich gegenseitig und sie befriedigten ihren Sinn für Schönes und Qualitätsvolles (…). Er redete sich ein, daß er seine Affären brauche, um sich desto bewußter darüber zu werden, wie sehr er Hannah liebte. Daß er sich damit etwas vormachte, war ihm zwar klar, doch etwas Besseres fiel ihm nicht ein« (de Winter, S. 20). Als Hannah ihm eines Tages mitteilt, sie müsse heute Abend dringend mit ihm reden, befürchtet er, von ihr wegen seiner zahllosen Affären und besonders der letzten zur Rede gestellt zu werden, aber stattdessen gesteht sie ihm, dass sie seit fünf Monaten selbst eine Liebesaffäre habe, verliebt sei und sich von ihm trennen wolle. Der Herzensbrecher leidet schwer an dieser Verwundung. Er hatte sich vorgenommen, sich zu bessern und dann dies. Die Trennung von Hannah ist unumkehrbar und sie trifft ihn in einem Moment der Schwäche. Er hat seit zwei Jahren nichts Bedeutsames mehr geschrieben, außer ein paar Artikeln und er fragt sich mittlerweile, ob es einen Zusammenhang gibt zwischen seiner Schreibhemmung, seinem schwachen Selbstbewusstsein und seinen Affären. Wenn aus seiner Feder nichts mehr herauskam, dann doch zumindest aus seinem Schwanz, denkt er. War nun das Schreiben eine Ersatzhandlung für eine unbefriedigte Sexualität oder waren die Affären eine Ersatzhandlung für die Schreibblockade? Oder versuchte er sein lädiertes Selbstbewusstsein, das mit jedem Monat weiterer Schreibhemmung kleiner wurde, durch die nervösen Liebesabenteuer, die hektischen One-Night-Stands, oder die in den Alltag zwischengeschobenen Kurzbesuche mit schneller Sexualität wieder aufzubauen? Dazu hätte er sich besser fühlen müssen, als es der Fall war.

Nach der offiziellen Scheidung sitzen Leo und Hannah im Cafe und Hannah zieht Bilanz: »Im Grunde hatten wir eine oberflächliche Ehe. Nicht schlecht, aber unverbindlich, ohne Tiefgang (…). Wenn du nicht so viel herumgevögelt hättest, wär ich dir treu geblieben. Das wär mir nicht schwer gefallen« (de Winter, S. 116). Leos erste und große Liebe war Ellen gewesen und sie hatten einen gemeinsamen Sohn, was Leo aber nicht wusste. Maurits war mit einer Lüge seiner Mutter zur Welt gekommen. Sie war damals zum Arzt gegangen und hatte das Kind abtreiben lassen wollen, sie hatte Leo auch erzählt, dass sie es getan hatte, aber sie wollte ihn damals nur erschrecken und davon abhalten, sich nur um die Politik zu kümmern und an den Studentenunruhen teilzunehmen. Sie hatte ihm gesagt, dass sie abgetrieben habe und daraufhin war er gegangen. Aber sie hatte das Kind bekommen, Frank geheiratet und Leo hatte weiter sein ruheloses Leben geführt. Zwanzig Jahre, nachdem Leo gekränkt die Tür hinter sich zugeschmissen hatte, begegneten sie sich wieder bei einer seiner vielen Lesungen im Ausland, diesmal im niederländischen Konsulat in Rom. Aber noch bevor Ellen im Auftrag des Konsulats Leo am Flughafen abholt, um ihn zum Hotel zu bringen, beginnt er ein Techtelmechtel mit der Stewardess Paula, das ihn in den nächsten Tagen in erhebliche Turbulenzen stürzen sollte. Paula verliebt sich in ihn, ist blutjung und schön, nur ihre Schweißfüße sind störend. Später, viel später, als er die Beziehung zu Paula auf tränenreiche Weise wieder beendet hat, lernt er ihre Freundin Betty kennen, die wiederum ein Jahr später seine nächste Frau wird. Aber vorher müssen Ellen und Leo noch einmal miteinander intim sein, in einem Café am Rande der Stadt, sprachlos. »Ellen, ich... Nein, nichts sagen. Mach die Tür zu... – Sie waren nicht älter geworden. Sie waren immer noch neunzehn. Kein Tag war vergangen. Sie lagen unter ihrer Glasglocke« (de Winter, S. 468).

Am anderen Morgen schleicht sie sich sehr früh aus dem Zimmer, lässt den Wagen langsam über den Kies vor dem Haus rollen und fährt nach Hause.

Alte Liebe, erste Liebe, neue Heirat, viele Geliebte, Scheitern der Ehe, wieder Geliebte, die meist immer jünger werden – man könnte meinen, Leo Kaplan, der Schriftsteller, führt ein Leben aus dem Vollen, genießt das Leben und hat es im Griff. Aber sein inneres Erleben sieht ganz anders aus: Da wird er getrieben, meist unbefriedigt und rastlos, ängstlich suchend, sehnsüchtig und unbefriedigt zugleich. Seine jüdischen Eltern waren nur knapp der vernichtenden deutschen Gründlichkeit entgangen, hatten die abgründige Rationalität von Auschwitz auf der beständigen Flucht und in jahrelanger Angst überlebt. »Verfolgungswahn, das war es, was das Handeln seiner Eltern diktierte. Und ihr Kind sog das alles mit der Muttermilch ein, auch wenn Prinz Bernhard mehr als ein Jahr vor Leos Geburt im Hotel de Wereld den Friedensvertrag unterzeichnet hatte. Aber man konnte ja nie wissen. Wie lange wurden sie nicht schon verfolgt und umgebracht!« (de Winter, S. 248).

Diese verängstigten Eltern hatten alle ihre Liebe und Hoffnungen auf dieses Kind projiziert, hatten ihn mit dieser Liebe erstickt und ihn liebesunfähig gemacht. Seine Mutter hatte ihm immer wieder gesagt, »dass er immer auf der Hut sein müsse, dass er sich niemals binden dürfe und immer darauf bedacht sein müsse, Hals über Kopf fliehen zu können, dass er niemals einem goj vertrauen dürfe, dass er stark und schlau sein müsse, dass er ihre Hoffnung, ihre Zukunft, ihr Leben sei« (de Winter, S. 248).

Kann man Bindungsangst mit der Muttermilch einflößen? Leos Bindung zu seinen Eltern war mehr als intensiv gewesen, hatte ihn fast erstickt, weil seine Eltern so voller Angst waren. Er hatte die Angst als einen mächtigen Teil in seinen frühen Bindungen erlebt, die übergroße Bindung seiner Eltern als Paar und seiner Eltern zu ihrem Kind Leo basierte auf purer Angst verfolgter Juden, ihre Nähe entstand aus der existentiellen Bedrohung. In diesem Klima ist Leo aufgewachsen und die Logik hieß: Nur in der engen Bindung bist du sicher, kann die Angst gebändigt werden, aber zugleich kann man an dieser Enge ersticken. Und diese enge Bindung kennt zugleich keine Alternative, denn außerhalb der Beziehung bist du in Gefahr. Es war die Wahl zwischen erstickender Sicherheit und existentieller Unsicherheit und zwischen diesen beiden Polen hat sich Leo entwickelt. War er in einer festen Beziehung, dann bekam er bald Erstickungsanfälle und musste ihnen mit Liebesaffären entfliehen, hatte er keine Beziehung, dann fühlte er sich in Gefahr und er musste schnell wieder unter irgendeine Decke kriechen und sich an einen weiblichen Körper schmiegen. Beide Gefühle waren irrational – erlaubten weder Ruhe und Dauer in der Beziehung, noch autonomes Alleinsein – und nur schreibend als Schriftsteller fand er einen Weg, mit diesem persönlichen Dilemma umzugehen.

So wie das Schreiben ihm Identität gab, so bekam er Sicherheit in den vielen Affären. Dies klingt paradox, aber Sexualität kann auch Sicherheit spenden, weniger mit den anderen, den Sexualpartnerinnen, als vielmehr eine Sicherheit mit sich selbst. Die zwanghafte Sexualität des Don Juanismus ist meist nicht die Folge eines übersteigerten Sexualbedürfnisses, als vielmehr der Versuch, Angst- und Minderwertigkeitsgefühle im Kontakt mit dem anderen Geschlecht zu reduzieren. Die Eroberung schafft das kurzfristige Gefühl der Sicherheit, ist aber in sich nicht stabil und dauerhaft, weil die innere Sicherheit nicht wirklich gefühlt werden kann. Wiederholte sexuelle Eroberungen haben damit quasi Suchtcharakter, weil immer wieder die Sicherheit gesucht wird, um sie gleich wieder zu verlieren. Dies wiederum ist unmittelbar gebunden an das Thema der männlichen Identität bzw. der Identifikation mit dem Vater. Wer Männlichkeit nicht wirklich empfindet, sucht sie in der Bestätigung durch die Frau und es dauert mitunter sehr lange, bis er erkennt, dass er die Antwort nur beim Mann oder Vater finden kann und nicht bei den Frauen und Müttern. Dies ist auch ein ödipales Dilemma, denn der Vater hat dem Sohn nicht aus der Triangulation herausgeholfen, der Sohn konnte sich nicht wirklich mit dem Vater identifizieren und damit die Lösung des ödipalen Konflikts erreichen. Leos Vater war zu schwach gewesen. Und vielleicht liegt in diesen erstickenden Bindungen an die eigenen Eltern, die es aufgrund ihrer Hilflosigkeit und Ängstlichkeit kaum zugelassen haben, gegen sie gesunde Aggressionen zu entwickeln, auch der wesentliche Grund, warum Leo niemals eine Familie mit Kindern gegründet hat.

Wir sind vor keinem Männerherzen sicher

Gibt es den Verführer in jedem Mann? Goethe hat im »Torquato Tasso« die Prinzessin zu einer großen Klage der Frauen anstimmen lassen, die weniger eine Anklage gegen die Männer darstellt als vielmehr eine große Traurigkeit über die Kurzsichtigkeit, die Oberflächlichkeit und die Äußerlichkeit der männlichen Sicht der Frauen; zugleich enthält sie eine tiefe Huldigung an diese (Goethe 1977, S. 31f):

»Wir sind vor keinem Männerherzen sicher,
Das noch so warm sich einmal uns ergab,
Die Schönheit ist vergänglich, die ihr doch
Allein zu ehren scheint. Was übrig bleibt,
Das reizt nicht mehr, und was nicht reizt ist tot.
Wenn's Männer gäbe, die ein weiblich Herz
Zu schätzen wüßten, die erkennen möchten,
Welch einen holden Schatz von Treu und Liebe
Der Busen einer Frau bewahren kann;
Wenn das Gedächtnis einzig schöner Stunden
In euren Seelen lebhaft bleiben wollte;
Wenn euer Blick, der sonst durchdringend ist,
Auch durch den Schleier dringen könnte, den
Uns Alter oder Krankheit überwirft;
Wenn der Besitz, der ruhig machen soll,
Nach fremden Gütern euch nicht lüstern machte;
Dann wär' uns wohl ein schöner Tag erschienen,
Wir feierten dann unsre goldne Zeit.«

Männer, euer Blick ist verstellt durch die Äußerlichkeit und damit habt ihr keine Ahnung vom Wesentlichen. Euch Männer interessiert nur die Schönheit des Anblicks, die vordergründige Sexualität, der äußere Schein, aber sobald diese Äußerlichkeit vergeht, durch Alter oder Krankheit getrübt wird, verliert ihr das Interesse an den Frauen. Welch traurige Kurzsichtigkeit. Goethe argumentiert hier genuin psychologisch, ganz im Sinne des »Kleinen Prinzen«: Das Wesentliche ist unsichtbar! Die äußerliche Schönheit der Frauen ist vergänglich, aber die innere Schönheit kann bestehen bleiben. Wenn die Männer dies nicht unterscheiden, dann werden sie niemals zu den wichtigen Seiten der Weiblichkeit durchdringen.

7. Die Liebesaffären der Frauen

Das Paar, beide Ende 30, zwei Kinder, erfolgreich und intelligent, sitzt mir in der zweiten Stunde der Paartherapie gegenüber und ich bitte die Frau, mir zu berichten, wie es zu dieser Liebesaffäre kam, die beinahe unschuldig mit dem Internet begann und dann für sie immer bedeutsamer wurde. Sie ist eine moderne, selbstbewusste Frau, hat zwei Studien parallel absolviert, hat im Management-Training gearbeitet, kennt sich also mit der Männerwelt aus, und hat keine Berührungsängste bei harten Männern. Nicht ohne gewissen Stolz erwähnt sie nebenbei, dass sie in ihrer besten Zeit mehr verdient hat, als ihr erfolgreicher Mann und dass sie heute noch immer wieder Angebote bekommt, die finanziell sehr lukrativ sind.

»Unsere Probleme fingen an mit der Geburt unseres Sohnes, wurden dann nach der Geburt der Tochter noch schlimmer und sind zur Zeit, wie Sie wissen, auf einem Tiefpunkt. Mein größtes Problem ist aber nicht unsere Paarbeziehung mit all dem Frust und dem Nervkram, sondern mein Verhältnis zu mir selber. Ich weiß, das klingt irgendwie komisch, aber ich habe vor einiger Zeit angefangen, mich selber nicht mehr zu mögen und das war dann für mich die wirkliche Krise. Ich habe mich nicht mehr gefühlt, kam mir irgendwie gefühllos vor. (Sie beginnt zu weinen). Ich habe nur noch funktioniert, habe den Tag organisiert, aber war irgendwie immer weniger lebendig. Mein Mann hat das kaum mitgekriegt und ich habe es ihm auch nicht unbedingt gezeigt, weil ich ihm keine Schwächen zeigen wollte aus Angst, dass er das wieder ausnützt. Und dann habe ich abends, wenn die Kinder im Bett waren und mein Mann noch nicht von der Arbeit zu Hause war, dann bin ich in den Chatroom und da habe ich diesen Mann kennen gelernt. Irgendwie war das eine wundervolle Begegnung, wir haben uns immer wieder verabredet und ich habe mich stundenlang mit ihm unterhalten bis in die späte Nacht hinein. Daraus ist erst eine richtig gute Freundschaft geworden und dann auch mehr. Irgendwann bin ich runter gefahren, immerhin mehr als 500 Kilometer, wir haben uns getroffen und auch miteinander geschlafen. Wir beiden haben darüber auch schon gesprochen und deshalb kann ich das hier auch so offen sagen. Mir war der Sex gar nicht so wichtig, viel wichtiger war mir, dass ich mich wieder gefühlt habe als Mensch, als Frau, als geistvoller Gesprächspartner. Vorher war ich nur noch Staubsauger, Waschmaschine, Mülleimer, Babysitterin. Ich war ständig müde und wusste nicht wovon. Auch der Sex zwischen uns beiden war nur noch mechanisch. Dieser Mann aus dem Internet hat mir das Gefühl wieder gegeben, dass ich eine begehrenswerte, vollständige, liebenswerte Frau bin und das war einfach toll.«

Nach dieser Ansprache weint sie immer noch und sieht ihren Mann fragend an, will etwas von ihm dazu hören und er merkt, dass er jetzt vorsichtig sein muss mit seinem Kommentar. Er sagt, dass er sie verstehen könne, dass er aber nicht mitgekriegt habe, wie es ihr eigentlich gehe, dass er die ganze Zeit geackert habe, weil es ihm innerlich so einen Druck gemacht habe, dass er jetzt allein verantwortlich sei für die Versorgung der jungen Familie, dass er sie dabei aus den Augen verloren habe und dass ihn diese Liebesaffäre mit dem

Mann in Süddeutschland sehr schmerze. Er würde sich auch nicht recht trauen, nachzufragen, was denn so der aktuelle Stand sei und sie antwortet ihm, dass sie noch mit ihm Emails austausche, aber mehr nicht. »Aber ich kann dir gleich sagen, dass ich mit ihm keine Beziehung will, obwohl er das schon gerne möchte, ehrlich gesagt ist es für mich auch nicht dieser Mann, sondern einfach die Tatsache, dass er mir das Gefühl wiedergegeben hat, dass ich lebendig bin und nicht nur noch funktioniere.«

Diese Aussage der Frau war nach meinen Erfahrungen beinah typisch für viele Frauen, die die Paarkrise in erster Linie als persönliche Krise erleben: Sie fühlt sich nicht mehr, sie funktioniert nur noch, auch der Sex ist nur noch mechanisch und sie empfindet keine wirkliche Lebendigkeit mehr. Während die Liebesaffären der Männer potentiell aus Verführungssituationen entstehen – »und ewig lockt das Weib« – kreisen die Gedanken der Frauen in Ehekrisen nicht in erster Linie um die Männer. Entstehen die Liebesaffären der Frauen aus »sich selbst heraus«, aus eigenem Leiden an emotionaler Unterversorgung oder daraus, dass sie sich selbst nicht mehr mögen? Und wenn dann ein Mann auf der Bildfläche erschiene, der das glaubwürdige Versprechen abgäbe, diese unterversorgten Bedürfnisse und lädierten Selbstwertgefühle zu beantworten, wären die Frauen dann bereit zu einer Liebesaffäre?

Und wenn ich dich lieb habe, was geht's dich an?

Der Ausspruch »Und wenn ich dich lieb habe, was geht's dich an?« – von der »Philine« in Goethes »Wilhelm Meister« (Goethe 1957, S. 235) – könnte geradezu als Überschrift über ein frühes Manifest der selbstbewussten Frauen im Hinblick auf ihre Liebesdinge erscheinen. Die zentralen Aussagen lauten: Wir Frauen haben unsere eigenen Ansichten in Liebesfragen, wir haben auch unsere eigenen Affären und selbst wenn unsere Liebe euch Männer betrifft, so hat das euch noch lange nichts anzugehen!

Ist dies eine andere Variante, mit der grundsätzlichen Abhängigkeit der Geschlechter in Liebesdingen umzugehen, als wir es von den Männern gewohnt sind? Während der männliche Eroberer scheinbar um das Weib kreist, wie die Motte um das Licht, und dahinter vielleicht immer nur seine eigene narzisstische Bestätigung, den Sieg über den Nebenbuhler oder verzweifelt seine eigene Unabhängigkeit sucht, ohne sie jemals zu finden, so scheint der Weg der Frauen in die gänzlich andere Richtung zu weisen: Liebe ist meine Sache und selbst, wenn ich dich lieb habe, was geht's dich an! Das klingt geradezu paradox und hier scheint Abgrenzung das Programm zu sein. Während die Selbstverwirklichung der Männer bislang nur zu Lasten der Frauen möglich schien, so geschieht die Selbstverwirklichung der Frauen scheinbar unabhängig von den Männern. Und erst wenn die Männer sich ihnen in den Weg stellen, dann auch gegen sie. All das ist kein Zufall.

Aus der Sicht vieler Frauen, die in ihren Liebesbeziehungen unglücklich leben, sind Unglück, Unzufriedenheit und Leiden eng mit den Männern und der Institution der Ehe verknüpft. Heute ist die Unzufriedenheit der Frauen mit Ehe und Partnerschaft eine von Soziologen immer wieder neu entdeckte Ursache für die relativ hohe Trennungs- und Scheidungsrate. Mehr noch: die Frauen fühlen sich in ihren Partnerschaften erheblich unglücklicher als die Männer. Während ca. 80% der Männer ihre Ehefrauen wieder heiraten würden, können dies lediglich 50% der Frauen für sich sagen (Moeller 2000). Dies bedeutet erstens, dass die Unzufriedenheit der Frauen mit Ehe und Partnerschaft erheblich größer ist, als die der Männer, es bedeutet zweitens aber mehr noch, dass ungefähr 30% der Ehen in einem Ungleichgewicht leben. Solche Partnerschaften sind in einer chronischen emotionalen Schieflage. Man muss sich einmal vorstellen, wie viel psychische Abwehr im Alltag aufgebracht werden muss, um solche Partnerschaften am Leben zu erhalten, von der Rationalisierung (»Das ist nur jetzt so, weil...«), über die Harmonisierung (»Es wird schon wieder werden«) bis zur Verleugnung (»Uns geht es doch gut«). Viele Frauen können und wollen diese täglichen Abwehrleistungen nicht mehr erbringen.

Im Erleben partnerschaftlich unzufriedener Frauen sind die negativen Seiten der Ehe und eine emotional leere Paarbeziehung eng miteinander verknüpft, und es scheint für sie beinahe nebensächlich, ob mehr die Institution der Ehe, die Partnerschaft oder der Mann dafür verantwortlich zu machen sind, dass sie sich leer, einsam, gefangen und unglücklich fühlen. Und wenn diese Frauen dann ganz leise, noch nicht gleich an Trennung denkend, sondern nur vorsichtig ihre Unzufriedenheit äußernd, sich selbst auf den Weg machen, auch mal mit einem anderen Mann eine freundschaftliche Beziehung haben, die noch gar keine Liebesaffäre sein muss, dann werden sie in einen Sog der Ereignisse hineingezogen, aus dem sie kaum noch herauskommen. Das haben sie so nicht gewollt, aber die soziale Situation, irgendein »Etwas« zwingt sie in einen Prozess, der eine Eigendynamik entwickelt.

Es gibt einen deutschen Roman, der all diese Komponenten auf wundersame Weise vereinigt. Vordergründig ist es ein Roman über den Ehebruch, wie so viele andere auch; die Rede ist von »Effi Briest« von Theodor Fontane. Das erschütternde an diesem Roman ist seine stumme Anklage der gesellschaftlichen und moralischen Verhältnisse, der gnadenlosen Wirksamkeit der preußischen Tugenden, die alle zu Opfern macht, selbst die Täter.

Die Ohnmacht der Frau und die Macht der Moral

Theodor Fontane kann als einer der großen deutschen Dichter zwischen Johann Wolfgang von Goethe und Thomas Mann angesehen werden. Im Zentrum seines Buches »Effi Briest« steht eine Liebesaffäre einer mit ihrer Ehe unzufriedenen Frau. Thomas Mann hat »Effi Briest« für seine Verhältnisse überschwänglich gelobt: »Eine Romanbibliothek der rigorosesten Auswahl, und beschränke man sich auf ein Dutzend Bände, auf zehn, auf sechs – sie dürfte ›Effi Briest‹ nicht vermissen lassen« (Fontane, S. 354).

Die Geschichte beginnt mit hellem »Sonnenschein auf die mittägliche Dorfstraße« (Fontane, S. 5) und während der ganzen Erzählung bleiben die äußeren sozialen Umstände beinahe friedlich und stören in keiner Weise den Handlungsablauf. Es gibt keine Kriege, Vertreibungen, brennende Häuser oder Naturkatastrophen. Die Besonderheit des Romans besteht gerade darin, dass sich die gesellschaftlichen und moralischen Konflikte der Zeit – und das ist Bismarcks Preußen um 1895 – in den Menschen und ihren Beziehungen ereignen. Psychologisch gesprochen: Die äußeren Konflikte werden zu inneren und was dem Äußeren eine scheinbar so gut funktionierende Ordnung gibt, löst innerlich solch heftige Turbulenzen aus, dass sie in der Person und auch in den Beziehungen zwischen den einzelnen Personen nicht mehr lösbar sind.

Effi Briest ist eine lebenslustige junge Frau von 20 Jahren; in »allem, was sie tat, paarte sich Übermut und Grazie, während ihre lachenden braunen Augen eine große, natürliche Klugheit und viel Lebenslust und Herzensgüte verrieten« (Fontane, S. 6). Baron von Instetten war noch keine zwanzig Jahre alt, als er Effis Mutter verehrte, aber »es kam, wie's kommen musste, wie's immer kommt. Er war ja noch viel zu jung, und als mein Papa sich einfand, der schon Ritterschaftsrat war und Hohen-Cremmen hatte, da war kein langes Besinnen mehr, und sie nahm ihn und wurde Frau von Briest. (…) Und das andere, was sonst noch kam, nun, das wisst ihr… das andere bin ich« (Fontane, S. 11).

So erklärt Effi ihren Freundinnen ihre Familiengeschichte und wenig später hält dieser Baron von Instetten, mittlerweile 20 Jahre älter, bei seiner ehemals verehrten Frau von Briest um die Hand ihrer Tochter Effi an. Von Liebe ist noch nicht viel die Rede, Effi hat ihn nur ein paar Mal gesehen, aber er ist so eine gute Partie, dass sie kaum nein sagen kann, meint zumindest ihre Mutter.

»Du hast ihn vorgestern gesehen, und ich glaube, er hat dir auch gut gefallen. Er ist freilich älter als du, was alles in allem ein Glück ist, dazu ein Mann von Charakter, von Stellung und guten Sitten, und wenn du nicht nein sagst, was ich mir von meiner klugen Effi kaum denken kann, so stehst du mit zwanzig Jahren da, wo andere mit vierzig stehen. Du wirst deine Mama weit überholen« (Fontane, S. 17).

Die Verlobung wird noch am gleichen Tage beschlossen und Effi kommt nicht dazu, irgendetwas dazu zu sagen.

Schon in dieser Partnerwahl sind die sozialen Zwänge der Maßstab des Handelns, eine Verlobung und anschließende Heirat sind ein Gebot der Vernunft. Karriere und sozialer Aufstieg sind ebenso eingeplant wie Kinder und achtbares Anwesen. Die Heirat ist beschlossen, weil man solch eine Partie einfach nicht ausschlagen kann. Und ob der Baron von Innstetten wirklich Effi meinte, oder nicht eher ihre Mutter, ob er nicht die Geschichte zurückdrehen und diesmal als Verehrer siegen will, bleibt ungewiss, aber zu vermuten. Und auch die liebenden Eltern wissen ihr Kind gut versorgt, denn eine weitere Karriere in der preußischen Ministerialbürokratie ist dem Baron in Aussicht gestellt.

Die Rede des Brautvaters bei der Verlobungsfeier enthält eine Metapher, die Erwähnung verdient. Man hatte beschlossen sich zu duzen und so spricht der Brautvater zum Schwiegersohn, er »habe die Bedeutung von einem Stamm, und Effi sei also der Efeu, der sich darum zu ranken habe« (Fontane, S. 19). Nicht nur die sexuelle Symbolik erscheint hier bedeutsam, auch das implizite Konzept der Ehe. Nach der Feier kehrt der Verlobte zu seiner Arbeit zurück, schreibt täglich Briefe an seine geliebte Effi, und diese antwortete einmal wöchentlich mit einem Brief »voll reizend nichtigen und ihn jedes Mal entzückenden Inhalts« (Fontane, S. 22). Während dessen plant die Mutter mit dem Bräutigam alle wesentlichen Fragen, so als ob es ihre Hochzeit wäre, also »Ausstattungs- und Wirtschaftseinrichtungs-Fragen.« Die Hochzeitsreise geht nach Italien und als sie nach der Rückkehr im Hause des Ehemannes, des Landrats von Innstetten, erwacht, weiß Frau Baronin von Innstetten erst gar nicht, wo sie ist. Die gesellschaftlichen Kontakte waren standesgemäß und langweilig.

»Der Eindruck, den Effi empfing, war überall derselbe: mittelmäßige Menschen, von meist zweifelhafter Liebenswürdigkeit, die, während sie vorgaben über Bismarck und die Kronprinzen zu sprechen, eigentlich nur Effis Toilette mustern, die von einigen als zu prätentiös für eine so jugendliche Dame, von anderen als zu wenig dezent für eine Dame von gesellschaftlicher Stellung befunden wurde« (Fontane, S. 71).

Effis Leben stagniert in Langeweile, Leere und gesellschaftlicher Konvention. Diese Einladungen sind keine wirklichen Begegnungen und es entstehen keine neuen Freundschaften. Und wenn die junge Frau ihrem Mann sagt, sie »vergehe vor Langeweile« (Fontane, S. 113), dann kann er ihr immer nur zustimmen.

Abhilfe soll ein Kind schaffen, dann hat sie etwas zu tun, dann hat die Frau eine Aufgabe. So schreibt Effi ihrer Mutter, sie könne »ein Gefühl des Alleinseins nicht ganz loswerden... Ich bin aber sicher, dass das alles besser werden wird, wenn unser Hausstand sich mehr belebt, und das wird der Fall sein, meine liebe Mama... Wie glücklich ich selber im Hinblick darauf bin, brauche ich nicht erst zu versichern, schon weil ich dann Leben und Zerstreuung um mich her haben werde oder, wie Geert sich ausdrückt, ein liebes Spielzeug« (Fontane, S. 109).

Ein Kind als Mittel gegen die Leblosigkeit der Beziehung und des ganzen Hauses, »ein liebes Spielzeug« für die junge Mutter? Nach der Geburt der Tochter Annie sagte ihr der Doktor Hannemann: »Schade, dass es ein Mädchen ist. Aber das andere kann ja nachkommen, und die Preußen haben viele Siegestage« (Fontane, S. 129).

In all dieser menschlichen Öde und saturierten Langeweile lässt der Retter nicht lange auf sich warten, und wie immer fragt man sich, ob die Unzufriedenheit und innere Leere den Liebhaber angezogen haben mag, wie der Zucker die Wespen. Major Crampas taucht auf als alter Bekannter des Hausherrn, zunächst gibt es gemeinsame Ausritte mit Baron und Baronin von Instetten, aber der Ehemann hat nicht soviel Zeit, so dass die beiden allein ausreiten müssen, natürlich mit Bediensteten und Hund. Die gemeinsamen Spazierritte führen zu gewissen Annäherungen, kleine Andeutungen werden ausgetauscht, dann Zweideutigkeiten, kosende Schmeicheleien, die von dem eifersüchtigen Ehemanne durchaus registriert und letztlich angesprochen werden. Kaum lässt das Novemberwetter diese Spazierritte nicht mehr zu, der Hauptmann beschließt ein Stück aufzuführen und darin die Baronin eine tragende Rolle spielen zu lassen, während er selbst Regie führt.

»Crampas hatte sich wirklich mit der Regie begnügt, und so streng er gegen alle anderen war, so wenig hatte er auf den Proben in Effis Spiel hineingeredet (...). Und er war klug und Frauenkenner genug, um den natürlichen

Entwicklungsgang, den er nach seinen Erfahrungen nur zu gut kannte, nicht zu stören« (Fontane, S. 162).

Bei einer gemeinsamen Schlittenfahrt nimmt er wie zufällig neben ihr Platz und während der Fahrt bedeckt er ihre Hand mit heißen Küssen. Dem Ehemann bleibt das seltsame Treiben nicht verborgen und er warnt seine Ehefrau: »Ich träumte, dass du mit dem Schlitten im Schloon verunglückt seist, und Crampas mühte sich, dich zu retten; ich muß es so nennen, aber er versank mit dir (...). Wenn ich dir raten darf, sei auf deiner Hut. Er ist ein Mann der Rücksichtslosigkeiten und hat so seine Ansichten über junge Frauen. Ich kenne ihn von früher« (Fontane, S. 182f).

Aber die Warnungen des Ehemannes, die Strenge der Moral, halten meist nur tagsüber und in guten Stunden, aber nicht in einsamen und elendigen. Dann »brach es wieder über sie herein, und sie fühlte, dass sie wie eine Gefangene sei und nicht mehr heraus könne (...). Das Verbotene, das Geheimnisvolle hatte seine Macht über sie.« (Fontane, S. 189)

Die Kontakte werden eingeschränkt, man verlegt sich auf das Schreiben von Briefen. Dennoch bleiben die Schuldgefühle, ja sie werden sogar stärker. Aber sie lasten nicht auf ihrer Seele, und das macht ihr noch mehr Schuldgefühle. Effi fragt sich, ob mit ihr etwas nicht stimmt. Sie habe nie lügen wollen, und dennoch habe sie es getan, nicht direkt, aber dennoch, und sie empfinde Scham und Schuld, all das quält sie, liegt ihr auf der Seele und lässt sie nicht mehr unbeschwert fröhlich sein.

»Ich schäme mich. Aber wie ich nicht die echte Reue habe, so hab ich auch nicht die rechte Scham. Ich schäme mich bloß von wegen dem ewigen Lug und Trug; immer war es mein Stolz, dass ich nicht lügen könne und auch nicht zu lügen brauche (...). Wenn alle Weiber so sind, dann ist es schrecklich, und wenn sie nicht so sind, wie ich hoffe, dann steht es schlecht um mich, dann ist etwas nicht in Ordnung in meiner Seele, dann fehlt mir das richtige Gefühl« (Fontane, S. 245f).

Baron von Innstetten findet eines Tages mehr zufällig auf dem Nähkästchen die Korrespondenz seiner Frau mit Major Crampas. Er liest die Zeilen: »Sei heute Nachmittag wieder in den Dünen, hinter der Mühle (...) Du musst dich nicht um alles so bangen. Wir haben auch ein Recht (...) Fort, so schreibst du, Flucht. Unmöglich. Ich kann meine Frau nicht im Stich lassen (...) Sei heute noch einmal an der alten Stelle. Wie sollen meine Tage hier verlaufen ohne Dich! In diesem öden Nest (...)« (Fontane, S. 261).

Innstetten ruft nach seinem Freund Geheimrat Wüllersdorf, klärt ihn ohne Umschweife auf und bittet ihn, in dem notwendigerweise anstehenden Duell sein Sekundant zu sein. Die Ereignisse liegen sechseinhalb Jahre zurück und Wüllersdorf gibt zu bedenken: »›Instetten, Ihre Lage ist furchtbar, und Ihr Lebensglück ist hin. Aber wenn Sie den Liebhaber totschießen, ist Ihr Lebensglück sozusagen doppelt hin, und zu dem Schmerz über empfangenes Leid kommt noch der Schmerz über getanes Leid. Alles dreht sich um die Frage, müssen Sie's durchaus tun? Fühlen Sie sich so verletzt, beleidigt, empört, dass einer weg muss, er oder Sie? Steht es so?‹ – ›Ich weiß es nicht.‹ – ›Sie müssen es wissen‹« (Fontane, S. 263).

Er wird von dem Freund dazu gebracht, seine Gefühle genau zu überprüfen. Nein, er habe keine Rache- oder Hassgefühle, auch liege die Zeit so lange zurück. Und er sei sich klar darin, dass er seine Frau liebe: »Ich liebe sie noch und so furchtbar ich alles finde, was geschehen, ich bin so sehr im Bann ihrer Liebenswürdigkeit, eines ihr eigenen heiteren Charmes, dass ich mich, mir selbst zum Trotz, in meinem letzten Herzenswinkel zum Verzeihen geneigt fühle« (Fontane, S. 264).

Der Freund stimmt ihm zu und ist dennoch verwirrt. »Kann ganz folgen Innstetten, würde mir vielleicht ebenso gehen. Aber wenn Sie so zu der Sache stehen und mir sagen: ›Ich liebe diese Frau so sehr, dass ich ihr alles verzeihen kann‹, und wenn wir dann das andere hinzunehmen, dass alles weit, weit zurückliegt, wie ein Geschehnis auf einem anderen Stern, ja, wenn es so liegt, Innstetten, so frage ich, wozu die ganze Geschichte?« (Fontane, S. 264).

In der Antwort, die Innstetten seinem Freund auf diese berechtigte Frage gibt, liegt das ganze Drama der herrschenden Moral, das er nicht einmal benennen kann.

»Weil es trotzdem sein muss. Ich habe mir's hin und her überlegt. Man ist nicht bloß ein einzelner Mensch. Man gehört einem Ganzen an, und auf das Ganze haben wir beständig Rücksicht zu nehmen, wir sind durchaus abhängig von ihm. Ging' es, in Einsamkeit zu leben, so könnt ich es gehen lassen; ich trüge dann die mir aufgepackte Last, das rechte Glück wäre hin, aber es müssen so viele leben, ohne dies rechte Glück, und ich würde es auch müssen – und können. Man braucht nicht glücklich zu sein, am allerwenigsten hat man einen Anspruch darauf, und den, der einem das Glück genommen hat, den braucht man nicht notwendig aus der Welt zu schaffen. Man kann ihn, wenn man weltgewandt weiterexistieren will, auch laufen lassen. Aber im Zusammenleben mit den Menschen hat sich ein Etwas ausgebildet, das nun mal da ist und nach dessen Paragraphen wir uns gewöhnt haben, alles zu beurteilen, die andern und uns selbst« (Fontane, S. 264f).

Das ist Paragraphentreue, das ist Gehorsamkeit, das ist Prinzipienreiterei, das ist preußisch in seiner schlechtesten kulturellen Erscheinungsform, das ist die konsequente Unterordnung privater Einschätzungen unter die Interessen des missverstandenen Allgemeinwohls. Denn »das uns tyrannisierende Gesellschafts-Etwas, das fragt nicht nach Charme und nicht nach Liebe und nicht nach Verjährung. Ich habe keine Wahl. Ich muss«. Keine Frage nach den Hintergründen, kein Versuch der Aussprache mit der Ehefrau, keinerlei Möglichkeit des Verzeihens, keine Perspektive mehr für eine weitere Beziehung.

Noch nach sechseinhalb Jahren wird der Sekundant mit der Botschaft an Major Crampas geschickt, dieser erbleicht und willigt ein in ein Duell, Ort und Zeit sind vereinbart, es wird aus zehn Schritten Distanz gefeuert, Crampas fällt und stirbt und Innstetten hat den Imperativ des tyrannisierenden Gesellschafts-Etwas erfüllt. Der Ehefrau wird nur eine kurze Botschaft geschickt, auch könne sie ihre Tochter nicht mehr sehen, denn ihr moralischer Einfluss sei schlecht für das Kind. Schließlich erhalten die Bediensteten ihre Instruktionen: »Und dann, Johanna, noch eins: die Frau kommt nicht wieder. Sie werden von andern erfahren, warum nicht. Annie darf nichts wissen, wenigstens jetzt nicht. Das arme Kind. Sie müssen es ihr allmählich beibringen, dass sie keine Mutter mehr hat. Ich kann es nicht« (Fontane, S. 275).

Das ist die Abwicklung eines Problems, keine Frage nach dem Warum, dem Woher oder Wohin, denn das Denken ist ja überflüssig, weil die Moral des Ganzen alles zu erklären und zu lösen scheint.

Für Effi bricht eine Welt zusammen. »Das Gefühl des Alleinseins in der Welt überkam sie mit der ganzen Schwere. Vor einer Stunde noch eine glückliche Frau, Liebling aller, die sie kannten, und nun ausgestoßen« (Fontane, S. 286).

Sie weiß nicht wohin und wendet sich an ihre Eltern, sie ist ja noch jung und immerhin das einzige Kind. Aber ihre Eltern sind Vertreter derselben Moral, die auch ihren Ehemann leitet und sie antworten ihr auf ihren Brief: »(...) auch das elterliche Haus wird Dir verschlossen sein; (...) keine Zuflucht in unserem Hause, denn es hieße, das Haus von aller Welt abschließen, und das zu tun, sind wir entschieden nicht geneigt. Nicht weil wir zu sehr an der Welt hingen und ein Abschiednehmen von dem, was sich Gesellschaft nennt, uns als etwas unbedingt Unerträgliches erschiene; nein, nicht deshalb, sondern einfach weil wir Farbe bekennen, und vor aller Welt, ich kann dir das Wort nicht ersparen, unsere Verurteilung Deines Tuns, des Tuns unseres einzigen und von uns so sehr geliebten Kindes aussprechen wollen (...)« (Fontane, S. 287).

Effi zieht in eine Zweizimmerwohnung, sehr bescheiden und schlicht und sieht nach mehr als drei Jahren ihre Tochter wieder. Das Kind scheint vom Vater abgerichtet, antwortet mechanisch, sie würde gern wiederkommen, wenn sie dürfe. Effi schmerzt diese Begegnung, sie wird schwermütig, legt sich krank ins Bett und soll danach nie wieder richtig gesund werden. Aber nach diesem kurzen Besuch ihrer Tochter Annie, nach dieser unendlichen Kränkung, rafft sie sich noch ein letztes Mal auf in all ihrer Wut, auch wenn es nur ein lautes und klagendes Selbstgespräch ist: »Was zu viel ist, ist zu viel. Ein Streber war er, weiter nichts. Ehre, Ehre, Ehre (…) und dann hat er den armen Kerl totgeschossen, den ich nicht einmal liebte, und den ich vergessen hatte, weil ich ihn nicht liebte. Dummheit war alles und nun Blut und Mord. Und ich schuld. Und nun schickt er mir das Kind (…) und ehe er das Kind schickt, richtet er's ab wie einen Papagei, und bringt ihm die Phrase bei ›wenn ich darf‹. Mich ekelt, was ich getan; aber was mich noch mehr ekelt, das ist eure Tugend. Weg mit euch, ich muss leben, aber ewig wird es ja wohl nicht dauern« (Fontane, S. 310).

Sie siecht dahin, in den letzten Monaten wird sie noch einmal von ihren Eltern aufgenommen, damit sie zu Hause sein kann. Die Einsichten ihres Ehemannes hört sie nicht mehr. Er empfindet sein Leben leer und öde, »nichts gefällt mir mehr, je mehr man mich auszeichnet, je mehr fühle ich, dass dies alles nichts ist. Mein Leben ist verpfuscht (…) ich finde das alles so trist und elend, und es wäre zum Totschießen, wenn es nicht so lächerlich wäre« (Fontane, S. 322f).

Effi stirbt in ihrem Elternhaus und wird dort im Garten begraben, auf ihrem Grabstein steht ihr Mädchenname Effi Briest.

Der Roman hatte eine reale Vorlage aus der guten Berliner Gesellschaft. Fontane hat später immer wieder betont, dass es zwei Dinge waren, die ihn zu dem Roman bewogen haben. Zu allererst war es nicht die Liebesgeschichte, denn die hat »in ihrer schauderösen Ähnlichkeit etwas Langweiliges« (Fontane, S. 339). Was ihn wirklich interessierte war die Moral des Gesellschafts-Ganzen. »Aber der Gesellschaftszustand, das Sittenbildliche, das versteckt und gefährlich Politische, das diese Dinge haben, (…) das ist es, was mich so sehr daran interessiert« (Fontane, S. 339). Das zweite betrifft »seine Frauengestalten«: »Das Natürliche hat es mir seit lange angetan, ich lege nur darauf Wert, fühle mich nur dadurch angezogen und dies ist wohl der Grund, warum meine Frauengestalten alle einen Knax weghaben. Gerade dadurch sind sie mir lieb, ich verliebe mich in sie, nicht um ihrer Tugenden, sondern um ihrer Menschlichkeiten, d.h. um ihrer Schwächen und Sünden willen« (Fontane, S. 339) – Menschlichkeiten als seelischer »Knax«?

Kurt Wölfel bemängelt in seinem Nachwort zu Recht nicht nur die sozialen und moralischen Umstände, die zu dem ganzen Drama geführt haben, sondern auch die männlich-ehelichen. Denn Innstetten hat sich mit Effi »eine junge Frau wie einen Kanarienvogel ins Haus geholt, damit sie dort, in hellem Gelb und lustig zwitschernd, den Charme des Natürlichen verbreite« (Fontane, S. 346).

Das war von Beginn an eine ungleiche Paarbeziehung, die eher aus Konvention als aus einer Attraktion heraus entstanden war. Effi hatte dabei die Rolle der jungen, attraktiven Ehefrau des Herrn Baron, sie war eine Stufe auf seiner Karriereleiter, junge Mutter einer ach so hübschen kleinen Tochter, das schönste Kleinod des herrschaftlichen Anwesens. Aus dieser ihr zugeschriebenen Rolle ist Effi ausgebrochen, nur ein ganz klein Wenig, ein paar Spazierausritte lang, einige wenige Begegnungen hinter der Düne, in der Phantasie und in vielen Briefen, aber dennoch vergleichsweise zögernd, zaghaft und schuld- und schambeladen. Sie wurde bestraft mit der ganzen Macht der preußisch-kaiserlichen Moral, wurde verbannt, das Kind wurde ihr weggenommen, und sie starb allein. Sie hatte von der Langeweile und Leere in ihrem Leben berichtet, sie hatte ihr Los beklagt, hatte darauf hingewiesen, aber alles blieb noch sehr passiv, selbst ihre kleine Affäre mit dem mittelmäßigen Major, der sich seine Leichtigkeit bewahren und seine Familie erhalten wollte. Sie hat einen sehr hohen Preis gezahlt für so wenig Verfehlung.

Sanfte Bande des Herzens – Der weibliche Traum von der idealen Liebesbeziehung

Menschen haben manchmal ganz bestimmte Vorstellungen davon, wie ihr Leben verlaufen soll, wie und wo sie leben wollen, wie viele Kinder sie einmal wollen, welchen Beruf sie ausüben möchten und wie sie die Karriere im Beruf mit der Zufriedenheit in den privaten Beziehungen in harmonischen Einklang bringen wollen. Diese klaren Zukunftsvisionen haben manchmal sehr viel mit ihren früheren familiären Erfahrungen zu tun: es soll genauso sein wie früher, oder auch das glatte Gegenteil, oder auch eine Mischung aus beidem, was dann als etwas ganz Eigenes gilt. Es gibt aber auch besonders hartnäckige Idealvorstellungen vom eigenen Leben, deren Herkunft schwer zu rekonstruieren ist und die ein heftiges Eigenleben führen. Und wenn dann die so genannte Wirklichkeit nicht mit diesen Idealvorstellungen einhergeht, wenn sich diese

Ideale in der Realität nicht verwirklichen, dann kann es sein, dass solche Menschen immer unzufriedener werden und sich letztlich dazu entschließen, sich eine neue Wirklichkeit zu erschaffen. Dann macht ihnen die eigene Unzufriedenheit ein weiteres Leben in den bestehenden Beziehungen unerträglich, dann müssen sie sich von ihren Partnern trennen und ein neues Leben beginnen, auch wenn nicht so klar ist, wie das aussehen soll.

Eine solche hartnäckige Vorstellung von der idealen Familie erscheint besonders unter denjenigen Frauen sehr verbreitet, die sich von ihren Partnern trennen, weil sie mit diesen nicht mehr weiterleben können. Bei Männern scheint dies erheblich seltener zu sein, denn für sie sind Arbeit und Beruf die zentralen Lebensinhalte, auch wenn sie dies ihrer Familie zuliebe nicht zugeben können. Und so, wie die Männer ihren Job aufgeben und sich einen anderen suchen, weil sie darin zutiefst unzufrieden sind, so beenden Frauen ihre ehelichen Beziehungen, wenn sie sich darin nicht mehr wohl fühlen. Dies kann bedeuten, dass sie sich lieber von der Ehe und der Familie trennen, als von ihren Idealen über sie. Sie haben sich das Leben anders vorgestellt, mit mehr Liebe oder Lebendigkeit im Alltag, nicht so profan und banal, und daher gehen sie auf die Suche nach einem neuen Leben. Die modernen Frauen von heute brauchen dazu nicht einmal einen neuen Mann, mit dem sie all die Vorstellungen von einem neuen und besseren Leben verbinden können, sie gehen auch das Risiko ein, nach einer Trennung erst mal allein zu sein. Für sie ist es zunächst einmal wichtig, dem ungeliebten Alltag zu entfliehen. Aber zu dem Ideal gehört, dass irgendwo da draußen ein Retter existiert, der sie erlöst aus diesem täglichen Joch einer Hausfrau und Mutter, der sie wieder als Frau und Geliebte sieht und sie erneut in den Himmel der Glückseligkeit hebt und ihnen damit einen Neuanfang gestattet. Träume sind zäher als jede Wirklichkeit und manchmal haben sie eine solche Kraft, dass sie die Wirklichkeit auch zerstören können. Gustave Flauberts »Madame Bovary« ist eine solche Frau.

Dabei fing doch alles so romantisch an. Charles Bovary wurde als Landarzt zu einem »gebrochenen Bein« gerufen, das dem Vater einer jungen Dame namens Emma gehörte. Das Bein wurde geschient und obwohl alles prächtig verheilte, besuchte Monsieur Bovary seinen Patienten immer wieder, denn Emma hatte es ihm angetan und auch sie errötete mehr als einmal bei seinem Anblick. Den Heiratsantrag richtet er an den Vater, aber die Kleine muss um ihre Meinung gefragt werden. Wenn sie zustimme, werde der Vater die Fensterlade gegen die Hauswand schlagen, so dass er es auf seinem Weg nach Hause hören und sehen könne. Das Zeichen wird überdeutlich gegeben und schon am nächsten Morgen eilt er wieder zu ihr, um die Hochzeitsvorbereitungen zu planen. Seine erste Frau war bereits gestorben, er war als Witwer eine gute Partie.

Emma ist eine durch und durch romantische Frau, die in ihrem Herzen stets eine schwärmerische Jugendliche geblieben war. Mit 13 Jahren hatte ihr Vater sie in ein Kloster gegeben und dort bekam sie in all den biblischen Geschichten ihr Lebensbild für alle Zeiten bestätigt. »Die Gleichnisse vom Bräutigam, vom Gatten, vom himmlischen Geliebten und der ewigen Hochzeit, die in den Predigten immer wiederkehren, erweckten in der Tiefe ihrer Seele unverhoffte, süße Schauer« (Flaubert, S. 41).

Emma war stets »auf seelische Erregungen erpicht« (Flaubert, S. 4142) und sie verschlang alle Romane des Herzens. »Es wimmelte darin von Liebschaften, Liebhabern, Geliebten, verfolgten Damen, die in einsamen Gartenhäusern ohnmächtig, von Postillionen, die an jeder Poststation ermordet, von Rossen, die auf jeder Buchseite zu Schanden geritten wurden, von düsteren Wäldern, Herzenswirrnissen, Schwüren, Seufzern, Tränen und Küssen, Gondelfahrten bei Mondschein, Nachtigallen im Gebüsch, von Edelherren, die tapfer wie die Löwen und sanft wie die Lämmer waren, dabei maßlos tugendhaft, immer köstlich gekleidet und ungemein tränenselig« (Flaubert, S. 42).

An der Liebe zu Charles verwunderte sie eher, dass sich bei ihrer ersten Begegnung nicht der Himmel aufgetan hatte, Blitze und Donner zur Begrüßung des Geliebten ausgeblieben waren und er auch nicht auf einem Schimmel daher geritten kam.

Nun war sie unvermittelt verheiratet und konnte das Profane ihres Zustandes kaum fassen. Denn »das Beängstigende einer neuen Daseinsform oder vielleicht die Gereiztheit, die die stete Gegenwart dieses Mannes mit sich brachte, hatte genügt, sie glauben zu machen, dass sie endlich im Besitz der wunderbaren Leidenschaft sei, die bisher wie ein großer Vogel mit rosigem Gefieder im Glanz poetischer Himmelsweiten über ihr geschwebt hatte – und jetzt konnte sie sich nicht vorstellen, dass die Eintönigkeit, in der sie dahinlebte, das Glück sein sollte, das sie erträumt hatte« (Flaubert, S. 45).

Sie fühlt sich vom Schicksal betrogen, so hatte sie sich eine Ehe nicht vorgestellt, keine ihrer romantischen Vorstellungen war bislang eingetreten und »je enger die Intimität ihres Zusammenlebens wurde, in desto stärkerem Maß vollzog sich eine innere Loslösung, die sie von ihm entfernte« (Flaubert, S. 46). Nicht nur das Bild der Ehe leidet unter der brutalen Realität ihres Alltags, auch ihr Bild von einem Mann, einem richtigen Mann, wird nicht bestätigt. Ihrer

Meinung nach musste ein Mann alles können, »sich in mannigfachen Betätigungen auszeichnen, einen in die Kraftäußerungen der Leidenschaft einweihen, in die Verfeinerungen des Lebens, in alle Geheimnisse? Er jedoch lehrte nichts, dieser Mensch, wusste nichts und wünschte nichts. Er hielt sie für glücklich; und sie verübelte ihm diese gesetzte Ruhe, diese heitere Schwerfälligkeit und sogar das Glück, das sie ihm schenkte« (Flaubert, S. 47).

Leise Zweifel kommen in ihr auf: Wenn der Mann so glücklich mit ihr ist, dann hat sie vielleicht nicht die richtigen Gedanken, muss sie ihrer Romantik nachhelfen? Also versucht sie, »Liebesempfindungen in sich zu erregen. Sie rezitierte bei Mondschein im Garten alle gefühlvollen Gedichte, die sie auswendig wusste, und sang ihm schmachtend schwermütige Lieder vor; aber danach fühlte sie sich genauso ruhig wie zuvor, und Charles wurde dadurch offensichtlich weder verliebter noch gefühlvoller« (Flaubert, S. 49).

Sie fragt sich immer wieder, ob sie den falschen Mann geheiratet hatte, wie es gewesen wäre, den richtigen, einzigen Geliebten zu treffen. »Er hätte schön, geistreich, vornehm, verführerisch aussehen müssen, so wie sicherlich die Männer waren, die ihre ehemaligen Klosterkameradinnen geheiratet hatten« (Flaubert, S. 50).

Sie malt sich in ihren Tagträumen aus, wie ihr Leben mit diesem Mann hätte aussehen können, wie anders es zu dem jetzigen gewesen wäre und wie verzweifelt doch ob dieses Unterschieds ihre Lebenslage ist. Wie kann sie jemals glücklich sein angesichts dieses eklatanten Unterschieds zwischen ihrem möglichen Leben und dem heutigen?

So wird mit einer ewigen, ungestillten Sehnsucht der innere Boden bereitet für das Eintreffen eines Liebhabers, der die Verwirklichung aller nicht gelebten Träume verspricht, aber bis sie ihn trifft, muss sie noch lange leiden. Sie wird mit ihrem Mann auf einen großen Ball in einem Adelshause eingeladen und dort bekommt sie noch einmal die Berechtigung aller ihrer Träume bestätigt. Ja, es gibt sie diese Männer, ja Romantik ist möglich, ja der Prinz wird kommen, und er bringt Reichtum im Überfluss, vor allem Liebe, Verzauberung, Parfum und ewigen Tanz.

Der Herr Notar in ihrem Dorfe hat einen juristischen Praktikanten namens Leon, der einige Jahre jünger ist als Madame Bovary und der sich unsterblich in sie verliebt hat. Diese unschuldige Liebe der langen Blicke, zarten Berührungen und zweideutigen Anspielungen tröstet Emma über die Unzulänglichkeiten ihres minderwertigen ehelichen Alltags hinweg. Sie kommen nicht dazu, sich ihre Liebe zu eröffnen, obwohl sie mehrmals dazu ansetzen, und so geht der junge Mann schließlich zur Fortsetzung seiner Studien nach Rouen und sie bleibt zurück. Der Tag seiner Abreise ist für sie ein Trauertag, sie verfällt in Stimmungen und Depressionen und ihr Mann fragt sich mal wieder, was er falsch gemacht hat, welche Medikamente oder Kräuter er ihr verabreichen kann. Allein die Schwiegermutter hat einen klaren Blick auf die Szenerie und weiß, was der Schwiegertochter Emma fehlt: »Eine ordentliche Beschäftigung körperliche Arbeit. Wenn sie wie so viele andere ihr Brot selber verdienen müsste, dann hätte sie nicht dergleichen Launen; die kommen bloß von den Hirngespinsten, die sie sich in den Kopf setzt und von ihrem ewigen Nichtstun« (Flaubert, S. 138).

Dabei waren Anforderungen und Arbeit genug da, denn mittlerweile hat sie ihre Tochter Bethe bekommen, einen Sohn hätte sie lieber gehabt. Sie gibt die Tochter zur Amme, besucht sie ab und an und fühlt sich als Mutter keinesfalls erfüllter als zuvor.

Und dann kommt er doch noch, der ersehnte Retter, der richtige Mann, der leidenschaftliche Liebhaber, und man merkt es schon daran, wie er sich in der Arztpraxis vorstellen lässt: »Sagen Sie ihm, Monsieur Rodolphe Boulanger von La Huchette sei da« (Flaubert, S. 139). Nachdem Rodolphe die Arztfrau kennen gelernt hat, ist er als erfahrener Liebhaber und Verführer ganz beeindruckt von ihr. »Schöne Zähne, schwarze Augen, niedliche Füße und Manieren wie eine Pariserin. Wo, zum Teufel, mag sie her sein? Wo mag er sie aufgegabelt haben, dieser dicke Flegel?« (Flaubert, S. 142).

Und als Mann von Welt, der die Frauen kennt und liebt, macht er sogleich seine ganz persönliche Rechnung auf. Sie ist hübscher und vor allem unverbrauchter als seine derzeitige Geliebte, außerdem kostet diese ihn zuviel Geld und die Leidenschaft mit ihr ist langsam auch langweilig geworden. Auf der anderen Seite würde die Liebesbeziehung zu Madame Bovary auch nicht komplikationslos sein. »Man wird in einem Fort ihr Gör auf dem Hals haben, und das Hausmädchen, die Nachbarn, den Ehemann, alle möglichen Scherereien, die in Betracht kommen (…) und die Sache kostet zuviel Zeit« (Flaubert, S. 143).

Allerdings wäre er nicht der wirkliche Held der Frauenherzen, wenn er diese Herausforderung nicht annähme. Er investiert die Zeit, schickt ihr Obst, Blumen, Geflügel, macht lange Ausritte mit ihr durch die herrliche und einsame Natur und Madame fühlt sich in seiner Nähe so manches Mal einem Ohnmachtsanfall nahe. Er gesteht ihr seine tiefe Einsamkeit und seine bislang erfolglose Suche nach einem verstehenden Herzen.

»Rodolphe war verstummt. Sie sahen einander an. Ein äußerstes Verlangen ließ ihre trockenen Lippen beben; und weich, ohne Mühe, schlangen ihre Finger sich ineinander« (Flaubert, S. 163).

Wenig später ergibt sie sich nicht so sehr dem Drängen des Mannes oder ihren eigenen Gefühlen, als vielmehr dem Schicksal der Liebe. »Sie bog den weißen Hals zurück, den ein Seufzer schwellte, und halb ohnmächtig, tränenüberströmt, am ganzen Leib zitternd und das Gesicht verbergend, gab sie sich hin« (Flaubert, S. 175).

Die Liebe zu Rodolphe wird zu ihrem neuen Lebensinhalt, alles andere tritt in den Hintergrund, wird zweitrangig, langweilig, banal. Das Himmelreich der Liebe hat sich endlich für sie aufgetan und das irdische Leben hat seinen Reiz verloren. »Überhaupt fing sie an, reichlich sentimental zu werden. Er hatte mit ihr Miniaturbildnisse tauschen müssen; beide hatten sich eine Handvoll Haare abgeschnitten, und jetzt verlangte sie von ihm einen Ring, einen richtigen Ehering als Zeichen ewiger Zusammengehörigkeit« (Flaubert, S. 185).

Er lässt sich auf alles ein, solange es keine weiteren Konsequenzen für ihn hat. Sie sehen sich drei Mal in der Woche, und auf verabredete Zeichen hin stiehlt sie sich aus dem Haus, läuft durch den Garten die Anhöhe hinauf zu seinem Haus. Sie wird langsam übermütig und nachlässig in ihren Vorsichtsmaßnahmen und möchte am liebsten der ganzen Welt ihre Liebe mitteilen. Emma lebt ein Doppelleben als Geliebte und als zurückgezogene Ehefrau, die weiterhin von ihren Launen geplagt wird, während sie so schön wie noch nie erscheint. Ihr Mann Charles liebt sie weiterhin in naiver Treue, verzeiht ihr alle Launen und merkt nichts von ihrem nächtlichen Treiben.

Emma beginnt davon zu träumen, mit Rodolphe ein neues Leben zu beginnen, mit ihm durchzubrennen. Sie plant und bedrängt ihn, sie bestellt einen Reisemantel und einen kleinen Koffer, sie denkt an eine Reise nach Genua und dann weiter. Rodolphe äußert sich wage, verschiebt die Reise mehrmals, kann aber letztlich ihrem Drängen nicht mehr ausweichen. Eine offene Aussprache gibt es nicht, denn das wäre das gänzlich unromantische Ende ihrer Liebesbeziehung. Vor der gemeinsamen Flucht sehen sie sich ein letztes Mal, dann schreibt er ihr einen Abschiedsbrief und verlässt die Stadt auf eine längere Reise. Sein Diener überbringt ihr einen Korb mit Früchten, unten drin liegt der Abschiedsbrief. Als sie ihn liest fällt sie in Ohnmacht, bekommt Fieber und wird ernstlich krank. Monate lang ist ihr zum Sterben zumute, ihr Körper leidet unter vielen Symptomen, die ihr ärztlicher Ehemann nicht zu deuten oder zu erklären und schon gar nicht zu behandeln vermag, es überkommt sie die Schwermut, die Lebensgeister schwinden. Erst nach Monaten traut sie sich wieder in den Garten.

Als es ihr drei Jahre später wieder besser geht, begegnet sie Leon in Rouen und beginnt mit ihm die längst überfällige Liebesbeziehung, die sie sich zuvor verwehrt hatte und die die Beziehung zu Rodolphe nicht ersetzen kann. Ihr Doppelleben kostet sie viel Geld, das sie nicht hat. Sie verstrickt sich immer mehr in Lügen und Schulden und als ihr Schuldner ihr letzten Endes ein notarielles Ultimatum setzt, bei dem Haus und Hof gepfändet werden, da weiß sie sich keinen anderen Rat mehr, als nach Jahren zu ihm zu gehen und ihn um Geld zu bitten, um ihrer alten Liebe willen. Er ist erstaunt sie zu sehen, sagt aber, er könne ihr nichts leihen, denn er habe im Moment selber nichts. Sie ist am Ende und beschließt, sich zu vergiften. Ihr Leben ist sowieso nichts mehr wert, seit Rodolphe sie verlassen hat und die Schuld, die sie auf sich und andere geladen hat, kann nur durch den Freitod gesühnt werden. Sie besorgt sich Arsen und stirbt in ihrem Haus einen qualvollen Tod, bei dem ihr Mann beinahe mehr leidet, als sie selbst.

Nach ihrem Tod verwahrlost ihr Mann vollkommen. Zunächst kümmert er sich noch um die Tochter, aber auch das geht irgendwann nicht mehr, denn er kann das Haus nicht mehr verlassen und seine Patienten nicht mehr besuchen. Sein Kummer lässt ihn einsam und zurückgezogen leben und letztlich trifft er zufällig Rodolphe und geht mit ihm ein Bier trinken. Er hat alle Liebesbriefe zwischen seiner Frau und diesem Mann gelesen, aber er ist ihm nicht gram. »Nein, ich bin Ihnen nicht mehr böse (...). Das Schicksal ist schuld« (Flaubert, S. 375f).

In den konkreten Bildern, Beschreibungen oder Themen ist Madame Bovary sicherlich typisch für ein bestimmtes Denken im ausgehenden 19. Jahrhundert. »Sie ist ein Kind ihrer Zeit, deren Schlagworte ›Empfindsamkeit, Natur, Vorurteile und sanfte Bande des Herzens‹ hießen, die sie durch reichhaltige Romanlektüre in sich aufnahm mit Träumen von der großen Liebe; romantische Elemente also, die mit der banalen Wirklichkeit des Lebens in Konflikt geraten mussten. Flaubert selbst hatte sie in sich aufgenommen, weshalb er auch sagen konnte: Madame Bovary, cèst moi« (von Wilpert, S. 835). Idealisierungen und Schwärmereien sind normal und notwendig in Zeiten der jugendlichen Reifungskrisen. »Der Beginn solcher heimlicher Schwärmereien liegt in der Pubertät und Adoleszenz. Die heimliche Liebe ist sozusagen eine Probeliebe, ein Versuch, in der Phantasie mit Bindungen und Loslösungen zu spielen« (Schmidbauer, S. 7). Bleiben die Idealisierungen und

Schwärmereien bestehen, dann ist dies nicht nur ein Hinweis auf nicht erfolgte Loslösungen aus alten Bindungen, dann wirken sich diese ehemals emanzipatorischen Kräfte hemmend auf die weitere Entwicklung aus. Ja, dann tritt nicht Autonomie an die Stelle von Bindung, nicht Realität an die Stelle der Schwärmereien und nicht Reife an die Stelle der Jugend, dann entfalten die Ideale ihre zerstörerischen Wirkungen auf die Liebesbeziehungen.

Jeder Mensch versucht, seine Ideale beständig in die Wirklichkeit seines Lebens einzubringen und daraus entsteht die Realität stiftende Wirkung der Ideale. Solche Ideale verbessern, verfeinern und verschönern den Alltag beständig. Wenn allerdings die Ideale ein unhinterfragtes Eigenleben führen, wenn sie nicht als Hilfsmittel zur Veränderung und Erneuerung des realen Lebens eingesetzt werden, sondern als beständige Anklage gegen dieses, dann wirken diese Ideale zerstörerisch. Psychologisch verbirgt sich hinter dem schwärmerischen Festhalten an Idealen die Unfähigkeit, die Realität als solche anzuerkennen, wahrzunehmen und in das eigene Denken und Handeln zu integrieren. Realitätsprüfung ist insofern eine beständig erforderliche Leistung einer reifen Persönlichkeit und wo sie nicht stattfindet, da kann die Realität nicht bewältigt, da muss weiterhin in die Phantasien geflohen werden, da hat die reife Liebe keinen Platz, weil die beständige Verliebtheit der gelebten Liebe den Vorwurf der alltäglichen Banalität machen kann.

Ich bin eine lebendige Frau, die Liebe braucht

Es gibt Frauen – wie Effi Briest –, die sind in ihren Ehen und in ihren Liebesaffären eher ein unschuldiges Opfer ihrer sozialen und kulturellen Verhältnisse. Dann gibt es Frauen – wie Madame Bovary –, die sich weigern, auf den Traum von der großen, schwärmerischen, verliebten Liebe zu verzichten, auch wenn sie damit einen erheblichen Teil der Realität ausblenden müssen und ihre Ideale ihnen mehr Kummer als Glück bereiten. Und dann gibt es moderne Frauen – wie Tolstois Anna Karenina – für die die private Liebe eine Existenzbedingung darstellt, ohne die sie nicht bereit und in der Lage ist, zu leben. Wenn sie in einer chronischen, emotionalen Mangelsituation leben sollen, dann erleiden sie fürchterliche Qualen der Lieblosigkeit und Leblosigkeit. Und dann kann es sein, dass sie notfalls durch eine Liebesaffäre versuchen müssen, ihre Lebendigkeit wieder zu erlangen, ihr Selbst wieder zu stabilisieren. Anna hatte durch die fehlende Liebe in ihrer Ehe das Gefühl der Lebendigkeit verloren, fühlte sie sich wie tot, und als sie endlich ihren Geliebten bei sich hatte, da fühlte sie sich »wie ein hungriger Mensch, dem man zu essen gegeben hat« (Tolstoi 2004, S. 233)

Anna Kareninas Klage an ihr eheliches Schicksal ist eindringlich: »Niemand außer mir versteht das und ich werde es auch nie einem anderen begreiflich machen können. Sie sagen, er (der Ehemann) sei religiös, moralisch hoch stehend, ehrenhaft und klug, aber sie sehen nicht, was ich gesehen habe. Sie wissen nicht, wie er mich acht Jahre lang unterdrückt, wie er alles getötet hat, was in mir lebendig war; auch nicht ein einziges Mal hat er daran gedacht, daß ich eine lebendige Frau bin, die Liebe braucht. Sie wissen nicht, wie er mich in seiner Selbstzufriedenheit auf Schritt und Tritt verletzt hat. Habe ich nicht nach Kräften versucht, mein Wesen zu behaupten? Habe ich mich nicht bemüht, ihn zu lieben, und versucht, meinen Sohn zu lieben, als ich meinen Gatten schon nicht mehr lieben konnte? Dann aber habe ich begriffen, dass ich nicht mehr fähig war, mich selbst zu betrügen, daß ich ein lebendes Wesen bin, begriffen, daß ich keine Schuld habe, weil Gott mich liebedurstig und lebenshungrig geschaffen hat« (Tolstoi 2004, S. 354).

Anna hatte früh ihre Eltern verloren und ging jung eine Beziehung zu dem zwanzig Jahre älteren Alexeij ein, der ein ähnliches frühes Schicksal erlitten hatte. Er und sein Bruder waren als Waisen aufgewachsen und wurden dann von ihrem Onkel großgezogen. Beide hatten also die schmerzliche Erfahrung früher Verluste der Eltern gemacht und es scheint, als ob sie diese traumatischen Erlebnisse auch in ihrer Partnerwahl beeinflusst haben. Nachdem Alexej sein Gymnasium und die Hochschule mit Auszeichnung bestanden hatte, »eröffnete sich ihm mit Hilfe des Onkels sofort eine glänzende Beamtenlaufbahn, und seitdem interessierte ihn nichts anderes mehr, als seinen dienstlichen Ehrgeiz zu befriedigen« (Tolstoi 2004, S. 608).

Dieser Mann war für Anna wahrscheinlich aus mehrfacher Hinsicht attraktiv: Er hatte das gleiche verlustreiche Schicksal wie sie und würde sie daher nicht verlassen; er war erheblich älter und würde daher bei seiner sehr viel jüngeren Frau bleiben; und er war als erfolgreicher Staatsbeamter eine zukunftssichere Wahl. Dies alles mag ihr Anlass genug gewesen sein, sich in ihn zu verlieben. Dazu bekam sie ihren Sohn, der ihr als Mutter ebenfalls Halt und Bedeutung gab. Dies alles gab ihr über Jahre hinweg das Gefühl der Sicherheit und ließ den Gedanken an alte Wunden und neuerliche Verluste gar nicht erst aufkommen.

Aber dies alles – Partnerwahl, Ehe, Familie, Kind – blieb äußerlich, es waren soziale Stützpfeiler für eine in sich weiterhin instabile Persönlichkeit.

Je sicherer und eingefahrener ihr Leben wurde, desto weniger fühlte sie sich lebendig. Die eheliche und familiäre Sicherheit, die sie gesucht hatte, um nie wieder in die Gefahr bedeutungsvoller Verlusterlebnisse zu geraten, wurde für sie immer starrer und gab ihr schließlich das Gefühl, in ihrer Ehe lebendig begraben zu sein.

Dieses Gefühl der Leere und Leblosigkeit hat sie aber nicht nur in sich selbst empfunden, auch ihr Mann kam ihr zunehmend so vor, aber das merkte sie erst, als sie den jungen Grafen Wronskij kennen gelernt hatte. Was ihr an ihrem Mann früher als Zuverlässigkeit, Sicherheit, Stabilität und Halt erschienen war, wurden für sie durch die Liebesaffäre zu Kennzeichen einer toten Person.

»Das ist kein Mann, kein Mensch, sondern bloß eine Marionette. Niemand weiß das, aber ich weiß es (...). Er ist kein Mensch, sondern eine Ministerialmaschine« (Tolstoi 2004, S. 435). Und sie hat diese Leblosigkeit nicht nur in ihn hinein projiziert, sie hatte Recht damit. Als er schließlich immer größere Gewissheit von der Liebesaffäre seiner Frau erhält, gilt sein einziger Gedanke dem Gerede der Gesellschaft und seiner Reputation. »Ich möchte dich warnen, weil du aus Unbedachtsamkeit und Leichtsinn der Gesellschaft Anlaß geben könntest, dich ins Gerede zu bringen. Dein heutiges, allzu lebhaftes Gespräch mit dem Grafen Wronskij hat die allgemeine Aufmerksamkeit auf sich gelenkt« (Tolstoi 2004, S. 179).

Auch Wronskij hatte seine Gründe, warum er die verheiratete, attraktive Anna mehr als nur körperlich begehrte. Sie brachte als Geliebte gleich eine Familie mit und ein Familienleben war etwas, was er nie erlebt hatte und wonach er sich sehnte. »Wronskij hatte nie ein Familienleben gekannt. Seine Mutter war in ihrer Jugend eine glänzende Dame der großen Welt gewesen (...). Der Sohn war im Pagenkorps erzogen worden und hatte an seinen Vater kaum noch eine Erinnerung« (Tolstoi 2004, S. 73).

Als die beiden sich zufällig begegneten, schien alles für eine große Liebe bereitet: Sie bekam als lebenshungrige und liebedurstige Frau das Versprechen auf Lebendigkeit, er die Aussicht auf eine Geliebte, Mutter und Familie.

Und dann begeht Anna im Traum eine grandiose psychische Leistung, wie sie so häufig in Träumen geschieht: Beide Männer, Ehemann und Liebhaber, werden zu einer Person verschmolzen. Dies ist insofern eine Leistung, weil sie damit anzeigt, was ihr sehnlichster Wunsch ist – die Vereinigung von Sicherheit und Lebendigkeit.

»Ein bestimmter Traum verfolgte sie fast jede Nacht. Ihr träumte, daß beide zugleich ihre Männer seien und beide ihr Zärtlichkeiten an sie verschwendeten. Alexej Alexandrowitsch küsste weinend ihre Hände und sagte: ›Wie schön ist das jetzt.‹ Und Wronskij war ebenfalls da und war gleichfalls ihr Mann. Sie aber wunderte sich darüber, daß sie das früher für unmöglich gehalten habe, erklärte lachend, das alles wäre ganz einfach und sie beide wären jetzt zufrieden und glücklich. Aber dieses Traumgesicht quälte sie wie ein Albdruck, und sie erwachte in hellem Entsetzen« (Tolstoi 2004, S. 185).

Anna träumt hier den Traum vieler Frauen, die nach einer Verbindung einer Vater-Figur mit Sicherheit und Verlässlichkeit einerseits und einem Geliebten mit Lebendigkeit und Lebenslust andererseits suchen. Die erträumte Einheit von Vater und Mann, Ehemann und Liebhaber verweist aber zugleich auf ihre eigene innere Spaltung in Mutter oder Frau, die sie der Männerwelt projektiv anlastet. Insofern hat der Traum für sie sowohl etwas Heilendes in der Phantasie, als auch etwas Bedrohliches und Angstbesetztes. Der Ehemann wird psychisch für tot erklärt, als der Lebendigkeit spendende Liebhaber auftaucht und dieser wird wiederum für tot erklärt, als sie ihn zum neuen Ehemann machen möchte. Die Frage, ob sie sich scheiden lässt und ob sie dann auch noch Wronskij heiratet – heiraten darf, heiraten will, heiraten möchte – zieht sich in quälender Ambivalenz über hunderte von Seiten des Romans hinweg. Am Ende erkennt sie, dass nicht so sehr die anderen, als vielmehr sie selbst innerlich tot ist und damit erscheint ihr eigener Suizid nur noch als logisch und konsequent.

Anna hat immer versucht, in den Beziehungen ihre innere Leere aufzufüllen, eine Leere, die wahrscheinlich als narzisstische Wunde schon früh durch die traumatischen Verlusterlebnisse entstanden ist. Sie hat als Kind erfahren müssen, es anscheinend nicht wert zu sein, dass ihre Eltern bei ihr bleiben. Als die Beziehungen ihr diese Leere nicht zu füllen vermögen bzw. diese Existenzberechtigung geben können, weder Ehemann, Familie und Kind, noch Liebhaber, da wird sie zur Morphinistin, damit sie die quälenden Gefühle nicht mehr spüren muss. Interessant ist dabei die Gleichsetzung von Liebhaber und Morphium im psychischen Erleben von Anna, denn sowohl seine Liebe, als auch das Morphium erfüllen psychisch die gleiche Funktion. Sie erkennt dies in ihren vielen Selbstreflexionen, als die Liebe zu Wronskij zu erkalten beginnt: »Obwohl sie fest überzeugt war, daß diese Abkühlung jetzt wirklich begonnen habe, konnte sie nichts dagegen tun und nichts an der Lage der Dinge ändern. Sie konnte nur weiterhin versuchen, ihn durch ihre Liebe und ihre Reize an sich zu fesseln und sich im übrigen durch eine fieberhafte Tätigkeit am Tage und durch Morphium in der Nacht zu bemühen, den schrecklichen Gedanke zu ersticken, er könnte aufhören, sie zu lieben« (Tolstoi 2004, S. 795).

Sie hatte Wronskij auf dem Bahnhof kennen gelernt und genau dort beschließt sie, zu sterben, indem sie sich vor einen Zug wirft. Wie wenig liebenswert und lebenswert muss sie sich empfinden, wenn ihr Leben nur noch durch den Geliebten eine wirkliche Bedeutung hat. »Der Tod blieb das letzte und einzige Mittel, um in seinem Herzen die Liebe zu ihr wieder wachzurufen, ihn zu bestrafen und den Sieg in jenem Kampf zu erringen, den der böse Geist, der sich in ihrer Seele festgesetzt hatte, gegen ihn führte...« (Tolstoi 2004, S. 895).

Anna ist ein besonders extremes Beispiel für eine moderne Frau, die ihren Lebenssinn vorrangig in der Liebe und den Liebesbeziehungen sieht. Sie hat immer versucht, ihre mangelnde Selbstliebe durch die Liebe anderer auszugleichen und sich damit wieder in eine Abhängigkeit begeben, die ihre Angst vor Beziehungsverlust wieder steigerte. Sobald sie dann die Sicherheit in der Beziehung verspürte, war ihre Verlustangst reduziert, aber dafür trat das Gefühl der Leblosigkeit und Leere wieder ein. Aus diesem Zirkel ist sie nicht herausgekommen, zumindest konnte sie das nicht allein schaffen. Ihre beiden Männer verharrten in der gleichen Untätigkeit und konnten aufgrund ihrer eigenen unverarbeiteten Verlusterfahrungen keine anderen Lösungen finden, als in der quälenden und schmerzlichen Erstarrung ihrer Beziehungen zu leben.

»Die Lage war qualvoll für alle drei, und keiner von ihnen hätte die Kraft aufgebracht, auch nur einen Tag länger so zu leben, hätte er nicht geglaubt, daß sich alles ändern werde und dass es sich nur um einen schmerzlichen Übergang handle« (Tolstoi 2004, S. 427).

Der Ehemann wahrt den äußeren Schein, er »hatte es sich zur Regel gemacht, seine Frau täglich zu sehen, damit die Dienstboten keinen Grund hatten, Verdacht zu schöpfen, aber er vermied es, zu Hause zu essen (...). Alexej hoffte, die Leidenschaft seiner Frau würde wie alles Vergängliche aufhören, die ganze Affäre in der Gesellschaft vergessen werden und sein Name makellos bleiben« (Tolstoi 2004, S. 427)

Anna ist der klaren Überzeugung, dass ein entscheidendes Ereignis unmittelbar bevorstehe, das alle Probleme lösen würde: »Sie konnte sich zwar absolut nicht vorstellen, wie das geschehen sollte, glaubte aber felsenfest, dass irgendetwas Entscheidendes sehr bald bevorstehe« (Tolstoi 2004, S. 427).

Wronskij schließt sich aus Liebe zu Anna ganz ihrer Meinung an, was aber weder ihm, noch den anderen wirklich weiterhilft. Aber: »Zu dritt kann man nicht leben« (Tolstoi 2004, S. 475). Sie leben in einem schmerzlichen und qualvollen Übergangsstadium, dessen Ende ebenso erhofft und herbeigesehnt, wie nicht absehbar ist. Sie leiden und lieben in parallelen Welten.

8. Parallelwelten

»Wenn sich Liebende kennen lernen und sich anziehend finden, unternehmen sie Anstrengungen, sich zurückzuziehen: aus der erleuchteten Diskothek in die Dunkelheit, aus der Cocktailparty in eine intime Bar, aus dem Hörsaal in die Studentenbude« (Schmidbauer, S. 8).

Der Rückzug in eine eigene Intimität hat zur Folge, dass Orte und Zeiten symbolisch besetzt werden und damit ein Lebensraum für die Liebesbeziehung abgesteckt wird. Diese »ökologischen Nischen« (Jürg Willi) sind Räume, die für die Liebesbeziehung eine bindende Wirkung haben. Liebesbeziehungen haben nun mal die Tendenz zur natürlichen Ausdehnung in

Parallelwelten

Raum und Zeit. Aber wenn einer oder gar beide Partner bereits in festen Beziehungen mit jeweils eigenen ökologischen Nischen leben, dann entstehen Parallelwelten.

Partner, die in festen Beziehungen leben und sich dann verlieben, leben für eine Weile in Parallelwelten, die nichts miteinander zu tun haben dürfen, damit die Geheimnisse gewahrt werden, die sie aber zugleich koordinieren müssen und in denen sie mit unterschiedlichen Seiten ihrer Persönlichkeiten leben – und lieben – müssen. Psychologisch wird von diesen Menschen eine Spaltungsfähigkeit gefordert, eine Fähigkeit, die für den modernen Menschen immer wichtiger geworden ist.

Der Paarpsychologe Jürg Willi nannte die auf einen Partner bezogenen Persönlichkeiten »Interaktionspersönlichkeiten«, womit er darauf hinweisen wollte, dass unsere Persönlichkeit viele Seiten kennt, so dass wir in verschiedenen Beziehungen durchaus unterschiedlich sein können. Dies stimmt überein mit den Aussagen vieler Menschen, dass sie nicht mehr in einer Beziehung leben möchten, weil sie sich selbst so nicht mehr mögen, wie sie in dieser besonderen Partnerschaft sind. Leben in Parallelwelten bedeutet dann aber auch, dass man in der einen Welt auf eine besondere Weise liebt, streitet, zärtlich ist, sich abgrenzt, bewertet oder Freude ausdrückt und dies alles in der parallelen Welt anders ausdrückt und erlebt. Je mehr die eine Welt gut tut und den eigenen Entwicklungszielen entspricht, desto mehr wird die andere als schlecht und alt empfunden, obwohl vielleicht der »alte« Partner im Moment sehr viel mehr ändert, als in den Jahren zuvor.

Die Koordination der Parallelwelten ist eine alltägliche Anforderung an unsere Persönlichkeit, denn wir leben nicht nur in einer Welt. Wir sind mal Arbeitskollege, Freund, Lehrer, Vater, Partner oder Liebhaber, wir wechseln täglich unsere Rollen mehrfach und wir werden nicht gleich andere Menschen, wenn wir von der Schule ins Postamt, vom Gespräch mit dem Freund zur Arbeitsbesprechung oder von der Problemanalyse im Beruf zum Spielen mit den Kindern wechseln, dennoch sind wir in all diesen Beziehungen und Situationen auch verschieden, weil wir uns innerlich auf solche veränderten Rollenerwartungen einstellen und dies hat wiederum Auswirkungen auf unsere Persönlichkeit. Am meisten bedeuten uns die Beziehungen oder Situationen, in denen wir so sein können, wie wir gerne wären, nämlich nah an unseren eigenen Idealen. Und wo ist dies mehr der Fall, als in unseren privaten Liebesbeziehungen? Täglich mehrfache Änderungen in unseren Rollen können ja noch als Herausforderungen an unsere persönliche Flexibilität erlebt werden und sind sicherlich für die meisten zu bewältigen, ohne dass darüber besonders nachgedacht wird, aber wie weit können diese Änderungen gehen, ohne uns zu überfordern? Inwieweit kann man in intimen Parallelwelten leben, ohne persönlich überfordert zu werden, in emotionale Turbulenzen zu stürzen oder dem Zeitdruck nicht mehr Stand zu halten?

»Im Moment würde ich mich gerne klonen lassen, dann könnte ich einerseits mein Leben zu Hause mit meiner Familie fortsetzen und andererseits könnte ich mit meiner neuen Freundin leben. Zu Hause würde meine Familie mich nicht vermissen und mit meiner Freundin könnte ich erst einmal alles machen, wonach mir zurzeit die Sinne stehen und dann in Ruhe eine Entscheidung treffen.« Mein Klient sieht mich triumphierend an, so als ob er wirklich die Lösung für sein Dilemma gefunden hätte. »Und wer wäre dann das Original und wer wäre der Klon?« Er lächelt weiter: »Das wäre doch egal, das Original bliebe zu Hause, der Klon ginge zur Freundin.« – »Und wie würden Sie dann die letztendliche Entscheidung herbeiführen, wie Sie in Zukunft leben wollen? Oder soll das für den Rest des Lebens so weitergehen?« – »Erst mal könnte das ja so weitergehen, bis ich für mich die Klärung habe, was ich weiter machen will!« – »Sie könnten ja mit dem einen so weitermachen und mir den anderen in die Therapie schicken, aber woher weiß ich dann, welcher von Ihnen beiden hier sitzt?« Wir müssen beide lachen.

Kann man zwei Menschen gleichzeitig lieben? Natürlich, wenn es sich um Bruder und Schwester, Mutter und Vater, Freund und Freundin handelt. Aber geht dies auch, wenn es sich um zwei intime Beziehungen handelt, um Ehefrau und Geliebte, um Ehemann und Geliebten? Die Betroffenen schwanken selbst in der Beantwortung dieser Frage, manche wollen beide lieben, zumindest für eine Zeit der inneren Unsicherheit, manche lehnen es vollkommen ab und manchen geht es morgens so und abends anders.

Die quälende Zeit der Ambivalenz hat im Kern einen inneren psychischen Konflikt zur Grundlage, den kein anderer Mensch letztlich lösen kann als das einzelne Individuum selbst, aus dem auch keiner entlassen wird. Viele Betroffene wollen die Zeit anhalten, weil sie nicht wissen, ob sie wirklich den bisherigen Partner zugunsten des neuen verlassen wollen, sind hin und her gerissen zwischen Moral und Lust, Vergangenheit und Zukunft, Verstand und Gefühl, Familie und Liebe. Sie leben für eine Zeit in einer Parallelwelt und aus therapeutischer Sicht ist es sehr wichtig, dass dies auch möglichst lange so bleibt. Das klingt sadistisch, wird manchmal auch so von den Betroffenen erlebt, hat aber gute Gründe, die durchaus menschlich sind.

Frisch Verliebte leben in einer Art psychischem Ausnahmezustand und es wäre wenig ratsam, wenn sie in solch einer labilen Situation Entscheidungen mit erheblichen langfristigen Folgen treffen würden. Daher rate ich den Paaren so lange auszuharren und keine überstürzten Entscheidungen zu treffen, bis wir gemeinsam diese Ambivalenzen geklärt haben. Dieses Leben in Parallelwelten ist für beide Partner und die oder den betroffenen Geliebten sehr schwer auszuhalten und manchmal stellt sich die Frage, wer eigentlich am meisten leidet. Die Dreiecksbeziehung steht unter Strom, an Schlaf ist kaum noch zu denken, die Nerven liegen blank und die Gefühle fahren Achterbahn. Die Gefahr besteht darin, dass heftige Gefühle zu Kurzschlusshandlungen führen und eine reflektierende Arbeit in der Paartherapie kaum noch möglich ist. Trennungs- und Verlustängste, Rachegelüste, Wutausbrüche, tiefe Traurigkeit und Einsamkeit wechseln sich ab, der frisch verliebte Partner fühlt sich dabei meist subjektiv wohler, wird aber geplagt von Schuldgefühlen, der verlassene Partner leidet unter einem ganz schwachen Selbstbewusstsein, Trauer und Rachegelüsten und die Geliebte fürchtet, dass es wie in den meisten schlechten Filmen und Büchern ausgeht und sie am Ende alleine dasteht. Diese dritte Person, der oder die Geliebte, ist es, die das größte Interesse daran hat, dass die Parallelwelten erhalten und ausgebaut, möglichst bald real und stabil werden und vor allem eines beherbergen soll: Eine gemeinsame partnerschaftliche Zukunft mit der neuen Geliebten!

Kleine neue Welten

Die Parallelwelten beginnen damit, dass neben der einen existierenden Welt eine zweite entsteht, ganz langsam, unmerklich. Die Keimzelle dieser neuen Welt ist das Liebesnest, der Ort, an dem die neuen Liebenden sich treffen, ihr Stelldichein haben, miteinander zärtlich sind, sich austauschen, und sei es nur die Bushaltestelle. Der Ort ist durchaus abhängig von den Jahreszeiten. Im Sommer kann diese neue kleine Welt die Natur in der Nähe der Wohnung des neuen Liebespartners sein, wenn er oder sie allein lebt auch deren Wohnung, ein Gartenhaus, eine kleine Kneipe. Verliebte sind ja bescheiden, sie brauchen in der Regel weniger Schlaf, kommen mit weniger Nahrung aus und haben wärmere Füße als nicht Verliebte. Die Sehnsucht nach dem Liebespartner bestimmt ihren Alltag, sie wollen sich möglichst bald wieder sehen, miteinander reden, zusammen sein, sich berühren. Ein Stückchen Wald reicht aus, ein kleiner Teich, auch gern nur die Parkbank auf dem kleinen versteckten Weg. Die Liebesliteratur ist voll von solchen Liebesnestern: die Minnegrotte bei Tristan und Isolde, der Turm bei Hero und Leander oder das Lustschloss der Jüdin von Toledo. Klassisch sind die Höhlen und Grotten, wie in Robert Musils Novelle »Grigia«, in der sich die Liebenden in der Höhle treffen und sich lieben, und eines Tages der betrogene Ehemann kommt und den großen Stein vor die Höhle wälzt, so dass die eingeschlossenen Liebenden darin elend zugrunde gehen. Diese Orte werden nicht nur ausgewählt nach ihrer Romantik und Zweckdienlichkeit, sie sollen auch unberührt sein, vor allem von den bisherigen Beziehungen, insbesondere der anderen, der Ehe. Zweckdienlichkeit erscheint bedeutsamer, nicht allein weil die Verliebten so nüchtern oder so sinnengesteuert sind, sondern eher, weil die Romantik sich bei ihnen meist von alleine einstellt. Der einfachste und zweckdienlichste Ort ist und bleibt natürlich die Wohnung des ungebundenen Partners, falls der Nachbar nicht ausgerechnet ein Arbeitskollege ist oder man sich der Gefahr aussetzen muss, dort erkannt zu werden. Das häufigste Problem mit der Wohnung des jeweils anderen besteht darin, dass auch dieser gebunden sein kann. Manchmal bieten auch gute Freunde ihre Wohnung an für ein »Schäferstündchen«.

Die kleine neue Welt hat aber nicht nur ihre Orte, sondern auch ihre Zeiten. Mittagspausen eignen sich dafür ebenso, wie Kurzurlaube, veränderte Arbeitszeiten, Blockseminare, Sonderschichten usw., aber irgendwann sind diese gestohlenen Zeiten und ihre erfundenen Begründungen erschöpft. Verliebte, die noch an ihre Familien gebunden sind, brauchen ein besonderes Zeitmanagement, aber selbst die Virtuosen unter den Zeitmanagern stellen am Ende fest, dass es nur zwei Möglichkeiten für sie gibt: Verzicht oder Schlafentzug. Und sie stellen meistens noch etwas Weiteres fest, was sie bislang kaum bemerkt haben: Ihre Familien haben kooperiert, sind bei zeitlichen Engpässen entgegengekommen, haben verzichtet, mitgeholfen, Termine geändert, sich flexibel und wohlwollend verhalten. Damit ist es häufig vorbei, denn die Ehefrauen weigern sich, weitere Fahrten, Dienste oder gar Arbeiten zu übernehmen, nur damit der Herr mehr Zeit mit seiner Geliebten haben kann. Solche ehelichen Kooperationsverträge werden wütend gekündigt und dies wiederum führt zu neuerlichen Komplikationen in einem ohnehin schon kompliziert gewordenen Leben.

SMS: Ich liebe dich!

Die modernen Kommunikationsmittel machen es möglich, dass die frisch und heimlich verliebten Partner auf schnelle und leichte Weise in Kontakt treten können. Als noch Briefe geschrieben wurden, war die Intensität der Beziehung eine andere. Vielleicht war sie größer, weil im Warten die Phantasie das ersetzen musste, was heute mit einer schnellen SMS oder gar einem Anruf geklärt werden kann. Wann und wo können wir uns wiedersehen? Dies scheint die häufigste und wichtigste Frage zu sein. Aber eine solche SMS kann auch verräterisch sein, wenn sie von der falschen Person – der Ehefrau oder dem Ehemann – gelesen wird und nicht selten ist die Wahlwiederholungstaste am Telefon die einfachste Methode einer misstrauischen Person, sich schmerzliche Gewissheit zu verschaffen.

Das Paar kam in die Therapie, weil die Liebesaffäre offen geworden war. Sie hatte es herausbekommen und er hatte keine Lust mehr gehabt, sie zu verheimlichen. Er wollte auf seine Geliebte nicht verzichten, sah aber zugleich keinen Grund, aus seinem Familienhaus auszuziehen. Wenn sie eine Trennung wolle, dann solle sie doch ausziehen, er wolle zwar keine Fortsetzung der Ehe mit seiner Frau, zumindest nicht so, wie es in den letzten Jahren war, aber die Geliebte verlor sofort ihre Attraktion, wenn er daran dachte, mit ihr zusammenzuziehen. Es sei vordergründig eine sexuelle Affäre, beiderseitig, aber mehr auch nicht. Die Ehefrau konnte damit scheinbar ganz ordentlich leben, da sie seit einigen Jahren keine Lust mehr verspürte, mit ihrem Mann Sex zu haben. Insofern schien alles auf ein stabiles Agreement hinauszulaufen: Sie wollten weiterhin zusammenleben, er hatte seine neue Sexualpartnerin und sie hatte ihre Ruhe – aber nach außen hin, zu den Nachbarn und Freunden, auch zur eigenen Familie, blieb alles beim Alten.

Dieses Arrangement kam erheblich ins Wanken, als sie eines Abends sehr spät von einer kleinen feuchtfröhlichen Zusammenkunft mit ihren zwei besten Freundinnen heimkehrte und ihren Mann auf dem Wohnzimmersofa antraf. Nicht etwa in einer eindeutigen Situation mit seiner Geliebten – sie hatten sich darauf verständigt, dass er sie niemals mit in das gemeinsame Haus bringen durfte und er hielt sich daran –, sondern schlafend auf dem Sofa. Auf seinem Bauch allerdings lag sein Handy mit einer Nachricht: Ich liebe dich! Dies hatte der Ehemann geschrieben und die Frau, die dies las, dachte, er habe die Nachricht an seine Geliebte geschickt, wollte das Handy ausmachen und drückte versehentlich auf Senden. Damit hatte sie diese Nachricht erst abgeschickt, ein technisches Missgeschick mit Spätfolgen. Seine sexuelle Affäre, sagte sie aufgeregt in der Therapiestunde einen Tag später, hatte sie ja noch billigen können, aber in diesen drei Worten bestand der Vertrauensbruch. »Er kann mit ihr Sex haben, wie er will, aber wenn er sie liebt, dann ist das etwas anderes, dann muss er ausziehen, das ist ein Vertragsbruch!« Er akzeptierte, weil auch er darin eine neue Qualität sah, aber er bestand darauf, dass er diese Nachricht gar nicht abgeschickt hätte. Er habe sie nur geschrieben, so wie man manches schreibt, aber nicht abgeschickt. Das habe erst seine Frau getan und deshalb sei er nicht dafür verantwortlich. Dies sei ein unglücklicher Zufall und wenn er sich es recht überlege, dann hätte er die SMS auch nie abgeschickt, es sei eine kleine Gefühlswallung gewesen, als er allein zu Hause war, seine Geliebte hatte keine Zeit gehabt, denn die sei mit ihrem Mann und ihren Kindern unterwegs und seine Frau sei bei ihren Freundinnen gewesen. So habe er sich etwas einsam gefühlt und habe dann die SMS geschrieben.

Ich fragte ihn, welche Bedeutung seine Handlungen haben würden, wenn man ihnen einen Sinn unterstellen, sie also nicht als Zufall abtun würde. Ihm fiel spontan ein, dass er auf diese Weise seiner Frau schlafend und ohne viele Worte habe mitteilen können, dass er seine Freundin liebe. Davor habe er stets zurück geschreckt und Angst gehabt, aber er wusste ja, dass sie an dem Abend spät wiederkommen, ihn dort auf dem Sofa liegen sehen und sich das Handy ansehen würde, das er zentral auf seinem Bauch platziert hatte. Jetzt sei er geradezu erleichtert, dass es raus sei. Die Frau war erstaunt und empört über diesen – bislang unbewussten und unausgesprochenen – Sinn seiner Handlungen und kündigte an, sich umgehend von ihm zu trennen.

Karl Marx, Jenny und Helene

Was die durch eine Affäre gekennzeichneten Verliebten von den ungebundenen Verliebten unterschieden ist, dass die einen es so heimlich treiben, wie die anderen es in die Welt heraus schreien wollen. Die Parallelwelt ist ein geheimer Ort, manchmal nur durch einen Vorhang getrennt von den Lebenszusammenhängen der Liebenden. Da die meisten Menschen ihre Partnerinnen und Partner dort kennen lernen, wo sie sich selbst auch zumeist bewegen, ist die Wahrscheinlichkeit recht groß, dass es sich um eine Arbeitskollegin, einen Studienkollegen, den Partner einer Freundin, die Partnerin eines guten Bekannten oder gar die Haushälterin handelt, die tagein tagaus im Hause der Familie arbeitet.

Dann fragt man sich, wie es möglich war, dass so lange so viele Menschen nichts gemerkt und nichts gesehen haben wollen.

Kann man sich vorstellen, dass der Mann in der eigenen Wohnung eine Liebesaffäre mit der Haushälterin der Familie hat und die Ehefrau nichts davon merkt? Kann es sein, dass die Haushälterin schwanger wird, alle Welt sich fragt, von wem das Kind sein könne und diese Liebesaffäre immer noch nicht bekannt wird? Wie viel geheime Verschwörung muss da am Werke sein? Die Rede ist von dem berühmten Philosophen und Ökonomen Karl Marx, seiner Frau Jenny von Westfalen und ihrer Haushälterin Helene.

Karl Marx hatte aufgrund seiner revolutionären Umtriebe vom preußischen Staat ein Publikationsverbot und die Ausweisung außer Landes erhalten. Karl und Jenny waren beide in Trier geboren, sie war vier Jahre älter als er. Die Familie der jungen Baroness von Westfalen hatte lange Zeit erfolgreich gegen eine nicht standesgemäße Heirat der adeligen Frau mit dem armen, jüdischen Studenten interveniert, aber nach siebenjähriger Verlobungszeit konnten sie endlich 1843 in Kreuznach heiraten. Nachdem sie aus Paris und Brüssel, wo sie drei Jahre lebten, ausgewiesen worden waren, blieb nur noch London als Zufluchtsort. Noch nach 13 Jahren Ehe schrieb Karl an seine Jenny glühende Liebesbriefe, die einer jugendliche Verliebtheit würdig sind: »Ich habe dich leibhaftig vor mir, und ich trage dich auf den Händen, und ich küsse dich von Kopf bis Fuß, und ich falle vor dir auf die Knie, und ich stöhne: Madame, ich liebe Sie. Und ich liebe Sie in der Tat, mehr als der Mohr von Venedig je geliebt hat« (Sichtermann, S. 122).

Der Mohr von Venedig ist eine Anspielung auf seinen eigenen Spitznamen; Marx wurde von seinen Freunden aufgrund seines Aussehens so genannt, denn er hatte in jungen Jahren mächtige, schwarze Locken und einen Vollbart, so dass sie ihn den Mohr nannten. Er schreibt Jenny also, dass er sie nach 13 Ehejahren mehr denn je liebt. Dennoch hat es heftige Krisen gegeben, die diese Ehe aushalten musste: Die Familie lebte in großer Armut, die Hälfte der Kinder erreichte nicht das Erwachsenenalter, sie wurden von der Polizei und den Staatsbehörden verfolgt und wäre da nicht der gute Freund und Kampfgefährte Friedrich Engels gewesen, der der Familie auch finanziell unter die Arme griff, hätten sie noch größeres Elend erleben müssen. Karl arbeitete Tag und Nacht, sogar beim Essen las er, und Jenny war mit der Familie allein gelassen. Wie er es unter diesen Umständen noch einrichten konnte, eine Liebesaffäre mit seiner Haushälterin Helene zu haben, wird wahrscheinlich ein Geheimnis bleiben. Helene wurde von Karl Marx schwanger und bekam einen Jungen, dessen Vaterschaft der gute Freund Friedrich Engels übernahm. Seine Lebensgefährtin Mary Burns war »frankly not amused«. Der Sohn wurde außerhalb der Familie untergebracht und keiner fragte sich, wie es ihm und vor allem seiner Mutter Helene eigentlich ging, sie waren die Opfer der Problemlösung. Im Jahre 1866 hat Karl Marx in einem Brief an seinen zukünftigen Schwiegersohn Paul Lafargue eine andere, kritische Bilanz seines Ehelebens gezogen: »Sie wissen, daß ich mein ganzes Vermögen dem revolutionären Kampf geopfert habe. Ich bedaure es nicht. Im Gegenteil. Wenn ich mein Leben noch einmal beginnen müsste, ich täte dasselbe. Nur würde ich nicht heiraten. Soweit es in meiner Macht steht, will ich meine Tochter vor den Klippen bewahren, an denen das Leben ihrer Mutter zerschellt ist« (Sichtermann, S. 126).

Eine dieser Klippen war sicherlich seine Liebesaffäre mit seiner Haushälterin gewesen, denn Jenny hatte mit Scheidung gedroht, wenn er die Affäre und ihre Folgen nicht aus der Welt schaffen würde. Inwieweit der brillante Analytiker sozialer Verhältnisse seine Fähigkeiten auch dazu eingesetzt hat, in selbstanalytischer Weise seine Liebesaffäre auf dem Hintergrund seiner ehelichen Beziehung zu verstehen, bleibt fraglich; wahrscheinlich ist eher, dass alles verschwiegen wurde, Friedrich Engels seine Freundschaftsdienste zum Wohle der Familie einsetzte und das Leben so weiterging wie zuvor. Ein anderer Philosoph hatte einige Jahrzehnte später schon viel mehr Schwierigkeiten, mit seiner geheimen Liebe klarzukommen, weniger im wirklichen Leben, als in seinen Gefühlen.

»Die Passion meines Lebens« – Martin Heidegger über Hannah Arendt

Später, sehr viel später, als die konkrete Liebesaffäre schon Jahre hinter ihm lag, hat Martin Heidegger seiner Frau Elfride gestanden, was ihm die Liebesbeziehung zu Hannah Arendt wirklich bedeutete. Er nannte sie »die Passion meines Lebens« (Safranski, S. 166) und es bleibt der Phantasie des Lesers überlassen, welche Wirkung diese Aussage auf Elfride gehabt haben muss. Die geheime Liebschaft zwischen dem Philosophie-Professor Martin Heidegger und seiner Studentin Hannah Arendt dauerte ein Jahr – und dennoch das ganze Leben.

Hannah Arendt war 1924 nach Marburg gekommen, um bei Bultmann und Heidegger zu studieren. »Sie entstammte einer gutbürgerlichen, assimilierten jüdischen Familie aus Königsberg, wo sie auch aufgewachsen war. Schon im Alter von vierzehn Jahren erwachte ihre philosophische Neugier. Sie las Kants ›Kritik der reinen Vernunft‹, beherrschte Griechisch und Latein so gut, dass sie mit sechzehn Jahren einen Studien- und Lesezirkel für antike Literatur begründete. Noch vor der Reifeprüfung, die sie als Externe in Königsberg ablegte, hatte sie in Berlin Romano Guardini gehört und Kierkegaard gelesen. Philosophie war für sie zu einem Abenteuer geworden. In Berlin hatte sie auch von Heidegger gehört« (Safranski, S. 166).

Sie hatte eindringliche Augen, trug einen Bubikopf, wie er damals modern war, dazu häufig ein grünes, auffallendes Kleid, weshalb man sie auch »die Grüne« nannte.

Sie wohnte in der Dachkammer eines alten Hauses in der Nähe der Universität und dort versammelten sich immer wieder Freunde und Studienkollegen zu philosophischen Gesprächen. Und dort traf sie sich seit Februar 1924 heimlich Heidegger; nicht einmal ihre engsten Freunde und Freundinnen wussten von diesen Treffen. Kurz zuvor hatte Heidegger seine junge Studentin in sein Büro eingeladen und es wird berichtet, dass sie sich schnell und tief in ihn verliebt habe.

»Hannah akzeptierte die von Heidegger bestimmten Spielregeln dieser Liebesaffäre. Strikte Geheimhaltung war das Wichtigste. Nicht nur seine Frau, auch sonst kein Mensch an der Universität und in der kleinen Stadt durfte davon etwas wissen. Verschlüsselte Botschaften gingen hin und her, Rendezvous wurden minutengenau vereinbart. Ein ausgeklügeltes Zeichensystem von ein- und ausgeschalteten Lampen, geöffneten Fenstern und Türen signalisierte Gelegenheiten und Gefahren. Hannah tat alles, was Heidegger die Unbequemlichkeiten des Doppellebens erleichterte. Sie fügte sich seinen Arrangements, ›um wegen meiner Liebe zu Dir nichts schwerer für Dich zu machen, als es zu sein hat‹. Hannah Arendt hat es nicht gewagt, von Heidegger zu verlangen, dass er sich für sie entscheide« (Safranski, S. 168).

Im Jahre 1928 sollte Hannah Arendt ihr Studium mit einer Arbeit über Augustins Begriff der Liebe abschließen, in der nicht nur wesentliche Gedanken von Heidegger enthalten sind, sondern ebenso ihre ganz persönlichen Liebeserfahrungen mit ihm. Im Sommer 1924 kommt es wegen der Semesterferien zu einer Trennung der heimlich Liebenden und während er mit der Familie auf seine Hütte in den Schwarzwald fährt, reist sie in die entfernte andere Ecke Deutschlands, nach Königsberg, wo sie lange Briefe schreibt. Hier formuliert sie erste Gedanken über die Liebe, die sich später auch in der

»Vita activa« finden. Sie kreisen um einen »weltlichen Zwischenraum« zwischen zwei Liebenden, ein Raum, der beide sowohl verbindet als auch trennt.

»In der Leidenschaft, mit der die Liebe nur das Wer des anderen ergreift, geht der weltliche Zwischenraum, durch den wir mit anderen verbunden und zugleich von ihnen getrennt sind, gleichsam in Flammen auf. Was die Liebenden von der Mitwelt trennt, ist, dass sie weltlos sind, dass die Welt zwischen den Liebenden verbrannt ist« (Safranski, S. 169).

Hannahs Bedeutung geht für Heidegger weit über die einer bloßen Geliebten hinaus, er schätzt sie vor allem auch wegen ihres scharfen Verstandes und gesteht später, dass er ohne sie sein Monumentalwerk »Sein und Zeit« nicht hätte schreiben können.

Heidegger, siebzehn Jahre älter als Hannah Arendt, hatte zur Zeit ihrer Liebesaffäre bereits zwei Söhne (1919 war Jörg geboren, 1920 Hermann), und seine Frau Elfride arbeitete hart mit an seiner Karriere. Elfrides Abneigung gegen Hannah rührte aber nicht nur daher, dass sie eine der vielen Studentinnen war, die ihren Mann umschwärmten, dass sie von ihm offensichtlich gemocht und bevorzugt wurde, sondern auch weil sie Jüdin war, denn Elfride war eine bekennende Antisemitin. Die Geheimhaltung und die vielen Codes, mit denen diese Geheimliebe aufrechterhalten werden sollte, gingen allesamt auf die Initiative von Heidegger zurück, Hannah hat dies nicht gewollt, sondern nur hingenommen.

Am Ende des Jahres 1924 wird dieses Arrangement für Hannah immer leidvoller und schwieriger. Er gibt ihr sehr klar zu verstehen, dass sie den Status der Geliebten hat, er bei seiner Frau bleibt und zugleich mit viel Akribie die heimlichen Treffen organisiert. Sie empfindet dies schmerzlich als eine Trennung von großer Liebe und eigener Identität, als eine Zerrissenheit von Gefühl und Person. Sie zieht von Marburg nach Heidelberg, eine räumliche Trennung wie sie übereinstimmend beide feststellen, aber eigentlich möchte sie von ihm zurückgehalten werden. Er stimmt dieser Trennung nicht nur zu, sondern ermuntert sie dazu. Erst verschweigt sie ihm ihre neue Adresse, will sich zurückziehen, aber er findet diese heraus und der Briefwechsel beginnt von Neuem. Heidegger macht neue Vorschläge für geheime Treffen, vorzugsweise auf Dienstreisen. So will er sie in einem kleinen Ort auf dem Weg in die Schweiz für eine Nacht treffen, ein gestohlener Tag und eine gestohlene Nacht.

Hannah Arendt schreibt ihm von ihren neuen Liebschaften, will ihn damit eifersüchtig machen. »Sie empfindet es als verletzend, wie er darauf reagiert. Er beglückwünscht sie und arrangiert weiterhin Stelldicheins. Er gibt ihr damit zu verstehen, dass er sich mit seiner großen Leidenschaft über die kleinen Leidenschaften des Tages, in die sie sich verwickelt, erhaben dünkt. Vor allem aber: Er merkt offenbar nicht, dass ihre Liebschaften hilflose Versuche sind, von ihm loszukommen. Und falls er es doch gemerkt haben sollte, dann, so kommt es ihr vor, bedeutet sein Verhalten, dass er seine Macht über sie spielen lassen möchte. Sie zieht sich zurück, antwortet auf Briefe nicht, aber dann kann es sein, dass wieder eine Aufforderung, eine Bitte, eine Liebeserklärung von ihm kommt, und sie ist zur Stelle« (Safranski, S. 172).

Aber eine wirkliche Liebesbeziehung ist das schon nicht mehr, eher ein langsames Sterben, ein Übergang in eine andere Art der Beziehung, weil die Frage der gemeinsamen Zukunft schon lange nicht mehr aktuell ist. Sie haben selbst Ende der 20er Jahre noch ein Stelldichein, aber es sind Begegnungen ohne Zukunft, nur in der Gegenwart. So, wie sie mit anderen Beziehungen und literarisch in Briefen und Gedichten um die Beziehung trauert, so zieht er sich zurück auf seine Hütte in den Schwarzwald, hackt Holz, spricht mit den Bauern und schreibt an seinem Werk »Sein und Zeit«. Es verschafft ihm nicht nur Ruhm, sondern auch eine ordentliche Professur, das handgeschriebene Exemplar dieser existenzialistischen, gottlosen Schrift legt er seiner frommen Mutter auf das Sterbebett. Erst im Februar 1950 sollte Hannah Arendt ihren ehemaligen Geliebten Martin Heidegger wieder besuchen und die alte Freundschaft und die Briefwechsel wieder aufnehmen, die dann bis zu seinem Lebensende anhalten sollten. Heidegger starb am 26. Mai 1976, in seinen letzten Lebensjahren hat Hannah Arendt ihn jedes Jahr besucht.

Man kann die Liebesbeziehung zwischen Hannah Arendt und Martin Heidegger nicht nur unter philosophischen, intellektuellen, erotischen oder allgemein menschlichen Aspekten betrachten, sie war immer auch eine politisch brisante Beziehung. Hannah Arendt war Jüdin, die 1933 über Paris nach New York flüchtete und 1951 das Buch veröffentlichte, das sie weltberühmt machen sollte: »Elemente und Ursprünge totaler Herrschaft«. Heidegger war in die NSDAP eingetreten, später hat sein öffentliches Eintreten für den Nationalsozialismus ihn seinen Lehrstuhl gekostet und ihm für die Nachkriegsjahre bis 1950 ein Lehrverbot beschert, aber er hat niemals öffentlich ein Schuldgeständnis abgelegt, das empfand er unter seiner Würde. So sehr Hannah Arendt sich öffentlich und theoretisch mit der Frage der Entstehung und Wirkung totalitärer Systeme auseinander gesetzt hat, so sehr hat er die Antworten auf diese Frage verweigert. Sie führte dies auf ein »Gemisch aus Eitelkeit und Verlogenheit oder besser Feigheit« (Sichtermann, S. 184) zurück und studierte an Eichmann die

»Banalität des Bösen«. Politisch trennten sie weiterhin Welten, aber im Jahre 1950 haben sie gemeinsam reinen Tisch gemacht: Das Ehepaar Heidegger traf sich mit Hannah Arendt zu einem persönlichen Gespräch, bei dem es zu einer offenen Aussprache gekommen sein soll.

Richard und Cosima Wagner und Hans von Bülow... und dann auch noch Friedrich Nietzsche

So heimlich und mit einem ausgeklügelten Zeichensystem der Geheimhaltung versehen die Beziehung zwischen Martin Heidegger und Hannah Arendt war, so unverschämt offen und provokant war die Liebesaffäre zwischen Cosima – damals noch mit Hans von Bülow verheiratet – und ihrem späteren Mann Richard Wagner. Beide lebten in einer Parallelwelt für sieben Jahre, vom Beginn der Liebesaffäre bis zum gemeinsamen Leben, aber bevor Cosima zu Richard Wagner zog, hatte sie bereits zwei Kinder mit ihm.

Cosima war eine nicht-eheliche Tochter von Franz Liszt und Marie d'Agoult. Sie war das Ergebnis einer der vielen Liebesaffären ihres Vaters, der ein in mehrfacher Hinsicht begehrter Konzertpianist und Komponist seiner Zeit war. Cosima wurde von ihrer österreichischen Großmutter und einigen Gouvernanten erzogen, immer in der Sehnsucht nach ihren leiblichen Eltern; später schrieb sie, sehr darunter gelitten zu haben, denn sie habe weder Mutter noch Vater gehabt. Sie hat in ihrem Leben wiederholt suizidale Krisen gehabt, ein ungeliebtes Kind, das sich schuldig glaubte.

»Ihr Vater Franz Liszt, der aus ihrer Kindheit verschwand, als wäre er gestorben, war Europas erfolgreichster Pianist und ein Herzensbrecher dazu. Seine drei Kinder, die ihn nur an die Exgeliebte erinnerten, hätte er am liebsten vergessen (...). Briefe wurden gewechselt, zärtliche der Kinder, strenge des Vaters, die von allen Enden des Kontinents nach Paris kamen. Nur er selbst kam nie« (Köhler, S. 28).

Als Cosima in die Pubertät kam, tauchten ihre Eltern wieder auf, aber nur, um sich erneut zu bekämpfen und die Opfer waren wieder mal die Kinder. Cosima wurde zu einer Erzieherin nach Berlin abgeschoben, in das Haus Bülow, wo sie ihrem späteren Mann Hans als Sohn der Hausherrin begegnete. Auch Hans von Bülow litt unter einem abwesenden Vater und nahm sich später Liszt und Wagner als Vaterersatz, so dass Cosima und Hans nicht nur in der Liebe zur Musik, sondern auch in der Liebe zu ihren damaligen Göttern aufgingen.

Als Cosima 1837 geboren wurde, hatte Richard Wagner bereits vier Jahre zuvor seine erste Oper »Die Feen« komponiert. Er war 24 Jahre älter als sie und sie überlebte ihn um 47 Jahre. Sie trafen sich beide das erste Mal im Hause Liszt in Paris im Jahre 1853, damals war sie 16 Jahre alt. Wahrscheinlich ist es so einfach und banal wie es klingt: Die vaterlose Tochter verliebt sich in den viel älteren Richard Wagner, weil dieser nicht nur Vaterfigur für, sondern ein ebensolches Musikgenie ist, wie ihr Vater es war. Cosima heiratet sehr früh, bereits mit 19 Jahren ist sie eine Baronin von Bülow. Von Beginn an bindet diese beiden Eheleute die Liebe zu Wagners Musik. Hans von Bülow wird später sogar Wagners Chefdirigent, der es auf geniale Weise versteht, nicht nur die Musik des Meisters zu intonieren, sondern ihren Geist, ihre Mystik erklingen zu lassen.

Vier Jahre nach dem ersten Treffen, bei dem sie noch eine Jugendliche war, sieht Cosima Richard Wagner wieder: Es ist bei einem Treffen im August 1857 in der Nähe des Züricher Sees und beide haben ihre Ehepartner dabei: Cosima ist mit ihrem Mann Hans von Bülow dort, Richard Wagner mit seiner ersten Frau Minna. In Wagners Ehe kriselt es bereits heftig, weil Minna seine dauernden Affären leid ist und 1862 trennt sie sich aus diesem Grund endgültig von ihm. Er hat mal wieder Feuer gefangen für eine andere Frau, aber es ist noch nicht Cosima, sondern die Ehefrau seines Gastgebers, Mathilde Wesendonck. Diese liebt zwar die Kompositionen Wagners, aber nicht ihn selbst und so bleibt seine Liebe unerwidert. Er verarbeitet sein Leid in der nächsten Oper »Tristan und Isolde«, in der ein Mann die Frau seines besten Freundes liebt, die Liebenden allerdings zueinander finden und im gemeinsamen Tod enden.

Erst im November 1868 zieht Cosima zu Richard Wagner, als sie bereits zwei Kinder von ihm hat. Die beiden heiraten am 25. August 1870 und ziehen ein Jahr später nach Bayreuth, wo Ludwig II. ein Festspielhaus für Wagner hat erreichten lassen, das mit »Der Ring der Nibelungen« feierlich eingeweiht wird. Wagner hat aus seinen Liebesaffären kaum einen Hehl gemacht.

»Dieser Mann kennt keine Hemmung. Nicht in der Oper. Nicht im Leben. Er selber, Wagner, hat das Ehepaar von Bülow im Sommer 1864 nach München zitiert, um den Tristan mit Hans von Bülow aufzuführen. Da wußte er schon von seiner Liebe, und er wußte von Cosimas Liebe zu ihm. Denn gefunden hatten sie sich schon ein Jahr zuvor. 1863 in Berlin. Erst als Cosima am 29. Juni 1864 bei ihm eintrifft, wird zwischen Richard und ihr alles geklärt. Denn sie kommt allein. Hans von Bülow wird erst acht Tage später folgen. Also haben sie acht Tage und sieben Nächte« (Sichtermann, S. 130).

Cosima lebt in zwei Welten – zwei Wohnungen, zwei Männer, von beiden Männern Kinder, zwei verschiedene Lebensorte.

»Die Entscheidung fällt in einem operngerechten Rahmen. Im September 1868 sind Richard und Cosima auf dem Weg nach Italien. Auf dem Gotthard zeugen sie Siegfried, ihren einzigen Sohn. In Genua bittet er sie, bei ihm zu bleiben. In Faido geraten sie in einen heftigen Sturm. Nur mit Mühe schaffen sie es, unbeschadet den Regengüssen und Geröllmassen zu entkommen... Oper und Leben sind nicht mehr zu trennen. Wenige Tage später reist Cosima nach München zu ihrem Noch-Ehemann und stellt die Verhältnisse klar« (Sichtermann, S. 131).

Aber so einfach, wie sich dies anhört, war es nicht. Wagner hatte immer seine Liebschaften an verschiedenen Orten, war ein Reisender in Sachen Liebe und hörte damit auch nicht auf, als er Cosima die einzige, ewige Liebe schwor. Im Jahre 1863, als er sie endlich erobert hatte, »wandelten, in abgelegenen Regionen seines Irrgartens, die ältere Freifrau von Bissing, die jüngere Marie von Buch, genannt ›Mimi‹, seine Wiener Mätresse Marie, die auch als Tänzerin bekannt war, nach wie vor die ›Tristan‹-Muse Mathilde Wesendonck, die schwerhörige Mainzerin Mathilde Maier und die überspannte Schauspielerin Friederike Meyer, nicht zu vergessen die abgehalfterte Gattin Minna« (Köhler, S. 39). Dies alles sollte so bleiben, bis Cosima ihren Mann Richard Wagner zum ersten Mal zum Vater machte, als dieser schon über fünfzig Jahre alt war. Erst dadurch bekam sie eine exklusive »Monopolstellung«, die sie sich aber immer wieder erkämpfen musste, sei es durch nachstellen und kontrollieren, sei es durch suizidale Krisen.

Was hatte Hans von Bülow dazu getrieben, sich die Liebesaffäre seiner Frau Cosima mit dem verehrten Richard Wagner nicht nur anzusehen oder stillschweigend zu dulden, sondern noch zu unterstützen? Hans von Bülow hatte schon seine Flitterwochen mit Cosima bei Wagner verbracht, weil er den Wunsch gehabt hatte, diese Zeit bei einem Menschen zu verbringen, den er wirklich liebte und der ihm viel bedeutete. Damals wollte er sich auch unbedingt Wagners neue »Siegfried«-Kompositionen anhören. Wahrscheinlich hat er die Liebesaffäre zwischen seiner Frau und dem verehrten, väterlichen Freund lange Zeit nicht wahrhaben wollen, erfolgreich verdrängt, innerlich als bloße Zugewandtheit uminterpretiert, bis er die Wirklichkeit nicht mehr ignorieren konnte. Und dann waren seine Reaktionen sehr heftig: Er reagierte mit Nervenzusammenbrüchen, psychosomatischen Krankheiten, suizidalen Krisen, Lähmungserscheinungen und Eifersuchtsanfällen. Als Cosima ihn nach Jahren der Demütigung um die Scheidung bat, wies er dies vehement zurück, denn er liebte sie noch, wollte seine beiden Töchter nicht im Hause Wagner verlieren und erinnerte sie daran, dass sie katholischen Glaubens waren und daher eine Scheidung nicht infrage kam. Der verratene Ehemann wehrte sich gegen sein Schicksal mit allem, was ihm zur Verfügung stand: Liebe, Krankheit, Raserei, Selbstmordabsichten und Scheidungsverweigerung.

Noch eine letzte Variante der Parallelwelt soll erwähnt werden, bevor wir uns dem leidvollen Schicksal der Verratenen, Verlassenen und Gehörnten widmen: die Parallelwelt im Kopf. Friedrich Nietzsche war lange Zeit ein glühender Verehrer der Kompositionen Wagners und fand in der Liebe zum Meister die Nähe zu dessen Frau. Cosima hat Nietzsches Avancen nie erwidert, nicht im konkret leiblichen Sinne, sondern stets spirituell, in langen Gesprächen und Briefen. Diese haben für Nietzsche anscheinend eine andere Bedeutung bekommen, als für Cosima. In seinen Phantasien lebte er letztlich in einer exklusiven Beziehung mit Cosima, besonders in den letzten zwölf Jahren seines Lebens, als er in geistiger Umnachtung als Folge seiner Syphiliserkrankung vor sich hin vegetierte. Diese Beziehungsphantasie ging sogar so weit, dass er sich selbst als ihren rechtmäßigen Ehemann ansah. Ihre Heirat mit Wagner habe er, aus Etikettegründen, nie anerkannt. »Im Verhältnis zu mir«, schreibt er in einer Notiz zu »Ecce homo«, »habe ich ihre Ehe mit Wagner immer nur als Ehebruch interpretiert (...)« In der Krankenakte der Großherzoglich Sächsischen Landes-Irren-Heilanstalt Jena findet sich unter dem 27. März 1889 der Ausspruch des Patienten vermerkt: »Meine Frau Cosima Wagner hat mich hierher gebracht« (Köhler, S. 191 und 195). Die Parallelwelt im Kopf, die konkrete Beziehungsphantasie mit einem anderen Menschen neben den real geführten Beziehungen kann somit folgerichtig zu einem Schicksal als Verlassenem führen. Denn wie die phantasierte Liebesbeziehung, so ist auch ihr Bruch, der Verrat an ihr, immer eine Folge des persönlichen Erlebens. Liebesbeziehungen entstehen immer als erstes in der Phantasie, aber wenn sie dort verbleiben, als eine einseitige, unerwiderte Liebe, dann ist dieser Mensch von Beginn an verraten, verlassen und betrogen: Um die Realisierung der Liebesbeziehung, um die Entwicklungen, die in der gemeinsamen Beziehung gesteckt hätten, um die Liebe, die es hätte sein können, das Leben, das hätte gelebt werden können. Der Konjunktiv kann weh tun.

9. Das Schicksal der Verratenen und Verlassenen

Aus der Kränkung entsteht entweder die Resignation, die Depression und der Rückzug oder aber die unbändige Wut und daraus wiederum die Rache! So einfach und klar scheint sich das Schicksal vieler Verratener, Verlassener und Gehörnter zusammenfassen zu lassen. Solcherlei Rache kann äußerst subtil und symbolisch sein, und eben dadurch besonders verletzend. Toni Morrison beschreibt in ihrem Buch »Liebe« die Rache einer Geliebten, die drei Jahre lang eine Liebesaffäre mit einem Mann hatte, der als »untrennbar verheiratet« (Morrison, S. 120) galt. Sie hat sich nicht an seiner Person gerächt, aber dennoch sehr persönlich: Sie hat seinen Cadillac in Gegenwart seiner neuen Geliebten demoliert.

»Der Besitzer (...) bekam den Schaden nie zu Gesicht, weil seine neue Freundin den Wagen abschleppen ließ, ehe der Anblick ihm das Herz brechen konnte. So hörte er nur von Christines Hammerschlägen gegen die Windschutzscheibe, den Rasiermesserschnitten ins pralle Leder, den Schlangen von heraus gezerrtem Kassettentonband (darunter am wichtigsten Al Greens ›For the Good Times‹), die sie über das Armaturenbrett und das Lenkrad drapiert hatte. Er hörte davon, aber er sah es nicht. Und das tat ebenso weh wie der Laufpass, den er ihr gegeben hatte. Einen Cadillac zu meucheln war niemals eine Kleinigkeit, aber es am hellen Tag inmitten ätzender Schwaden des Kölnischwassers einer Nebenbuhlerin zu tun war eine Leistung, die die ungeteilte Aufmerksamkeit dessen verdiente, dem sie zugedacht war« (Morrison, S. 120).

Wie kann man einen Mann mehr verletzen, als ihm sein geliebtes Auto zu zerstören, noch dazu einen Cadillac mit roten Ledersitzen? Auf diese zutiefst symbolische Weise hat der Mann erfahren, »wozu eine abgelegte Liebe fähig war« (Morrison, S. 120). Die Polizei hat nicht lange auf sich warten lassen, aber Christine hatte ja auch gute Freundinnen. »Sie rieten Christine, sich keinen Kopf zu machen, irgendeine Frau würde ihm eines Tages schon den Schwanz abbeißen, und außerdem sei sie immer noch ein Klasseweib und andere Mütter hätten auch attraktive Söhne und überhaupt würde nichts so heiß gegessen wie gekocht« (Morrison, S. 123).

So unterschiedlich die möglichen Motive der Liebesaffären und ihre jeweiligen Begründungen bzw. psychologischen Rationalisierungen sein mögen, so verschiedenartig sind auch die möglichen Reaktionen der Verratenen, Verlassenen und Gehörnten. Beide Liebenden auf der Stelle totzuschlagen, wie in Dantes »Göttlicher Komödie« geschehen, war immer eine mögliche Reaktion. Aber schon Hephaistos ist in der griechischen Mythologie – wie Homer in der »Odyssee« berichtet – entschieden planvoller und weniger affektgesteuert vorgegangen.

Die Rache des Hephaistos

Die Walt-Disney-Productions hatten einen ihrer größten Welterfolge mit dem Film »Die Schöne und das Biest«, dem die Psychologie in ihrer Kernaussage nur zustimmen kann: Im hässlichen Biest ruht ein liebenswerter Kern, der in einem abstoßenden Körper gefangen ist. Diesen guten Kern, die liebenswerte Persönlichkeit hinter der Fassade der Fratze zu erkennen, ist ebenfalls nur einem guten Menschen vorbehalten, und dass sich beide am Ende lieben ist daher kein Wunder. Das Motiv ist uralt und wurde mit Anthony Quinn als Quasimodo im »Glöckner von Notre-Dame« verfilmt.

In der griechischen Mythologie – beschrieben von Homer im 8. Gesang der »Odyssee« – wird dieses Thema repräsentiert durch die Beziehung zwischen dem verkrüppelten Hephaistos und der schönen Aphrodite. Aphrodite ist die Göttin der Liebe, sie versinnbildlicht die Schönheit schlechthin. Hephaistos dagegen ist ein hässlicher, schwarzer Mann, der durch eine Verkrüppelung an beiden Füßen entstellt ist und daher hinkt. Seine Zehen sind von Geburt an nach hinten gebogen, so dass er nicht richtig laufen kann, er hat Pferdefüße und hinkt. Er ist ein Sohn der göttlichen Hera, die ihn als Missgeburt verstieß und vom Himmel herunterschleuderte. Er arbeitet als Schmied beständig mit dem Feuer und fertigt wahre Kunstwerke an, so dass alle ihn brauchen und sein Handwerk schätzen, einschließlich der Götter. Er ist verheiratet mit Aphrodite, die allerdings ein Verhältnis mit dem schönen Kriegsgott Ares hat, einem Halbbruder des Hephaistos. Während Hephaistos bei der Arbeit in der Schmiede ist, schleicht sich Ares in das Bett der schönen Aphrodite. Der Sonnengott Helios sieht dies und berichtet Hephaistos vom Verhältnis seiner Frau mit seinem Bruder. Hephaistos ist fürchterlich erzürnt, sinnt nach Rache, geht aber nicht gleich voller Wut zu den beiden, sondern kehrt zurück in seine Schmiede »mit rachevollen Entwürfen«. Er fertigt ein wahres Kunstwerk an, wie es bis dahin noch keines gab, indem er ein feingliedriges, riesiges Netz schmiedet, das unzerreißbar und beinahe unsichtbar ist. Dieses legt er eines Tages um das Gemach seiner Ehefrau aus, bevor er sich von ihr verabschiedet, weil er angeblich zu einer längeren Reise aufbricht. Kaum hat der Ehemann das Haus verlassen, nähert sich Ares hoch erregt und erfreut seiner geliebten Aphrodite mit den Worten: »Komm, Geliebte, zu Bette, der süßen Ruhe zu pflegen, denn Hephaistos ist nicht daheim; er wandert vermutlich zu den Sintiern jetzt, den rauhen Barbaren in Lemnos« (Homer, S. 543).

Kaum haben die beiden sich ins Bett begeben, da legt sich der feine und feste Schleier des Netzes über sie, so dass sie sich nicht mehr bewegen können. Hephaistos hatte ihnen versteckt aufgelauert und betrat nun das Schlafgemach seiner Ehefrau, gezeichnet von dem zweifelhaften Triumph des betrogenen Ehemannes. Bei dem Anblick der beiden nackten Liebenden ergreift ihn ein fürchterlicher Zorn, und er ruft alle Götter herbei, bis zu Zeus persönlich, damit sie herkommen sollen und sich diese Schmach ansehen. Und während er die Götter anruft und diese herbeieilen, klagt er über sein verunstaltetes

Das Schicksal der Verratenen und Verlassenen

Leben, sein Dasein als Krüppel und beschimpft seine Frau, dass sie Ares nur liebe, weil er gerade Beine habe:

»Eilends ging er zu Hause mit tief bekümmerter Seele
Stand in dem Vorsaal still, und der rasende Eifer ergriff ihn.
Fürchterlich ruft er aus und alle Götter vernahmen's:
Vater Zeus und ihr anderen unsterbliche Götter,
Kommt und schaut den abscheulichen und unausstehlichen Frevel,
Wie mich lahmen Mann die Tochter Zeus, Aphrodite,
Jetzo auf immer beschimpft und Ares den Bösewicht herzet;
Darum, weil jener schön ist und gerade von Beinen, ich aber
Solche Krüppelgestalt! Doch keiner ist schuld an der Lähmung
Als die Eltern allein! O, hätten sie nimmer gezeuget!
Aber seht doch, wie beide in meinem eigenen Bette
Ruhn und der Wollust pflegen! Das Herz zerspringt mir beim Anblick!
Künftig möchten sie zwar auch nicht ein Weilchen so liegen!
Wie verbuhlt sie auch sind, sie werden nicht wieder verlangen,
So zu ruhn!« (Homer, S. 543).

Die Götter kommen alle herbei – Poseidon, Hermes, Apollon – »und ein langes Gelächter erscholl bei den seligen Göttern«. Bei diesem großen Gelächter wird nicht ganz klar, worüber sich die Götter belustigen, die Ehebrecherin, den Ehebrecher oder den betrogenen Ehemann. Aber sie freuen sich darüber, dass diesmal der Langsame den Schnellen besiegt hatte. »Und man wendete sich zu seinem Nachbar und fragte: Böses gedeihet doch nicht; der Langsame haschet den Schnellen! Also ertappt Hephaistos, der Langsame, jetzo Ares, welcher am hurtigsten ist von den Göttern des Olympos, er, der Lahme, durch Kunst. Nun büßt ihm der Ehebrecher!« (Homer, S. 543). Nur die Göttinnen waren alle nicht erschienen, denn sie schämten sich sehr. Hephaistos hielt die beiden weiterhin gefangen und forderte vor den Göttern seine Brautgeschenke zurück. Also sprach er: »Allein ich halte sie fest in der Schlinge, bis der Vater zuvor mir alle Geschenke zurückgibt, die ich als Bräutigam gab für sein schamloses Gezüchte! Seine Tochter ist schön, allein unbändigen Herzens!« (Homer, S. 543).

Die Götter lachten weiterhin, nur Poseidon lachte nicht mit. Er bot sich an, für den Kriegsgott Ares zu bürgen und zu bezahlen: »Lös ihn! Ich stehe dafür: er soll, wie du es verlangest, vor den unsterblichen Göttern dir alles bezahlen, was recht ist.«

Daraufhin löste Hephaistos das Band, mit dem das Netz gehalten wurde und die befreiten Liebenden rannten in entgegengesetzte Richtungen davon, dem Gelächter der Götter zu entgehen, voller Schuld und Schmach. Aphrodite floh nach Kypros, ließ sich dort von den Charitinnen baden, salben und anschließend schmücken und in neue, schöne Gewänder kleiden.

So endet die Beziehung zwischen dem hässlichen Hephaistos und der schönen Aphrodite mit ihrer Trennung nach dem Ehebruch der Frau. Der Betrogene beklagt sich bei den Göttern, fordert sein Geld zurück und erhält es von Poseidon – wahrscheinlich, weil Aphrodite dem Meer entstiegen war. Es ist keine Love-Story mit Happy-End, bei der die Schöne und das Biest sich am Ende in den Armen liegen. Hephaistos und Aphrodite hatten nicht aus Liebe geheiratet, sondern weil er die Brautgeschenke dargebracht hatte, die der Vater der Braut gefordert hatte, und er erhält Genugtuung für die erlittene Schmach, indem er seine Investitionen zurückerhält. Gänzlich unromantisch, ohne Liebesklagen, Ehe als eine Zweckgemeinschaft im rein ökonomischen Überlebenssinne – auch unter den Göttern.

Troja

Männer nehmen sich ihre Liebe notfalls auch mit Gewalt; dies jedenfalls sagt die Erfahrung, die Geschichte und die Literatur. Sie tauchen als Treuebrechende auf, und wenn sie mal zu den Gehörnten gehören, so rächen sie sich häufig genug mit Mord und Totschlag. Aber: Frauen sind dazu auch fähig: Klytaimnestra wird in der »Orestie« des Aischylos als eine solche Frau beschrieben, die kalt, berechnend und planvoll, zudem noch zusammen mit ihrem Geliebten, den Mord an ihrem Gatten begeht, der kein geringerer als Agamemnon ist. Dieser kehrt nach Jahren des Kampfes aus dem trojanischen Krieg heim. Klytaimnestra bereitet Agamemnon ein Bad zur Begrüßung. Als dieser sich nichts ahnend auf die Begrüßungszeremonie einlässt, wirft sie ihm ein Gewand über den Kopf, erschlägt ihn mit einer Axt und freut sich darüber, wie das Blut aus ihm herausspritzt (Aischylos, S. 51):

»Wo ich erschlug, da stehe ich, bei vollbrachter Tat.
Und also führte ich es aus – ich leugne es nicht -,
Daß keine Flucht und Abwehr des Geschicks mehr blieb.
Ein Zugnetz, endlos, wie der Fischer Netze sind,
Werf ich ihm um, ein arges Prunknetz von Gewand.

Und zweimal trifft mein Schlag ihn, zweimal schreit er auf
Und läßt die Glieder sinken, und den dritten Schlag
Versetz ich dem Gestürzten, ein Geschenk, wie Zeus
Es wünscht, der unter unserer Flur die Toten schützt.
So liegt er da, und seine Seele würgt er aus.
Und wie er ausbricht einen scharfen Strahl von Blut,
Mit dunklem Sprühn purpurnen Taus trifft er mich.
Und minder nicht bin ich erheitert als die Saat ...«

Klytaimnestra ist mit diesem Meuchelmord an ihrem Gatten zur Rettung ihrer Liebesaffäre in die Literaturgeschichte eingegangen. Sie ist aber eine Ausnahme geblieben. Verlassene Frauen leiden meistens still, tief, trauern um den Mann, und manchmal weinen sie ihn gar zu Tode, wie das »Undine« im gleichnamigen Roman von Friedrich de la Motte-Fouque aus dem Jahre 1811 tut. Diese Tötung des geliebten, aber untreuen Mannes ist eine besonders depressive Form der Aggression, ein trauernder Mord. Es ist ein Märchen über die Wasserfrau Undine, eine weise, naturverbundene, feenartige Frau.

Ich habe ihn tot geweint

Undine ist ein wunderschönes und faszinierendes Mädchen. Sie wohnt am Wasser bei den Fischern und trifft eines Tages den schönen Ritter Huldbrand. Sie verlieben sich heftig, und bald darauf zieht Undine zum Ritter auf dessen Burgschloss. Aber der Ritter hat eine alte Liebe, der er sich wieder zuwendet. Undine bekommt das mit, warnt ihn, insbesondere auch vor ihren Freunden, den Feen und Geistern des Wassers, aber der Ritter hört nicht auf sie und verstößt sie obendrein. Da beginnt die traurige Rache der Undine. Nach der Hochzeitszeremonie des geliebten Mannes mit seiner alten Freundin Bertalda – aber noch bevor die beiden sich zur Hochzeitsnacht zurückziehen können – erscheint ihnen Undine (Fouques, zit. n. von Matt, S. 235).

»Aus des Brunnens Öffnung stieg es gleich einer weißen Wassersäule feierlich herauf; sie dachten erst, es würde mit dem Springbrunnen Ernst, bis sie gewahrten, dass die aufsteigende Gestalt ein bleiches, weißverschleiertes Weibsbild war. Das weinte bitterlich, das hob die Hände ängstlich ringend über das Haupt und schritt mit langsam ernstem Gange nach dem Schlossgebäu (...).«

Undine ging geradewegs ins Gemach ihres ehemaligen Mannes und Geliebten und fragte ihn: »›Willst du mich denn nicht noch ein einziges Mal sehen? Ich bin schön, wie als du auf der Seespitze um mich warbst.‹ – ›O, wenn das wäre!‹ seufzte Huldbrand; ›und wenn ich sterben dürfte an einem Kusse von dir‹ - ›Recht gern, mein Liebling‹, sagte sie. Und ihre Schleier schlug sie zurück, und himmlisch schön lächelte ihr holdes Antlitz daraus hervor. Bebend vor Liebe und Todesnähe neigte sich der Ritter ihr entgegen, sie küsste ihn mit einem himmlischen Kusse, aber sie ließ ihn nicht mehr los, sie drückte ihn inniger an sich und weinte, als wolle sie ihre Seele fortweinen. Die Tränen drangen in des Ritters Augen und wogten im lieblichen Wehe durch seine Brust, bis ihm endlich der Atem entging und er aus den schönen Armen als ein Leichnam sanft auf die Kissen des Ruhebettes zurücksank. ›Ich habe ihn tot geweint!‹, sagte sie zu einigen Dienern, die ihr im Vorzimmer begegneten, und schritt durch die Mitte der Erschreckten langsam nach dem Brunnen hinaus« (Fouques, zit. n. von Matt, S. 235f).

Welch schöner Tod in den Armen der Geliebten an einem Kuss zu sterben; allerdings ist es die ehemalige Geliebte und es ist ein Todeskuss.

Undine geht

Ingeborg Bachmann hat das Thema der Undine aufgegriffen, radikal gewandelt und in die Moderne des Geschlechterkampfes übertragen. Bei ihr lebt Undine am Rande des Waldes, sie ruft die Männer und sie kommen. Sie heißen alle Hans und sie genießen die Liebe der Undine, verraten damit aber zugleich ihre geordneten, bürgerlichen Ehen und Verhältnisse. In Analogie drängt sich das Bild einer schönen Prostituierten auf, die die Männer genießt, vor allem die Macht über sie, die die Männer kurzzeitig und beziehungslos empfängt, sich aber heraushält aus dem Alptraum der Normalität und der bürgerlichen Ehe, vielleicht auch, weil sie es anders nicht kann. So sagt sie (Bachmann, zit. n. von Matt S. 240f): »Ich habe keine Kinder von euch, weil ich keine Fragen gekannt habe, keine Forderung, keine Vorsicht, Absicht, keine Zukunft und ich wusste, wie man Platz nimmt in einem anderen Leben. Ich habe keinen Unterhalt gebraucht, keine Beteuerung und Versicherung, nur Luft, Nachtluft, Küstenluft, Grenzluft, um immer wieder Atem holen zu können für neue Worte, neue Küsse, für ein unaufhörliches Geständnis: Ja. Ja.«

Nachdem die Männer die Liebe der Undine genossen haben, kehren sie zu ihren Ehefrauen zurück. Und Undine beklagt sich über die Scheinheiligkeit der Männer, ihre lügnerischen kurzen Augenblicke der geheuchelten Liebe bei ihr, über die Scheinheiligkeit ihrer Ehen und begräbt sie in einer großen Klage über die Banalität des ehelichen Alltags schlechthin:

»Ihr Ungeheuer mit euren Frauen! Hast du nicht gesagt: Es ist die Hölle und warum ich bei ihr bleibe, das wird keiner verstehen (...). Ihr Ungeheuer mit euren Redensarten, die ihr die Redensarten der Frauen sucht, damit euch nichts fehlt, damit die Welt rund ist. Die ihr die Frauen zu euren Geliebten und Frauen macht, Eintagsfrauen, Wochenendfrauen, Lebenslangfrauen und euch zu ihren Männern machen lasst. (Das ist vielleicht ein Erwachen wert!). Ihr mit eurer Eifersucht auf eure Frauen, mit eurer hochmütigen Nachsicht und eurer Tyrannei, eurem Schutzsuchen bei euren Frauen, ihr mit eurem Wirtschaftsgeld und euren gemeinsamen Gutenachtgesprächen, diesen Stärkungen, dem recht behalten gegen draußen, ihr mit euren hilflos gekonnten, hilflos zerstreuten Umarmungen. Das hat mich zum Staunen gebracht, dass ihr euren Frauen Geld gebt zum Einkaufen und für die Kleider und für die Sommerreise, da ladet ihr sie ein (ladet sie ein, zahlt, es versteht sich!). Ihr kauft und lasst euch kaufen. Über euch muss ich lachen und staunen, Hans, Hans, über euch kleine Studenten und brave Arbeiter, die ihr euch Frauen nehmt zum Mitarbeiten, da arbeitet ihr beide, jeder wird klüger an einer anderen Fakultät, jeder kommt voran in einer anderen Fabrik, da strengt ihr euch an, legt das Geld zusammen und spannt euch vor die Zukunft. Ja, dazu nehmt ihr euch die Frauen auch, damit ihr die Zukunft erhärtet, damit sie Kinder kriegen, da werdet ihr mild, wenn sie furchtsam und glücklich herumgehen mit den Kindern in ihrem Leib. Oder ihr verbietet euren Frauen, Kinder zu haben, wollt ungestört sein und hastet ins Alter mit eurer gesparten Jugend. O das wäre ein großes Erwachen wert! Ihr Betrüger und ihr Betrogenen. Versucht das nicht mit mir. Mit mir nicht« (Bachmann, zit. n. von Matt, S. 248f).

Da bleibt einem die Luft weg, ob Mann oder Frau, das ist die Anklage an das bürgerliche, heuchlerische, doppelmoralische, durchgeplante, unerträgliche, lebendig-tote Eheleben schlechthin! Rache ist hier überflüssig, lächerlich, wer sich da rächen wollte, der würde dem Ganzen noch einen Sinn und eine Wahrhaftigkeit unterstellen. Bei Ingeborg Bachmann ist diese Undine weise, indem sie sich aus dem ganzen Beziehungsspiel selbst heraushält. Hans, dieser marionetten- und schablonenhafte Mann, mit dem es nur kurze Begegnungen am Waldesrand, kurze Liebschaften, trügerische Liebschaften und nicht einmal eine kurze verliebte Liebe gibt, denn selbst diese wäre geheuchelt. Die Ehe, die zwischenmenschlichen Beziehungen, die Liebe – alles das evoziert nur noch Ekel und bietet keinerlei Anlass zur Rache, bestenfalls zur Verbitterung.

Anscheinend ging es Ingeborg Bachmann auch privat so, sie empfand die Liebe als einen Angriff auf ihre persönliche Freiheit. In der Liebesaffäre mit Max Frisch wiederholt sie ihren Undine-Mythos. Max Frisch ist bereits 47 Jahre alt, verheiratet und hat drei Kinder, als er im Sommer 1958 die zweiunddreißigjährige Ingeborg Bachmann in Paris trifft, um mit ihr die Biedermann-Aufführung zu besuchen. Sie ist eine hoffnungsvolle, aber noch weithin unbekannte Lyrikerin aus Österreich, er ein schon bekannter schweizer Schriftsteller. Bis zum Mai 1959 lebt das Paar in Zürich, im Sommer wird er von seiner Frau, mit der er 17 Jahre verheiratet war, geschieden und im Herbst macht er Ingeborg Bachmann einen schriftlichen Heiratsantrag, auf den sie nicht einmal reagiert. Im darauffolgenden Jahr ziehen beide nach Rom, aber die Beziehung ist kompliziert und als sie sich 1962 bereits wieder trennen, müssen sie diese Liebe literarisch verarbeiten: Sie mehr indirekt und symbolisch in ihrem Roman »Molina«, er dagegen direkter mit Nennung ihres Namens in seinem Buch »Mein Name sei Gantenbein«. In »Molina« scheitert die Liebe einer Frau an ihrem egozentrischen Partner. Für Bachmann stand der Kampf der Geschlechter im Mittelpunkt ihres Denkens und Schreibens, Liebe und Freiheit gingen nicht zusammen, der »geliebte Feind« musste aus einer Selbstachtung heraus abgeschafft werden, Liebe war für sie weniger ein Glück, als vielmehr ein Problem.

Abwarten, bis sich etwas ändert

Frauen trauern tief um ihre geliebten Männer und gehen dabei bis zur Verbitterung über das Leben schlechthin. Nur selten schlagen oder morden sie – und was tun die Männer? Können sie nur gewalttätig, aggressiv und impulsiv reagieren? Nein! Die häufigste Reaktion der Männer auf die Unzufriedenheit der Frauen mit Partnerschaft und Ehe ist das Abwarten. Man(n) bleibt ruhig und äußerlich souverän, bis sie sich wieder beruhigt hat und von ihrer Kritik ablassen kann. Dies ist die Reaktion der Männer auf die unzufriedenen Ehefrauen und manchmal reicht diese Hilflosigkeit so weit, dass selbst wenn die Frau mit dem anderen Geliebten durchgebrannt ist, sie immer noch warten.

Diese ganz besondere Form der Trauer bei einem verlassenen Mann, jenseits von Mord und Totschlag, beschreibt Heinrich Böll in seinen feinfühligen »Ansichten eines Clowns«.

Das Schicksal der Verratenen und Verlassenen

Hans Schnier, Sohn eines reichen rheinischen Braunkohle-Industriellen, empfindet die großbürgerliche Atmosphäre seiner Familie durchgehend – vom Faschismus hin zum demokratischen Wiederaufbau – heuchlerisch und distanziert sich von ihr – er wird Clown. Hinter der Maske des Clowns spezialisiert er sich auf das Demaskieren der katholisch-politischen Machtverhältnisse. Er verliebt sich in Marie, die Tochter eines Kleinwarenhändlers und Alt-Kommunisten, doch eines Tages beschließt diese, ihn aufgrund seiner nicht ausreichend inbrünstigen Einstellung zum katholischen Glauben zu verlassen. Hans Schnier versteht das alles nicht, für ihn ist das widersprüchlich und unerklärlich (Böll, S. 72): »Ihr metaphysischer Schrecken leuchtete mir nicht ein, und wenn sie nun hinging und mit Züpfner all das tat, was ich mit ihr getan hatte, so beging sie Dinge, die in ihren Büchern eindeutig als Ehebruch und Unzucht bezeichnet wurden. Ihr metaphysischer Schrecken bezog sich einzig und allein auf meine Weigerung, uns standesamtlich trauen, unsere Kinder katholisch erziehen zu lassen. Wir hatten noch gar keine Kinder, sprachen aber dauernd darüber, wie wir sie anziehen, wie wir mit ihnen sprechen, wie wir sie erziehen wollten, und wir waren uns in allen Punkten einig, bis auf die katholische Erziehung. Ich war einverstanden, sie taufen zu lassen. Marie sagte, ich müsse es schriftlich geben (...)«.

Es geht also lediglich um die schriftliche Bestätigung für die katholische Erziehung der Kinder, die er zu einem Zeitpunkt verweigerte, als sie noch lediglich über die Kinder sprachen. Nachdem Marie ihn verlassen hat, kann er nicht mehr arbeiten und leben und schon gar nicht mehr lieben, hier rächt sich seine Monogamie. Täglich schreibt er ihr Briefe an die Adresse einer gemeinsamen Freundin, die alle unbeantwortet bleiben. Er trinkt Cognac, raucht, isst kalte Bohnen aus der Dose, hat kein Geld mehr, telefoniert mit alten gemeinsamen Freunden, in der Hoffung, von ihnen zu erfahren, wo Marie sei, und als er letztlich erfährt, dass sie mit dem Vorzeigekatholiken Züpfner nach Rom auf Hochzeitsreise gefahren ist, empfindet er nur noch Trauer und Unverständnis. Es war doch seine Frau, wie konnte die einen anderen heiraten und mit ihm all das tun, was sie mit ihm getan hatte? Er spricht mit seiner Mutter, seinem Bruder und sogar sein Vater besucht ihn, aber keiner versteht die Krankheit seiner Seele. So schminkt er sich ein letztes Mal ganz weiß, vielleicht wie ein Toter oder ein Selbstmörder, und beschließt, auf Marie zu warten – und zwar dort, wo sie eines Tages wieder ankommen musste: auf dem Bahnhof in Bonn: »Es war kühl draußen, Märzabend, ich schlug den Rockkragen hoch, setzte den Hut auf, tastete nach meiner letzten Zigarette in der Tasche. Mit fiel die Kognakflasche ein, sie hätte sehr dekorativ gewirkt, aber doch die Mildtätigkeit behindert, es war eine teure Marke, am Korken erkennbar. Das Kissen unter der linken, die Gitarre unter den rechten Arm geklemmt, ging ich zum Bahnhof zurück. Auf dem Weg erst bemerkte ich Spuren der Zeit, die man hier die ›närrische‹ nennt. Ein als Fidel Castro maskierter betrunkener Jugendlicher versuchte mich anzurempeln, ich wich ihm aus. Auf der Bahnhofstreppe wartete eine Gruppe von Matadoren und spanischen Donnas auf ein Taxi. Ich hatte vergessen, es war Karneval. Das passte gut. Nirgendwo ist ein Professioneller besser versteckt, als unter Amateuren. Ich legte mein Kissen auf die dritte Stufe von unten, setzte mich hin, nahm den Hut ab und legte die Zigarette hinein, nicht genau in die Mitte, nicht an den Rand, als wäre sie von oben geworfen worden, und fing an zu singen: ›Der arme Papst Johannes‹, niemand achtete auf mich, das wäre auch nicht gut gewesen: nach einer, nach zwei, drei Stunden würden sie schon anfangen, aufmerksam zu werden. Ich unterbrach mein Spiel, als ich drinnen die Stimme des Ansagers hörte. Er meldete einen Zug aus Hamburg – und ich spielte weiter. Ich erschrak, als die erste Münze in meinen Hut fiel: es war ein Groschen, er traf die Zigarette, verschob sie zu sehr an den Rand. Ich legte sie wieder richtig hin und sang weiter« (Böll, S. 253). So endet das Buch.

Mord als Fehlleistung

In Paartherapien erlebe ich es oft, dass Menschen die Verantwortung für ihr Handeln ablehnen oder einschränken wollen, indem sie darauf hinweisen, dass sie eine Handlung nicht bewusst, sondern lediglich unbewusst gemacht hätten. Dies lasse ich selten als Entschuldigung gelten, denn: »Auch Ihr Unbewusstes gehört Ihnen!« Es ist ja gerade eine der bedeutsamen Entdeckungen der Psychoanalyse gewesen, dass die kleinen Fehlleistungen des Alltags als ein Ausdruck unbewusster Impulse verstanden werden können. Wenn Menschen sich versprechen oder wenn sie wichtige Termine oder Namen vergessen, dann hat das Unbewusste seine Finger im Spiel, dann sprechen wir psychologisch von der Unzufälligkeit der vermeintlichen Zufälle. Kann man aber auch unbewusst einen Mord als Fehlleistung begehen, weil man sich an einem geliebten Menschen rächen will? Dann hat der Mensch es nicht gewollt, sondern nur sein Unbewusstes, dann ist er nicht dafür verantwortlich und kann auch nicht schuldig sein oder?

Das Schicksal der Verratenen und Verlassenen

Die Erzählung »Skizze eines Unglücks« von Max Frisch ist so aufgebaut, dass sie aus Erinnerungsfetzen besteht, die lückenhaft sind und zeitlich durcheinander gehen. Im Mann hat sich der Stachel der Eifersucht gegenüber seiner Frau Marlies so festgesetzt, dass er in einen Unfall verwickelt wird, bei dem ihm nichts passiert, während seine Frau umkommt. War das ein Zufall oder ist der Unfall mit dem tödlichen Ausgang für die untreue Frau ein unbewusst motivierter Mord? »Er hatte Vorfahrt, insofern keinerlei Schuld. Der Lastwagen mit Anhänger kam von links in die Allee kurz vor Montpellier. Es war Mittag, sonnig, wenig Verkehr (...)« (Frisch, S. 9). Er hatte also keinerlei Schuld, denn er hatte Vorfahrt, aber es war Mittag, sonnig, wenig Verkehr und er hat den Wagen kommen sehen:

»Marlis hat den Lastwagen gesehen, sie hat ihn gewarnt, er hat den Lastwagen gesehen, aber nicht gebremst; er hatte Vorfahrt. Es kann sein, dass er sogar Gas gegeben hat, um zu zeigen, dass er sicher ist. Sie hat geschrieen. Die Gendarmerie von Montpellier gab ihm recht« (Frisch, S. 36 f). Und weiter: »Viktor kommt mit leichten Verletzungen davon, Schnittwunden an der Schläfe, erinnert sich aber an keinen Lastwagen mit Anhänger. Sie stirbt auf dem Transport ins Hospital von Montpellier. Er erinnert sich nicht einmal an die Allee, wo es passiert ist, wo jetzt der gekippte Anhänger zwischen den Platanen liegt; beim Augenschein kommt es ihm vor, als befände er sich zum ersten Mal in dieser Allee mit dieser Kreuzung, wo er verhört wird (französisch). Und erfährt, dass er Vorfahrt hatte, also keine Schuld.«

Diese hintergründige, subtile Beschreibung macht die Version eines normalen Unfalles immer unglaubwürdiger. Er hat den Lastwagen gesehen, sie hat ihn darauf aufmerksam gemacht, sie hat geschrien, er hat dennoch Gas gegeben... und sie stirbt, während er mit leichten Verletzungen davonkommt. Das Ende des Buches wird der Unzufälligkeit des Geschehens gerecht, er kann nicht weiterleben mit dem quälenden, unbewussten Halbwissen um seine Schuld. Diese Schuld verlangt nach Sühne und diese ist ebenso grausam, wie der Mord an seiner Frau.

Jahre später wird er auf einer einsamen Ferieninsel allein in einem Haus sein, er wird ins Meer hinausschwimmen und wird solange hinausschwimmen, wie seine Kräfte reichen: »Gegen Mittag ging er barfuß zum Strand. Erinnerung an den Wind in der Nacht und an die Allee von Montpellier, die Kreide auf dem Asphalt, die Touristen, das Dorf, kein Grund zum Schrecken. So geht er schwimmen. Kein Boden unter den Füßen, der wolkenlose Himmel über dem Meer. Einmal möchte er es wissen. Er schwimmt hinaus, solange die Kräfte reichen, und sie reichen so weit, bis man kein Land mehr sieht« (Frisch, S. 40).

Ein grandioses, psychologisches Ende! Der Unfall ist die kalte, grausame Art der Rache eines Mannes an seiner untreuen Frau: Es gibt weder eine Szene noch ein Wort der Erklärung, nicht einmal ein Zur-Rede-Stellen des anderen. Die Emotionen bleiben im Inneren abgekapselt, sowohl die Eifersucht, der Mord als Rache und der spätere Selbstmord als Sühne für das uneingestandene Verbrechen.

Auftragsmord als moderne Rache

Eine späte, moderne Rache der ganz besonderen Art schildert Friedrich Dürrenmatt in seinem Stück »Der Besuch der alten Dame«. Der junge Herr Ill hat einst seine Jugendliebe, Claire, mit einem Kind sitzen lassen; nicht weil er sie nicht liebte, sondern weil sie nicht genug Vermögen hatte und daher nicht als lukrative Partie erschien. Jahrzehnte später kehrt Claire zurück.

»Es war Winter, einst, als ich dieses Städtchen verließ, im Matrosenanzug, mit roten Zöpfen, hochschwanger, Einwohner grinsten mir nach. Frierend saß ich im D-Zug nach Hamburg, doch wie hinter den Eisblumen die Umrisse der Peterschen Scheune versanken, beschloß ich zurückzukommen, einmal. Nun bin ich da. Nun stelle ich die Bedingung, diktiere das Geschäft« (Dürrenmatt, S. 90).

Die Jugendliebe kommt als alte Dame in die Kleinstadt Güllen zurück, um sich grausam zu rächen: Sie verspricht den Bürgern der Stadt eine Milliarde für den Tod des ehemaligen Geliebten, der sie so schmählich behandelt hat. Auf diese Weise zwingt sie die Bürger, Ill physisch zu töten, so wie sie von ihm psychisch getötet wurde, als er sie mit dem Kind sitzen ließ. Geld hat ihr Schicksal bestimmt; jetzt soll es sein Leben zerstören: »Die Menschlichkeit, meine Herren, ist für die Börse der Millionäre geschaffen, mit meiner Finanzkraft leistet man sich eine Weltordnung. Die Welt machte mich zu einer Hure, nun mache ich sie zu einem Bordell. Wer nicht blechen kann, muß hinhalten, will er mittanzen. Ihr wollt mittanzen. Anständig ist nur, wer zahlt, und ich zahle. Güllen für einen Mord, Konjunktur für eine Leiche« (Dürrenmatt, S. 91).

Der Skandal ist dabei nicht Ills Tod an sich, sondern das stillschweigende Einverständnis aller Bürger in diesen, seinen Tod. Der Arzt attestiert einen Herzschlag, und der Bürgermeister stellt dazu lapidar fest: »Tod aus Freude« (Dürrenmatt, S. 130).

Am Ende des Stücks verschwindet die alte Dame mit der Leiche ihres ehemaligen Geliebten und hinterläßt verwirrte, desillusionierte und demoralisierte Bürger. Dürrenmatts Thema ist die Moral, besser gesagt die Fragwürdigkeit einer

Moral, die mit verschiedenen Maßstäben misst, und die sich selbst im kollektiven, gekauften und verschwiegenen Mord ad absurdum führt. Lange vor Dürrenmatt hat dieses Thema bereits ein junger Mann aufgegriffen und in seinem wunderbaren Werk in aufklärender Weise bearbeitet. Die Rede ist von Georg Büchner und seinem »Woyzeck«.

Der Wahnsinn der öffentlichen Moral

»Am 21. Juni 1821 hatte der einundvierzigjährige Friseur Johann Christian Woyzeck in Leipzig seine Geliebte, eine sechsundvierzigjährige Witwe, im Hauseingang ihrer Wohnung aus Eifersucht erstochen. Langwierige gerichtsärztliche Untersuchungen, die klären sollten, ob Woyzeck voll zurechnungsfähig sei, hatten den Fall populär gemacht und die Hinrichtung hinausgeschoben, bis diese schließlich doch am 27. August 1824 auf dem Marktplatz zu Leipzig in Anwesenheit einer großen Volksmenge vollzogen wurde. Büchner hat die amtsärztlichen Berichte des Hofrats Dr. Clarus über den Fall in der ›Zeitschrift für Staatsarzneikunde‹ 1824 und 1826 wahrscheinlich im Hause seines Vaters, der Arzt und Mitarbeiter dieser Zeitschrift war, kennen gelernt« (Büchner, S. 71).

Es geht um einen Mord, »ein guter Mord, ein echter Mord, ein schöner Mord. So schön, als man ihn nur verlangen tun kann. Wir haben schon lange so keinen gehabt« (Büchner, S. 32). Das sind die letzten Zeilen aus dem »Woyzeck«. Was ist geschehen? Der Barbier und ehemalige Soldat Friedrich Johann Franz Woyzeck hat seine Freundin und Mutter seines Kindes, Marie, erstochen, da diese ihn mit dem Tambourmajor betrogen hat.

Woyzeck ist ein ganz einfacher Kerl, ein armes Geschöpf, gering an Geist und Tugend. Beim Rasieren des Hauptmanns erklärt er sich gleich zu Beginn: »Sehn Sie, wir gemeine Leut, das hat keine Tugend, es kommt einem nur so die Natur; aber wenn ich ein Herr wär und hätt ein Hut und eine Uhr und eine Anglaise und könnt vornehm reden, ich wollt schon tugendhaft sein. Es muß was Schönes sein um die Tugend, Herr Hauptmann. Aber ich bin ein armer Kerl« (Büchner, S. 6).

Tugend ist etwas für die feinen, besseren Leute, für die armen gibt es nur die Natur. Bedeutet dies, dass die armen Menschen von der Natur getrieben?

Woyzeck ist ein beschränkter Charakter, der von allen ausgebeutet wird: Seine Vorgesetzten tun dies, der Doktor macht wissenschaftliche Experimente mit ihm, indem er seine körperlichen Veränderungen beobachtet, während er nur Erbsen essen darf, seine Kameraden verstehen ihn nicht, seine Geliebte betrügt ihn und sein Nebenbuhler besiegt ihn im Ringkampf und verspottet ihn. Er lebt nicht, er vegetiert zwischen seinen Trieben auf der einen und seiner sozialen Not auf der anderen Seite. Er phantasiert, hat Wahnideen, sieht »verhetzt« aus. Seine Freundin Marie sieht das klar: »Der Mann! So vergeistert. Er hat sein Kind nicht angesehen! Er schnappt noch über mit den Gedanken! (...) Ich halts nit aus; es schauert mich!« (Büchner, S. 9). Und der Hauptmann und der Doktor machen sich über ihn lustig, denn Woyzeck merkt nichts von der Liebesaffäre seiner Marie mit dem Tambourmajor, also müssen sie es ihm sagen: »Was der Kerl ein Gesicht macht! (...) Vielleicht nun auch nicht in der Suppe, aber wenn er sich eilt und um die Eck geht, so kann er vielleicht noch auf ein paar Lippen eins finden. Ein paar Lippen, Woyzeck – ich habe auch das Lieben gefühlt, Woyzeck. Kerl, er ist ja kreideweiß!« (Büchner, S. 18f).

Also eilt der dumme, misstrauische Woyzeck zu seiner Marie. »Du hast ein roten Mund, Marie. Keine Blase drauf? Wie, Marie, du bist schön wie die Sünde – kann die Todsünde so schön sein?‹ – ›Franz, du redst im Fieber‹« (Büchner, S. 20f). Woyzeck kommt nicht mehr zur Ruhe, lebt wie in einem Schockzustand. »Ich hab kei Ruh (...) Ich muß fort, muß sehen« (Büchner, S. 22). Er geht zum Tanz und beobachtet, wie Marie und der Tambourmajor tanzen, der Verdacht wird zur Gewissheit und er steht in der Nähe und redet »erstickt« vor sich hin: »Immer zu – immer zu! Dreht euch, wälzt euch! Warum bläst Gott nicht die Sonn aus, daß alles in Unzucht sich übereinander wälzt, Mann und Weib, Mensch und Vieh. Tut's am hellen Tag, tut's einem auf den Händen wie die Mücken! – Weib! Das Weib ist heiß, heiß! – Immer zu, immer zu. Der Kerl, wie er an ihr herumgreift, an ihrem Leib! Er, er hat sie – wie ich zu Anfang« (Büchner, S. 23). Das alles macht ihn irre und bald wahnsinnig. Er hört eine Stimme, die aus der Wand zu ihm spricht und ihm befiehlt, zuzustechen.

»Und dann spricht's aus der Wand... Es red't immer: stich! Stich!« Und dann macht er es – er geht mit Marie auf einen Waldweg am Teich und »sticht drauflos«. »Nimm das und das! Kannst du nicht sterben? So! So! – Ha, sie zuckt noch; noch nicht, noch nicht? Immer noch. Bist du tot? Tot! Tot!... (Er lässt das Messer fallen und läuft weg)« (Büchner, S. 29).

Später kommt er zurück, weil er Angst hat, das zurückgelassene Messer könne ihn verraten, er wirft das Messer hinaus in den Teich, geht dabei weit rein, die Leute kommen, er hört sie noch und geht weiter... Man weiß nicht, ob er ins Wasser gegangen ist, sich das Leben genommen hat, oder ob er von der Polizei verhaftet wurde, der Schluss bleibt offen.

Bei Hephaistos und bei Giancotto Malatesta war die Sache klar, denn die Verfehlungen der Frauen wurden von den sitzen gelassenen Männern gerächt. Eine gerechte Strafe, sagt die öffentliche Moral. Bei Büchner rächt sich ein verwirrter, gehetzter, wahnhafter Mann und man fragt sich, was er getan hätte ohne diesen Wahn. War der Rachemord vielleicht mehr noch eine wahnhafte Sache? Und wenn die öffentliche Moral diesen Mord als gerecht bezeichnet, ist sie dann nicht selbst Teil eines öffentlichen Wahnsystems? Ist nicht eigentlich die herrschende Moral wahnsinnig? Dann wäre Woyzeck nur noch ihr Instrument gewesen. Verantwortlich, gewiss, aber durchaus eins mit dem Zeitgeist.

10. Lösungen

Gibt es Lösungen für die mit den Liebesaffären verbundenen Probleme? Gesucht werden realistische Lösungen, keine phantasierten. Dennoch haben Lösungen in der Phantasie meist etwas Reizvolles, weil sie Wunschlösungen sind. Denn nur in der Phantasie kann eine Lösung erdacht werden, die alle Gefühle befriedigt, sowohl die Hass-, als auch die Liebesgefühle. Aber die Realität steht diesen Wunschlösungen meist brutal im Wege.

Lösungen sind immer verschieden, je nachdem, für wen sie gedacht sind. So sind die Lösungen für die Liebenden gänzlich andere, als für ihre verlassenen

Partner und Partnerinnen. Und falls Kinder betroffen sind, was heute meist der Fall ist, dann haben auch die Kinder ihre ganz eigenen Vorstellungen von Lösungen, meist sehr konservative: Mama und Papa sollen wieder zusammensein, möglichst glücklich, so wie früher. Und solche Kinder bieten sich dann auf wunderbare Weise als Bündnispartner für die enttäuschten Partner an, und auch für diejenigen, die fest vorhaben, um ihre Ehe oder Liebesbeziehung zu kämpfen.

Für die Verratenen, Verlassenen und Gehörnten mag allein die Rache eine Lösung für das Problem einer – im Sinne einer monogamen Ehe nicht legitimen – Liebesaffäre sein. Obwohl sich auch diese Gefühle mit der Zeit eher auflösen. Zunächst einmal aber birgt die Rache eine Möglichkeit der Befreiung von ersten oder aufgestauten Wut- und Hassgefühlen.

So können die Lösungen für den einen, das Problem des anderen sein, denn eine gemeinsame Lösung, die von allen akzeptiert werden kann, gibt es nur für kurze Zeiten. Überhaupt haben Lösungen ihre jeweilige Zeit. Eine Lösung kann manchmal deshalb keine sein, weil sie zur falschen Zeit angestrebt wird, und dafür kann sie zu einem anderen Zeitpunkt durchaus gut und hilfreich sein. Es ist also kompliziert mit den Lösungen, denn manchmal sind nicht die Probleme allein das Problem, sondern mehr noch die Lösungen. Lösungen können die Liebes- und Hassbeziehungen noch komplizierter, auswegloser oder unerträglicher machen.

Die schönste, von den neu verliebten Partnern gewünschte Lösung wäre es, wenn die neue Liebe von der ganzen Welt einfach begrüßt und akzeptiert, sich für alle offensichtlich als wahre Liebe herausstellen würde und damit eine nachträgliche moralische Legitimation bekäme. Aber diese wahre Liebe muss nicht nur heftig und glaubwürdig sein, sie muss ihren Nachweis auch durch eine Dauer erbringen. Und da man nicht schon wieder »ein Leben lang« warten kann, bleibt dem Paar nur die Möglichkeit, durch besondere Intensität ihre Liebe zu beweisen. Darüber hinaus müssen sich alle Beteiligten an der Ermöglichung dieser Beweisführung beteiligen, sonst hat das Paar kaum eine Chance, gegen alle Widerstände anzulieben. Dies setzt Wohlwollen bei den ehemaligen Partnern und Partnerinnen voraus, ein Wohlwollen, das meist nicht vorhanden ist, im Gegenteil.

Jenseits der Lösung einer neuen Liebe als der wahren Liebe gibt es eine Reihe von anderen Möglichkeiten, die durchaus auch als Lösungen dienen können; einige davon möchte ich im Folgenden vorstellen. Es sind die Lösung durch die Liebe, die Lösung durch Versöhnung, die Lösung durch einen Neuanfang und die Lösung durch Veränderungen in der Beziehung.

Liebe

Ich kenne keinen deutschsprachigen Autoren, der die Themen der Liebe, die damit verbundenen Probleme und alle möglichen Lösungen psychologisch so tief greifend bearbeitet hat wie Johann Wolfgang von Goethe. Goethe ist »jener Autor, der eine deutsche Literaturwissenschaft überhaupt erst sinnvoll gemacht hat, indem er die Möglichkeiten deutscher Literatur so sehr erweiterte, dass an Vergleiche mit den Engländern und Franzosen nun endlich ernsthaft zu denken war, der im Theater, im Roman und in der Lyrik jene Handvoll maßgeblicher Gestaltungen zustande brachte, aus denen sich, kopierend und kontrastierend, ehrfürchtig und eifersüchtig, im 19. und 20. Jahrhundert die Traditionsbahnen einer selbstbewußten deutschen literarischen Kultur bilden konnten, dieser Autor war, was seine Lebensthemen betrifft, wesentlich ein Dichter des Liebesverrats, der Treulosigkeiten, der Selbstverwirklichung auf Kosten verlassener Frauen« (von Matt, S. 22).

Sein Werk »Die Wahlverwandtschaften«, erstmals veröffentlicht im Jahre 1809, bietet nicht nur eine, sondern gleich mehrere Lösungen für Liebesaffären an. Es ist ein großer psychologischer Roman, und dies nicht nur wegen seiner intensiven Symbolik, seiner Betonung der inneren Konflikte, seiner triebtheoretischen und introspektiven Sichtweisen. Goethe selbst hat seine Idee mit dem Buch so beschrieben: »(...) sociale Verhältnisse und die Conflicte derselben symbolisch gefasst darzustellen« (Goethe 2003, S. 259). Über das rein Psychologische hinaus enthält das Buch eine Kritik der sozialen Verhältnisse, der Sitten und der Moral, wodurch das Leiden der Menschen erst hervorgerufen und verstärkt erscheint. Es ist auch eine Auseinandersetzung mit der Einsamkeit des moralischen Menschen im Angesicht der existentiellen Fragen wie Liebe und Tod.

Zur Geschichte, wie sie erzählt wird: Eduard und Charlotte sind adelige Eheleute, die auf ihrem großzügigen ländlichen Anwesen leben. Gleich zu Beginn fasst Charlotte ihre bisherige Beziehung zusammen: »Mag ich doch so gern unserer frühesten Verhältnisse gedenken! Wir liebten einander als junge Leute recht herzlich; wir wurden getrennt; du von mir, weil dein Vater, aus nie zu sättigender Begierde des Besitzes, dich mit einer ziemlich älteren, reichen Frau verband; ich von dir, weil ich, ohne sonderliche Aussichten, einem wohlhabenden, nicht geliebten, aber geehrten Manne meine Hand reichen musste. Wir wurden wieder frei; du früher, indem dich dein Mütterchen im Besitz eines großen Vermögens ließ; ich später, eben zu der Zeit, da du vom Reisen zurückkamst. So fanden wir uns wieder« (Goethe 2003, S. 11).

Lösungen

Er drängte auf eine baldige Heirat, sie zögerte. Ihre einzige Tochter Luciane brachte sie in eine Pension, ebenso ihre Nichte Ottilie. Das Paar wollte frei sein füreinander, nur noch miteinander leben und alles nachholen, was sie früher an Nähe nicht hatten leben können. Wie lange können zwei Menschen so miteinander leben, nur aufeinander bezogen, sich selber genügend? Wie lange hält eine solche bezogene Liebe, die von keiner materiellen Sorge geplagt wird, wie lange reichen sich die Partner? Die Szenerie ist schön, fast elegisch, die Gartenanlagen sind Tagesgespräch, ihre Gestaltung scheinbar das einzige Alltagsproblem und je genauer all dies beschrieben wird, desto deutlicher wird eine dahinter auftauchende Leere in der Beziehung, eine kleine Langeweile. Es entsteht kein Reiz, kein Widerspruch, kein Problem, alle Konversationen sind zugewandt und liebevoll, und selbst im Streit liegt noch eine beglückende Erkenntnis, wenn Eduard feststellt: »Ich merke wohl, im Ehestand muss man sich manchmal streiten, denn dadurch erfährt man was voneinander« (Goethe 2003, S. 15).

Eduard scheint die Gesellschaft eines Mannes, eines echten, gleich gestellten und gleich gesinnten Freundes zu vermissen, und als dieser in der Gestalt des Hauptmanns, eines Freundes aus früheren Tagen, eingeladen wird, sind die beiden Männer fast nur noch zusammen unterwegs. Charlotte fühlt sich indessen sehr einsam und erwägt, ihre Nichte Ottilie zu sich zu nehmen, was sie schließlich auch tut. So werden die ehelichen Beziehungen durch Kontakte zu Freunden aufgefrischt, es entstehen neue gartenbauliche und landschaftsarchitektonische Projekte, literarische Gespräche und musikalische Arrangements für das abendliche Musizieren. Aus den vier Menschen entstehen sechs Paarbeziehungen mit jeweils unterschiedlichem Charakter und besonderer Dynamik: Charlotte und Eduard, Charlotte und der Hauptmann, Charlotte und Ottilie, der Hauptmann und Ottilie, Eduard und Ottilie, Eduard und der Hauptmann. Diese mehrfachen Beziehungen befruchten sich gegenseitig, machen das Leben aber auch komplizierter, zumal besondere Gefühle in die Beziehungen einziehen. So, wie Charlotte und der Hauptmann durch ein gemeinsames Gestalten der Garten- und Parkanlagen eine Nähe zueinander entdecken, die über das bloße gemeinsame Tun hinausgeht, so erkennen Eduard und Ottilie Gefühle füreinander, die sie in tiefe Verwirrungen stürzen. Diese neuen Paare beginnen, gegenseitig ihre Nähe zu suchen, der Hauptmann fährt mit Charlotte im Boot über den See, Eduard streift mit Ottilie durch die Natur und fühlt sich in ihrer Gegenwart wieder so jung, wie sie selbst ist. In den Phantasien der vier Personen entstehen Bilder, Gefühle,

Szenen und erfüllte Erwartungen, die in Gedanken mächtiger werden, als in der äußerlichen Wirklichkeit.

Der Ehebruch findet folgerichtig auch zunächst in der Phantasie statt; Eduard besucht seine Frau zu später Stunde, um die Nacht mit ihr zu verbringen und denkt dabei nur noch an Ottilie, während Charlotte die Liebkosungen des Ehemannes dadurch versüßt werden, dass sie sich vorstellt, sie kämen direkt vom Hauptmann.

»In der Lampendämmerung sogleich behauptete die innre Neigung, behauptete die Einbildungskraft ihre Rechte über das Wirkliche: Eduard hielt nur Ottilie in seinen Armen, Charlotten schwebte der Hauptmann näher oder ferner vor der Seele, und so verwebten, wundersam genug, sich Abwesendes und Gegenwärtiges reizend und wonnevoll durcheinander« (Goethe 2003, S. 86).

Und weiterhin werden Gespräche geführt, die voller symbolischer Bedeutungen sind. So spricht der Hauptmann von der Chemie und äußert sich damit zugleich bedeutungsvoll zu den zwischenmenschlichen Beziehungen: »›Zum Beispiel was wir Kalkstein nennen, ist eine mehr oder weniger reine Kalkerde, innig mit einer zarten Säure verbunden, die uns in Luftform bekannt geworden ist. Bringt man ein Stück solchen Steines in verdünnte Schwefelsäure, so ergreift diese den Kalk und erscheint mit ihm als Gips; jene zarte, luftige Säure hingegen entflieht. Hier ist eine Trennung, eine neue Zusammensetzung entstanden, und man glaubt sich nunmehr berechtigt, sogar das Wort Wahlverwandtschaften anzuwenden, weil es wirklich aussieht, als wenn ein Verhältnis dem anderen vorgezogen, eins vor dem andern erwählt würde.‹ – ›Verzeihen Sie mir‹, sagte Charlotte, ›wie ich dem Naturforscher verzeihe; aber ich würde hier niemals eine Wahl, eher eine Naturnotwendigkeit erblicken, und diese kaum; denn es ist am Ende vielleicht gar nur die Sache der Gelegenheit. Gelegenheit macht Verhältnisse, wie sie Diebe macht.‹« (Goethe 2003, S. 39).

Und wenig später verdeutlicht der Hauptmann seine naturwissenschaftliche Theorie noch einmal: »Denken Sie sich ein A, das mit einem B innig verbunden ist, durch viele Mittel und durch manche Gewalt nicht von ihm zu trennen; denken Sie sich ein C, das sich ebenso zu einem D verhält; bringen Sie nun die beiden Paare in Berührung: A wird sich zu D, C zu B werfen, ohne dass man sagen kann, wer das andere zuerst verlassen, wer sich mit dem andern zuerst verbunden habe« (Goethe 2003, S. 41).

Es ist eine unterschwellige Anziehungskraft, chemisch gesprochen eine Affinität am Werke, der sich die betroffenen Menschen und Paare kaum entziehen können.

Wählen die Menschen noch ihre Partner oder werden sie gewählt? Sind die Partner frei in der Wahl oder werden sie angezogen vom anderen Menschen und können sich diesem Anziehungsprozess nur hingegeben? Wie viel Freiheit hat der Mensch bei der Wahl, wie unfrei macht die Liebe? Was sind die Gesetze der Liebe? Und wenn wir nicht ganz frei sind in der Wahl unserer Partner, welche untergründigen, unbewussten Anziehungskräfte wirken? Und kann man sich diesen entziehen, indem man den Verhältnissen die Gelegenheiten entzieht?

Im weiteren Verlauf der Handlung lernen wir, dass es für diese Fragen sehr verschiedene Antworten gibt: Eduard und Ottilie erliegen den Kräften ihrer gegenseitigen Anziehung, sie können nicht mehr ohne einander sein, suchen die Nähe zueinander, wie die Motten das Licht. Zwischen ihnen entsteht eine reine Liebe, die stärker zu sein scheint, als jeder menschliche Wille. Charlotte und der Hauptmann sind von Beginn an einen anderen Weg gegangen. Sie haben ihre Zuneigung festgestellt und haben sich dann aus Vernunft heraus getrennt. Als der Hauptmann gegangen war – er hat mit Hilfe des Grafen eine höhere Anstellung erhalten – hat Charlotte noch den Versuch unternommen, mit ihrem Mann offen zu sprechen und ihn dazu zu bewegen, auch einem Weggang von Ottilie zuzustimmen, aber er war bereits innerlich entflammt, die Liebe zu Ottilie hatte bereits Besitz von ihm ergriffen. Ottilie hatte einige Blätter für ihn abgeschrieben und ihre Schrift hatte mit seiner eigenen immer mehr Ähnlichkeiten bekommen, so dass er, als er die Abschriften sah, nur noch ausrufen konnte: »›Ottilie, du liebst mich!‹ und sie hielten einander umfasst. Von diesem Augenblick an war die Welt für Eduarden umgewendet, er nicht mehr, was er gewesen, die Welt nicht mehr, was sie gewesen. Sie standen voreinander, er hielt ihre Hände, sie sahen einander in die Augen, im Begriff, sich wieder zu umarmen« (Goethe 2003, S. 89).

Charlotte versucht, vernünftig und offen mit ihrem Mann zu sprechen. Zudem ist sie der Meinung, wenn ihr die Versagung vom Schicksal auferlegt und dann auch gelungen war, warum sollte Eduard es nicht auch schaffen, so dass sie beide zu dem glückseligen Zustand zurückkehren können, den sie früher in ihrer Beziehung einmal hatten, sogar vor gar nicht so langer Zeit. Sie möchte, dass er in eine Abreise von Ottilie einwilligt. Er stellt sich dumm, will sie nicht verstehen. Sie bleibt klar. »Lehne, solange es noch Zeit ist, den guten Rat nicht ab, nicht die Hülfe, die ich uns biete. In trüben Fällen muss derjenige wirken und helfen, der am klarsten sieht. Diesmal bin ichs. Lieber, liebster Eduard, lass mich gewähren!« (Goethe 2003, S. 107).

Er schreibt ihr wenig später einen Brief, in dem er sie bittet, nicht Ottilie wegzuschicken; stattdessen will er gehen. Für einige, unbestimmte Zeit, in den Krieg. »Militärische Halbheiten hatten ihm in seiner Jugend viel zu schaffen gemacht; er hatte deswegen den Dienst verlassen. Nun war es ihm eine herrliche Empfindung, mit einem Feldherrn zu ziehen, von dem er sagen konnte: unter seiner Anführung ist der Tod wahrscheinlich und der Sieg gewiss« (Goethe 2003, S. 124).

Charlotte ist schwanger und sie bekommt ein Kind, das so aussieht wie eine Mischung aus Ottilie und dem Hauptmann. Warum diese beiden? Weil die Eheleute, als sie das Kind zeugten, an diese beiden in ihrer Phantasie dachten? Eduard eilt zurück. Bei seinem Wiedersehen mit Ottilie ertrinkt das ihr anvertraute Kind. Eine Fehlleistung? Sie wird von Schuldgefühlen geplagt und sucht nach Sühne. Aber alle Trennungsversuche zwischen Eduard und Ottilie sind vergeblich, weil der jeweils andere zu einem Teil des eigenen Selbst geworden ist, psychologisch zu einem Selbstobjekt, so dass eine Trennung als schmerzlicher Riss durch das eigene Leben, die eigene Person empfunden würde. Sie leben in einer seelischen Symbiose, sind voneinander abhängig, genügen sich gegenseitig, können ohne den jeweils anderen nicht leben. »Nach wie vor übten sie eine unbeschreibliche, fast magische Anziehungskraft gegeneinander aus. (…) Fanden sie sich in einem Saale, so dauerte es nicht lange, und sie standen, sie saßen nebeneinander. Nur die nächste Nähe konnte sie beruhigen, und diese Nähe war genug; nicht eines Blickes, nicht eines Wortes, keiner Gebärde, keiner Berührung bedurfte es, nur des reinen Zusammenseins. Dann waren es nicht zwei Menschen, es war nur ein Mensch im bewusstlosen, vollkommnen Behagen, mit sich selbst zufrieden und mit der Welt (…). Das Leben war ihnen ein Rätsel, dessen Auflösung sie nur miteinander fanden« (Goethe 2003, S. 243).

Ottilie beschließt im Stupor – einem inneren Zustand höchster emotionaler Erregung bei gleichzeitiger äußerlicher Ruhe – in Zukunft nicht mehr zu essen und nicht mehr zu sprechen. Es ist ihre Art, der reinen Liebe Ausdruck zu geben. Zugleich kann sie nur so den Zustand der Trennung vom geliebten Menschen und der Schuld am Tod des Kindes sühnen. Sie wird zu einem körper- und sprachlosen Wesen, das still durch die Räume schwebt, eine über alles erhabene Moral, die reine Liebe.

Als der großmäulige Mittler eine Rede anstimmt über das sechste Gebot, schwebt sie herein und erstarrt zugleich: »Du sollst Ehrfurcht haben vor der ehelichen Verbindung; wo du Gatten siehst, die sich lieben, sollst du dich darüber freuen und teil daran nehmen, wie an dem Glück eines heiteren Tages« (Goethe 2003, S. 247f). Ottilie wird wieder von Schuldgefühlen überwältigt, geht auf ihr Zimmer und stirbt kurz darauf. Sie hatte schon lange nichts mehr gegessen und konnte diesen Schock nicht mehr verarbeiten. Eduard eilt hinterher, schreit und bittet zugleich, mit ihm zu reden und sie öffnet den Mund und sagt ihre letzten Worte: »›Versprich mir zu leben!‹ ruft sie aus, mit holder, zärtlicher Anstrengung; doch gleich sinkt sie zurück. ›Ich versprech es!‹ rief er ihr entgegen, doch rief er es ihr nur nach; sie war schon abgeschieden« (Goethe 2003, S. 249).

Eduard lebt nur noch dumpf sich hin, kann nicht mehr weinen und nicht mehr essen, sein Schmerz und seine Trauer überwältigen ihn. Schließlich stirbt auch er. Charlotte beerdigt ihn neben Ottilie. »So ruhen die Liebenden nebeneinander. Friede schwebt über ihrer Stätte, heitere, verwandte Engelsbilder schauen vom Gewölbe auf sie herab, und welch ein freundlicher Augenblick wird es sein, wenn sie dereinst wieder zusammen erwachen« (Goethe 2003, S. 255).

Warum komme ich auf Goethes »Wahlverwandschaften« im Kapitel »Lösungen« zu sprechen? Soll damit der Hinweis gemeint sein, die Lösungen würden im Jenseits stattfinden, wenn die Liebenden nach ihrem Tode wieder erwachen? Obwohl es nicht so offensichtlich ist, sind eine Vielzahl von Lösungen enthalten, allerdings muss man erst einmal die Probleme erkennen. Das erste Problem ist das einer in die Jahre gekommenen Ehe, genauer gesagt: die Ehe in die Jahre gekommener Menschen. Wie lange und wie viel können sich zwei Menschen genügen, bevor sie vor Langeweile, Routine und mangelnder gegenseitiger Herausforderung einen paarpsychologischen Tod sterben? Die Lösung ist zunächst einmal ein intensiverer Kontakt zu anderen Menschen, auch zum anderen Geschlecht. Für Charlotte ist die Seelenverwandtschaft zum ruhigen Hauptmann eine Lösung, das gemeinsame Planen der Parkanlagen, das gemeinsame Arbeiten an der Realisierung der Umbauten, den landschaftlichen Veränderungen und neuen Pflanzungen nicht nur eine Herausforderung, sondern auch eine besondere Nähe, die ihr gut tut. Für Eduard ist als Mann in den mittleren Jahren zunächst der Kontakt zu einem männlichen Freund angenehm, beide erleben eine intensive, freundschaftliche und beinah brüderliche Nähe. Hier verbirgt sich – bei Goethe selbst – sicherlich auch die Trauer um den soeben verstorbenen Freund Friedrich Schiller.

Hinter den individuellen und paardynamischen Mustern, die in die Geschichte eingewoben sind, scheint immer wieder die Frage nach der bürgerlichen Ehe auf. Auch sie wird nach allen Seiten als Problem und als Lösung diskutiert. Die Protagonisten dafür sind der Graf auf der einen Seite – als Kritiker der Ehe (»sie verderben die zartesten Verhältnisse«) –, und auf der anderen Seite Mittler, der mit seinem Plädoyer für die Ehe als höchstem Kulturgut des Menschen missionarisch auftritt. Wie kann man eine ewige Dauer erwarten in einer Welt, in der sich fortlaufend alles ändert? Wie soll eine Ehe etwas Dauerhaftes und Unveränderliches sein, wenn die Welt um sie herum sich permanent ändert? Der Graf kritisiert diesen Konstruktionsfehler der Ehe als »etwas Ungeschicktes« und zitiert einen Freund, der daraus einen überraschenden Vorschlag ableitete. »Einer von meinen Freunden (...) behauptete: eine jede Ehe solle nur auf fünf Jahre abgeschlossen werden« (Goethe 2003, S. 74).

Dann taucht die junge, schöne Ottilie auf, die Eduard in ihrer stillen Bewunderung für ihren Vater das Gefühl der Bedeutsamkeit und des Begehrens als Mann gibt. Ottilie liebt ihren Vater, trägt sein Bild an einer Kette um den Hals, ist innerlich noch sehr an ihn gebunden und so, wie sie diesen liebt, so liebt sie auch Eduard, sie liebt das Väterliche in ihm, aber auf eine anziehende, erotische Weise. So hat sie den Mann und den Vater in einer Person gefunden und symbolisch hat sie gegen ihre Mutter – Charlotte ist als ihre Tante die Schwester ihrer Mutter – diesmal gesiegt. Sie nimmt Eduard zuliebe die Halskette mit dem Bild des Vaters ab, und er zeigt ihr die Bäume, die er in dem Jahr pflanzte, in dem sie geboren wurde. Er erscheint als ihre Lösung, sie ist für ihn seine Lösung. Eine der Weisheiten des Buches besteht darin, aufzuzeigen, dass jede Lösung neue Probleme hervorruft bzw. nur jeweils eine Lösung für eine bestimmte Zeit ist.

Die Lösungen der Liebenden sind gebunden an bestimmte Denkmuster, die ihr Handeln bestimmen. Charlottes und des Hauptmannes Denken ist die aufgeklärte Vernunft, anders gesagt: Das Ich beherrscht die Triebe und die Gefühle nicht mittels Moral, sondern einer rationalen Denkweise oder einer starken Persönlichkeit. Dem Paar Eduard und Ottilie liegt die Überzeugung einer füreinander geschaffenen Liebe zugrunde; ihre Denkweise ist damit zutiefst irrational und emotional. Sie erscheinen füreinander geschaffen, brauchen sich, ergänzen sich, können nicht ohne einander leben und wenn sie es doch müssen, dann sterben sie lieber. Das ist das Werther-Thema, das Goethe hier wieder aufgegriffen hat. Die Liebe, die so rein und erhaben über die weltlichen Dinge ist, dass es sich lohnt, für sie zu sterben: »Bei Goethe ist Liebe die innerste Bewegung des Kosmos, nicht metaphorisch, sondern ganz real, anschaubar in allem, was in der Natur, in Pflanzen und Tieren, Wolken und Steinen, in Sternen und Flüssen und Gewittern passiert. Wer liebt, fügt sich in diese Weltbewegung ein, atmet mit den Blumen und mit den Milchstraßen. Das ist dann Glück (...). Wer diese Teilhabe gewinnt, wer liebt, hat recht, immer und überall« (von Matt, S. 422).

Aber es wird schon deutlich, dass diese Beziehungen stiftende Liebe auch Beziehungen zerstören kann. Insofern ist die Liebe ebensoviel Problem wie Lösung.

Die Interpretationen der Wahlverwandtschaften bergen die Gefahr, Themen, Fragen, Probleme oder Lösungen hinein zu interpretieren, die sich aus heutiger Sicht anbieten, von Goethe aber niemals so gemeint waren. Was waren seine bewussten und vor allem unbewussten Intentionen? In einem Gespräch mit Eckermann vom 9. Februar 1829, also genau zwanzig Jahre nach Erscheinen der Wahlverwandtschaften, sagte Goethe über sein tiefgründiges Werk: »Es ist in den Wahlverwandtschaften überall keine Zeile, die ich nicht selber erlebt hätte, und es steckt darin mehr, als irgendjemand bei einmaligem Lesen aufzunehmen imstande wäre« (Goethe 2003, S. 265).

Meine Erfahrung ist, dass auch mehrmaliges Lesen das Verständnis nicht unbedingt vertieft, sondern eher verändert. Ja, es ist so, wie mit allen guten Büchern: Sie bekommen durch das eigene Alter, in dem man sie liest, jeweils eine andere Färbung, eine andere Bedeutung. Man kann auch sagen: Die Identifikationen ändern sich und damit die Sicht der Dinge.

Goethe schrieb das Werk in einer persönlichen Krise, ausgelöst durch den Tod seines Freundes Friedrich Schiller im Jahre 1805. Die Frau seines Lebens aber, die lange Zeit verschwiegen wurde, nicht zuletzt von ihm selbst, war ein junges Mädchen namens Christiane Vulpius. Die Beziehung der beiden ungleichen Menschen begann als eine Liebesaffäre. Goethe war bereits seit 1775 Geheimrat in den Diensten von Herzog Karl August am Hofe von Weimar, dort als studierter Jurist zuständig für das Heer, die Finanzen und den Berg- und Wegebau. Im Sommer 1788 kehrte er von einer zweijährigen Reise nach Italien zurück. Christiane trat bei ihm als Bittstellerin auf. »Der Herr Geheimrat möge sich doch für ihren stellungslosen Bruder, einen Schreiber mit Fähigkeiten, freundlicherweise verwenden. Der Herr Geheimrat sind nicht abgeneigt. Zumal die bezaubernde Bittstellerin sein Lächeln erwidert. Und gegen einen Besuch im Gartenhaus nichts einzuwenden hat. Ein sehr intimes Treffen folgt. Der große Goethe verliebt sich in ein kleines Mädchen, und das Herzogtum hat seinen Skandal« (Sichtermann, S. 88f).

Gleich bei ihrem ersten Treffen soll es zu einer sexuellen Begegnung im Gartenhaus gekommen sein. Christiane zieht dort ein und bis zu ihrem Tode nicht mehr aus. Goethe ist 16 Jahre älter als Christiane, aber er ist der Denker und Dichter schlechthin, während sie nur ein Blumenmädchen ist. Sie muss nach dem Tod ihres Vaters in einer Manufaktur für Seidenblumen arbeiten und dadurch zum Lebensunterhalt der Familie beitragen. Die Liebesbeziehung zwischen dem Gelehrten und dem Blumenmädchen hat doch große Ähnlichkeiten mit dem Stoff aus »My fair Lady«, der zurückgeht auf den Pygmalion-Mythos. Es scheint, als ob Geist und Natur, Vernunft und Liebe sich gefunden hätten. Christiane wird als äußerst lebenslustig beschrieben. Sie hat stets gerne getanzt, gelacht, getrunken und ist auf Festen aufgetreten. Beide haben miteinander fünf Kinder bekommen, von denen nur das älteste, der Sohn August, das Erwachsenenalter erreichte. Goethe hat sie geliebt, das steht fest und als Christiane im Herbst 1806 ihr gemeinsames Haus mutig gegen Plünderungen durch die Napoleonischen Truppen verteidigt, heiratet Goethe sie vier Tage später und legalisiert damit eine wilde Ehe. Aber Christiane ist nicht nur der »Bettschatz«, wie Goethes Mutter süffisant anmerkt, ihr Mann schreibt ihr während der gemeinsamen dreißig Jahre mehr als 600 Briefe. Als die Eheleute Goethe sich kennen lernten, konnte sie kaum Schreiben und Lesen. Nach Schillers Tod litt Goethe an einer schweren Krankheit, die man heute durchaus als psychosomatische Reaktion bezeichnen würde, und während dieser Zeit hat Christiane ihn liebevoll gepflegt, obwohl sie bei hohem Besuch weiterhin in der Küche aß. Christiane starb mit 50 Jahren an Blutvergiftung aufgrund von Nierenversagen, ihr Mann hat sie um 16 Jahre überlebt. Es war eine ungleiche Beziehung, sie haben sich zweifellos geliebt, aber er hat seine Unabhängigkeit gebraucht, war viel auf Reisen und seine amourösen Abenteuer ebenso wie seine Werke zeigen an, dass das Thema der Liebe für ihn im Zentrum stand. Auch für Goethe hat die Liebe nicht nur Probleme gelöst, sondern manchmal noch mehr geschaffen.

Versöhnung

Boccaccio, dieser stets mehrdeutige, überraschende und phantastische Dichter der Liebe, hat auch für die Liebesaffären eine andere Lösung gefunden, die bei vielen Anhängern einer offenen Sexualmoral heute sicher noch großen Anklang finden könnte.

In der achten Geschichte des achten Tages des »Dekamerons« lebt ein junger Mann namens Zeppa mit seiner Frau in Siena. Der Mann hat einen

Freund namens Spinelloccio, der auch mit einer hübschen Frau zusammen ist. Die beiden Freunde sind Nachbarn im Viertel Camollia. Zeppa entdeckt die Liebesaffäre seiner Frau mit seinem Freund, konfrontiert sie, lässt sie beichten und zwingt sie dann, bei dem folgenden planvollen Vergeltungsspiel mitzumachen. Sie solle ihren Geliebten Spinelloccio wie sonst auch wieder einmal einladen; dann würde er – Zeppa, der Ehemann – aber sein Kommen ankündigen, woraufhin sie ihren Geliebten in eine nahe Truhe sperren solle. Dann solle sie in das Haus des Freundes eilen und dessen Frau holen. Geplant, getan! Spinelloccio kommt zum Stelldichein, Zeppa naht, der Geliebte springt auf Anraten der Frau schnell in die Truhe, und Zeppas Ehefrau holt Spinelloccios Frau. Zeppa spricht sie nun geradeheraus auf das ehebrecherische Treiben ihres Mannes und seines Freundes Spinelloccio mit seiner Frau an und verspricht fürchterliche Rache: »Frau, bevor du jammerst, höre, was ich dir sagen will: ich liebte und liebe Spinelloccio wie einen Bruder, und gestern habe ich, obwohl er es nicht weiß, gefunden, dass das Vertrauen, das ich in ihn gesetzt habe, zu dem Ende geführt hat, dass er bei meiner Frau liegt, so wie bei dir; nun will ich an ihm, weil ich ihn ja liebe, keine Rache nehmen, die anders wäre als die Kränkung: er hat meine Frau gehabt und ich will dich haben« (Boccaccio, S. 729). Es gebe nur eine Möglichkeit, ihn von der Rache abzuhalten, nämlich dass sie es jetzt und hier sogleich mit ihm so treibe, wie es die beiden Geliebten auch getan haben. Obendrein verspricht er ihr ein Geschenk, ein Kleinod. Die Frau ist verwirrt, willigt aber ein, um Schlimmeres zu verhindern (Boccaccio, S. 729 f). Sie bittet nur darum, er möge es so machen, dass sie mit seiner Frau in Frieden bleiben kann: »Und nach diesen Worten umarmte er sie und streckte sie unter Küssen über die Truhe, worin ihr Gatte verschlossen war, und ergötzte sich, solange es ihm behagte, mit ihr und sie mit ihm. Spinelloccio in der Truhe, der alles Reden Zeppas und die Antwort seiner Gattin gehört hatte und nun den Tanz mit drei Tritten fühlte, der über seinem Haupt ausgeführt wurde, fühlte eine lange Weile einen solchen Schmerz, dass er zu sterben meinte.«

Danach bittet die Frau ihn um das versprochene Geschenk, und er sagt ihr, sie solle nur die Truhe öffnen, darin sei das Kleinod. »Und sie tat es; und drinnen zeigte Zeppa der Frau ihren Spinelloccio. Und es wäre zu langweilig zu erzählen, wer sich von den beiden mehr schämte, ob Spinelloccio, als er Zeppa sah, von dem ihm bewusst war, dass er wusste, was er getan hatte, oder die Frau, als sie ihren Mann sah und es erkannte, dass er alles, was sie über seinem Haupte getan hatte, gehört und gefühlt hatte. Und Zeppa sagte zu der Frau: ›Das ist das Kleinod, das ich dir schenke.‹«

Spannend wird es allerdings bei der Frage, wie der Mann in der Truhe nun reagieren wird: Mord auf der Stelle, Raserei, Wahnsinn, planvolle Rache, ewige Feindschaft? Nichts von alledem, er steigt aus der Truhe und sagt:»›Zeppa, wir sind gleich und gleich; und darum wird es das beste sein, wir bleiben, wie du vorhin zu meiner Frau gesagt hast, Freunde, wie wir waren; und weil zwischen uns nichts sonst geschieden war als die Weiber, so wollen wir von nun an auch die gemeinsam haben.‹ Zeppa war es zufrieden, und in der größten Einigkeit der Welt aßen sie alle vier mitsammen. Und von Stund an hatte jede von den zwei Frauen zwei Männer und jeder von diesen zwei Frauen, ohne dass sich deshalb zwischen ihnen je ein Zank oder Hader ergeben hätte.«

Neuanfang

Wie man mit einer Lüge in einer Beziehung umgehen und dennoch einen Neuanfang schaffen kann, das hat Bertolt Brecht in seiner Abhandlung »Eine jüdische Frau« (Brecht 1978) beschrieben. Diese Geschichte enthält alles, was wir in der Therapie an Wahrhaftigkeit anstreben – einschließlich eines guten, gestalttherapeutischen, methodischen Vorgehens.

Im Jahre 1935 beschließt eine jüdische Frau, Gattin eines Oberarztes, der beruflichen Karriere ihres Mannes zuliebe, diesen zu verlassen und auszuwandern. Als Ehemann einer jüdischen Frau wird er die erstrebte Chefarztposition nie erreichen, das wissen beide. Sie bereitet ihre Abreise sorgfältig vor, bittet sogar einige Freunde, sich in der Zeit nach ihrer Abreise um ihren Mann zu kümmern. Zwischen den Eheleuten ist es noch nicht zu einem offenen Gespräch gekommen, obwohl der Entschluss zur Abreise bereits getroffen und die wichtigsten Vorbereitungen eingeleitet sind. Vor diesem letzten, öffnenden und klärenden Gespräch, das zugleich ihren Abschied markieren wird, sitzt die Frau auf den halbgepackten Koffern und bereitet sich innerlich auf das kommende Gespräch vor. Sie nimmt einen Stuhl für ihren Mann, setzt ihn gedanklich darauf und beginnt mit ihm zu sprechen – während sie auf und ab geht –, als wäre es das Abschiedsgespräch selbst.»›Ja, ich fahre jetzt also, Fritz. Ich bin vielleicht schon zu lange geblieben, das musst du entschuldigen, aber…‹ Sie bleibt stehen und besinnt sich, fängt anders an. ›Fritz, du solltest mich nicht mehr halten, du kannst es nicht… Es ist klar, dass ich dich zugrunde richten werde…‹ Sie hält wieder inne. Sie beginnt wieder von vorn. ›Sage nicht, du bist unverändert, du bist es nicht!…‹ Sie hält wieder inne. Sie beginnt wieder von vorn. ›Ich habe es dir nicht gesagt, dass ich fort will, seit langem fort will, weil ich nicht reden kann, wenn ich dich ansehe, Fritz. Es kommt mir dann so nutzlos vor, zu reden. Es ist doch alles schon bestimmt. Was ist eigentlich in sie gefahren? Was wollen sie in Wirklichkeit? Was tue ich ihnen?‹« (Brecht, S. 451).

Ihr größter Wunsch ist es, sich in diesen schweren Zeiten um der gelebten Liebe willen, ihrer bisherigen Beziehung zuliebe, nicht auch noch gegenseitig anzulügen, wo sie schon in den Zeiten der allgemeinen Lüge leben. Sie spricht zum Stuhl (Brecht, S. 451 ff):

»›Fritz, alles geht, nur eines nicht: dass wir in der letzten Stunde, die uns bleibt, einander nicht in die Augen sehen. Das dürfen sie nicht erreichen, die Lügner, die alle zum Lügen zwingen‹«. Und sie bittet ihrem Mann um eins: Ehrlichkeit in den Zeiten der Lüge zumindest zwischen ihnen, einen letzten Mut zur Wahrhaftigkeit ohne Feigheit. »›Und du sollst auch nicht tun, als wäre es nur für vier Wochen. Du weißt es, und ich weiß es auch. Sage also nicht: es sind schließlich nur ein paar Wochen, während du mir den Pelzmantel gibst, den ich doch erst im Winter brauchen werde.‹«

Der Mann kommt nach Hause, er versucht halbherzig, sie von ihrem Vorhaben abzubringen und alles herunterzuspielen und sagt ihr: »›Meinetwegen musst du doch nicht gehen…‹, während sie weiterhin packt, ohne ihn ansprechen zu können. Die Frau, die wieder zu packen begonnen hat: ›Jetzt gib mir den Pelzmantel herüber, willst du?‹ Der Mann gibt ihn ihr: ›Schließlich sind es nur ein paar Wochen.‹«

Ein bitteres Ende. Etwa zur gleichen Zeit wie diese Frau musste ein anderer Fritz emigrieren, Fritz Perls, der später mit seiner Frau Laura die Gestalttherapie entwickelte. Brecht hat die Gestalttherapie hier literarisch vorweggenommen, aber wir sehen, auch durch die besten gestalttherapeutischen Methoden können wir die Menschen nicht zu einer wahrhaftigen Kommunikation bewegen, wenn der soziale Kontext es nicht zulässt. Und in all ihrer realistischen Verbitterung hat diese verlassende Frau den nächsten Mann bereits vorweggenommen, als sie in ihren Monologen vor sich hin sagte: »›Gib mir die Wäsche dort. Das ist Reizwäsche. Ich werde sie brauchen. Ich bin sechsunddreißig, das ist nicht zu alt, aber viel experimentieren kann ich nicht mehr. Mit dem nächsten Land, in das ich komme, darf es nicht mehr so gehen. Der nächste Mann, den ich kriege, muss mich behalten dürfen‹« (Brecht, S. 452).

Diese Geschichte verbirgt noch eine andere weise Lösung, die auch Freud stets angemahnt hat: Die Veränderung der gesellschaftlichen und moralischen

Verhältnisse impliziert zumindest die Möglichkeit, Liebesaffären nicht mehr als Verrat oder zu beseitigendes Problem zu betrachten. Die monogame Ehe ist eine moralische Vorgabe des monotheistischen Abendlandes, der christlichen Kultur, ein Leitbild.

Veränderung

Es gibt eine Lösung für das Dilemma der Liebesaffäre, die nicht nur psychologisch bedeutsam, sondern zudem höchst präventiv sein kann: Die Veränderung beider Partner und ihrer Liebesbeziehung innerhalb der Partnerschaft. Psychologen nennen so etwas Koevolution, also ein gemeinsames Wachstum, das sowohl die individuelle als auch die gemeinsame Selbstverwirklichung ermöglicht. Und sollte dies nicht möglich sein, so kann man immer noch gemeinsam versuchen, die Beziehung so zu verändern, dass zumindest eine gemeinsame Problembewältigung möglich ist.

Die Notwendigkeit der Veränderung innerhalb einer Beziehung ist das zentrale Thema des Romans »Buridans Esel« von dem DDR-Autor Günter de Bruyn. Der französische Philosoph Buridan hatte einst eine Geschichte von einem Esel geschrieben, der zwischen zwei Heuhaufen verhungerte, weil er sich zwischen beiden nicht entscheiden konnte. Wenn man die zentrale Aussage des Buches auf einen kurzen Nenner bringen möchte, dann besagt dieser: Die Erstarrung in der Ehe durch jegliche Verweigerung einer Veränderung ist der eigentliche Ehe-Bruch!

»Angefangen hat es so: Karl Erp lächelte beim Erwachen und wußte nicht, warum. An einen Traum entsann er sich nicht. Erst später, nicht viel später, aber doch erst danach, fiel ihm Fräulein Broder ein« (de Bruyn, S. 5). Der Vater und Ehemann Karl Erp verliebt sich in die Arbeitskollegin Fräulein Broder, genauer gesagt: Der Chef der öffentlichen Bibliothek verliebt sich in die Bibliothekarspraktikantin. Fräulein Broder bewundert ihren Chef, er ist für sie eine intellektuelle Persönlichkeit, ein Mann zu dem sie aufschauen und von dem sie lernen kann. »In Fachzeitschriften vergangener Jahre hatte sie Artikel zu ihrem Thema gefunden, einige von Karl Erp, sachkundige, engagierte Artikel. Sie hatte sich nach Erp erkundigt. Er war als guter Fachmann bekannt, als Kollege beliebt, sie hatte sich bemüht, an seine Bibliothek zu kommen« (de Bruyn, S. 89).

Karl Erp spricht sich für die Festanstellung der Praktikantin aus, natürlich aus rein fachlichen Gründen, denn sie ist die beste Wahl. Haben sich in diese

Lösungen

Personalempfehlung schon persönliche Motive gemischt, hat er sich so für sie eingesetzt, weil er sie mag? Und mag er sie, weil er spürt, dass sie ihn bewundert? Richtig ist jedenfalls, dass es keine Liebe auf den ersten Blick war. »Selbst Erp gestand später, daß er sich erst einsehen musste in ihre Schönheit« (de Bruyn, S. 10).

Sein Leben, seine Karriere und seine Ehe mit Elisabeth waren bislang von jedem Zweifel frei gewesen, bis zur Begegnung mit Fräulein Broder hatte er »jeden Schritt in die Gleichförmigkeit mit Enthusiasmus begrüßt: Examen, erste Anstellung, Hochzeit, Leerzimmer in der Stadt, Peter, Gehaltserhörung, Möbel, Radio, eigene Wohnung und so weiter und so weiter. Nichts war ihm mißglückt, in seiner Arbeit hatte er Erfolg gehabt, der anerkannt und honoriert worden war, alle Konflikte hatten sich als lösbar erwiesen, glückliche Umstände hatte er sich zunutze machen können, er war gesund, wohlhabend, geachtet, beliebt und mit sich zufrieden – bis zu diesem Morgen, an dem er plötzlich wehmütig einer Unabhängigkeit nachtrauerte, um deren Erhaltung er sich nie bemüht hatte« (de Bruyn, S. 22).

Warum setzt dieser Mann all dieses relative Glück aufs Spiel? Weil er die Herausforderung braucht? Weil er alles erreicht hat? Weil er jetzt 40 Jahre alt ist und dieses Alter für jeden Mann eine Zeit der kritischen Lebensbilanz ist? Oder weil seine Ehe in die Jahre gekommen ist und für ihn keinen Reiz mehr hat?

Der Chef Karl Erp besucht die Praktikantin Fräulein Broder bei ihr zu Hause, um ihr mitzuteilen, dass sie die Stelle erhalten wird. Aber warum nimmt er eine Flasche Wodka mit? Warum wird er nach dem gemeinsamen Leeren der Flasche und stundenlangen Diskussionen so zudringlich? Karl Erp kommt nachts um halb drei nach Hause, ist verwirrt, kann nicht schlafen und unterliegt einem »außergewöhnlichen Drang zur sofortigen Mitteilung« (S. 74). Seine Frau Elisabeth hört ihm geduldig zu. Er erzählt ihr von seinen streitigen Diskussionen mit Fräulein Broder, nennt sie »das intellektuellste und anstrengendste Mädchen, das ihm bisher über den Weg gelaufen war (…). Und als er fertig war und, enttäuscht von ihrer Stummheit, ging, sagte sie: ›Du hast dich also verliebt‹« (de Bruyn, S. 76).

Ja, er hat sich verliebt. »Die Folge war, daß er schlecht schlief, entsetzliches Zeug träumte, kaum mit Frau und Kindern sprach, das empfindliche Fräulein Sawatzki grundlos anbrüllte, zu konzentrierter Arbeit unfähig war und an einer Art Verfolgungswahn litt« (de Bruyn, S. 99).

Innerlich ist er immer nur mit Fräulein Broder beschäftigt und als sie krank wird, besucht er sie jeden Abend zu Hause, so dass die mehr als aufmerksamen Nachbarn ihn ansprechen. Sie lässt ihn immer herein und sie sitzen stundenlang in ihrer Küche und erfinden ihr Leben neu, während sie darüber sprechen. Sie versuchen, offen und ehrlich zu sein, während sie zugleich bemüht sind, sich selbst ins beste Licht zu rücken, ihre Masken aufzubehalten, sich nicht dahinter sehen zu lassen.

Und die Ehefrau Elisabeth, wie erträgt sie die Wirrungen der Verliebtheit ihres Mannes? Ihre ersten Reaktionen sind durchaus pragmatisch, sie »dachte nämlich trotz höllischer Seelenpein an Konsequenzen einer möglichen Trennung, an das Haus, das ihr bleiben würde, an Verdienstmöglichkeiten und Unterbringung der Kinder« (de Bruyn, S. 93). Von anderen Menschen wird Elisabeth beschrieben als »eine eigenartige, stille, zurückhaltende, unauffällige Schönheit. Aber jeder, der sie sah, fühlte, dachte, wusste, sagte sofort: Sie ist gut« (de Bruyn, S. 112). Elisabeth ist verschlossen und extrem anpassungsfähig. Nicht so sehr, weil sie ihren Mann so sehr bewundert, sondern eher aus Selbstzweifel. Auszüge aus ihrem Tagebuch verdeutlichen dies: »Auf Karls Rat Probleme der Sprachwissenschaft gelesen. Ich verstehe alles, begreife nur nicht, warum ich das wissen muß, es bringt mich nicht weiter... Vielleicht hat Karl recht: meine Herkunft versperrt mir den Weg zu gesellschaftlichem Fühlen und Denken. Aber warum eigentlich ihm nicht? Und stellt es denn wirklich unsere Liebe in Frage, wenn mir Tonio Kröger wichtiger ist als die junge Garde?« (de Bruyn, S. 113). Das teilt sie ihrem Tagebuch mit, nicht ihrem Mann. »Für ihr Schweigen über eigne Gefühle gibt es nur einen Grund: Sie konnte mit ihm nicht reden. Sie konnte es aber mit anderen« (de Bruyn, S. 115).

Der Zweifel an den eigenen Fähigkeiten hält sie zurück, wenn sie sich mit ihrem Mann streiten könnte und seine Selbstherrlichkeit und weitgehende Unempfindlichkeit gegenüber ihren Gefühlen macht Konflikte weitgehend unmöglich. »Erp wußte alles besser als sie, tatsächlich, er war gebildeter, geschulter, beschlagener, erfahrener, hatte mehr gelernt, mehr gesehen, mehr erlebt und gründlicher nachgedacht. Und er zeigte es ihr täglich« (de Bruyn, S. 123). Und nachdem sie in ihrer Einsamkeit und Verzweiflung in der Krise über alles gründlich nachgedacht hat, kommt sie zu einer nüchternen Erklärung für ihre Unterschiedlichkeit: »Bei den Möglichkeiten, die wir heute haben, ist Unbildung fast eine Schande, aber ist es nicht eine größere, über das eigene Ich nicht Bescheid zu wissen?« (de Bruyn, S. 121).

Erp versteht seine Frau nicht, er versucht es auch erst gar nicht, sondern begnügt sich mit einer Verklärung, hinter der sich seine Hilflosigkeit im Umgang mit ihr versteckt. Wenn er anderen sagen will, wie seine Frau ist,

Lösungen

vergleicht er sie mit einer Muschel: »Auf Kommoden von Großmüttern liegen manchmal bizarr gezackte Muscheln. Legt man ihre Öffnung ans Ohr, rauscht es. Man schüttelt: nichts. Man sieht hinein: dunkel. Aber das geheimnisvolle Rauschen dauert an. So war Elisabeth. So redete Erp über sie!« (de Bruyn, S. 112).

Das Paar ist seit 12 Jahren zusammen, hat zwei Kinder, einen Junge und ein Mädchen, ein Haus, ein Auto, eine Arbeitsteilung, die funktioniert und keine akuten Sorgen. Aber sie reden nicht miteinander, sie wissen nicht, was im anderen vorgeht, sind einsam in ihren Gefühlen, leben nebeneinander her, haben Sex aber keine Intimität, stellen keine Sinnfragen, aber leiden unter einer unterschwelligen Sinnkrise. Die Paarbeziehung ist seit langem stagniert, nur Elisabeth weiß es und kann damit leben, aber ihr Mann weiß es nicht und kann damit auch nicht leben. Als er es dann weiß, als die Ahnung davon langsam in ihm hoch kommt, sieht er dabei in das Gesicht von Fräulein Broder. An ihr werden ihm seine Probleme erst deutlich, ebenso wie ihre allumfassende Lösung. Ob er allerdings dabei wirklich etwas versteht – sich selbst, seine Frau, seine Beziehung, sein bisheriges Leben – das alles bleibt sehr zweifelhaft.

Zwischen den Ehepartnern beginnen zermürbende Gespräche und so, wie die neu Verliebten ihre Geschichte positiv neu erfinden, so wird die Ehe negativ umgeschrieben. »Ich bin nicht sicher, ob ich dich jemals geliebt habe.« Elisabeth: »Aber du hast mich geheiratet.« Er: »Weil du es wolltest.« Sie: »Habe ich das gesagt?« Er: »Nein, aber ich wußte es und wollte dir eine Freude machen« (de Bruyn, S. 157). Diese stundenlangen Gespräche finden meist nachts statt, wenn beide übermüdet sind, die Kinder schlafen, die Geliebte keine Zeit hat. »Das Gespräch dauerte, ohne einen Abschluß zu finden, zwei Stunden (…) es hätte auch zwanzig dauern können, dauerte es auch, über die nächsten Abende verteilt; denn die Offenheit, die zwischen ihnen ausgebrochen war wie eine fieberhafte Krankheit, mußte sich austoben, abends, wenn die Kinder im Bett lagen und das zwanghafte Familienspielen vorbei war. Sie wurden dabei vertraut miteinander wie nie zuvor, bekannten Intimitäten, deren Lautwerden früher zerstörend gewirkt hätte (…). Er redete, redete, von der Vergangenheit, die umgedeutet, zerstört werden mußte« (de Bruyn, S. 163).

In solchen Phasen der gezielten Zerstörung ihrer Ehe einerseits und der systematischen Idealisierung der Verliebtheit andererseits erlebe ich Paare häufig in den Paartherapien. Hier werden Geschichten neu geschrieben, Liebe, Wahrheit und Partnerschaft neu definiert, Personen und Partnerschaften neu erfunden, um sich wohler fühlen zu können, kein schlechtes Gewissen mehr haben zu müssen, sich vor sich selbst und der Welt rechtfertigen zu können. Wenn das Paar in diesen Gesprächen allein gelassen ist, besteht leicht die Gefahr, dass aus der Zerstörung und Kränkung auf der einen Seite und dem Selbstschutz auf der anderen eine negative Eskalation entsteht, aus der das Paar allein nicht mehr herausfindet und nur die Trennung bleibt. Hier muss ein Paartherapeut nicht nur die Übersetzung zwischen den Partnern leisten und dabei auch auf den Stil der Auseinandersetzungen achten, sondern vor allem eine Realitätskontrolle übernehmen, die das Paar aufgrund der Erschöpfung, des permanenten Sich-im-Kreise-Drehens und der destruktiven Kräfte nicht mehr hat.

Die Parallelwelten – hier Karl und Elisabeth, da Karl und Fräulein Broder – bleiben nicht lange bestehen, weil Elisabeth diesen Zustand nicht ertragen kann und will. Er zieht beleidigt bei ihr aus und erwartungsfroh bei Fräulein Broder ein. Elisabeth wirkt daraufhin wie befreit und organisiert ihr Leben neu, ganz lautlos: Die Betreuung der Kinder, den Alltagsablauf, die Pflege des Gartens, die Suche nach einer neuen Arbeit für sie. Und plötzlich fragt sie sich, »ob sie die Rückkehr zum alten Zustand hoffen oder fürchten sollte« (de Bruyn, S. 184).

Silvester wird bereits getrennt gefeiert, er stellt seine Geliebte stolz anderen als seine Frau vor, nur um mal zu spüren, wie sich das anfühlt. Im Januar wird sein Vater schwer krank und bevor er stirbt, gibt er seinem Sohn noch einen guten Rat: »Und was dich jetzt zu dem Mädchen treibt, glaub mir, ist das Unwesentliche, schon deshalb, weil es vergeht; was du im Stich lässt aber, das bleibt: die Kinder, die Arbeit. Familie ist nicht immer was Schönes, aber welches Notwendige ist schon schön und angenehm. Die verantwortlichste Stellung, die es gibt, ist die des Vaters, die ist absolut, weil unkündbar (…). Selbstverständlich widersprach Erp junior« (de Bruyn, S. 286f).

Und als der Vater dann wirklich stirbt, ruft er Elisabeth an. Sie kommt, sitzt am Bett des Schwiegervaters, hält ihm die Hand und Karl spürt seine Hilflosigkeit und seine Freude darüber, dass Elisabeth da ist.

Karl wird einsam. Der Himmel ist nicht mehr voller Geigen, sondern grau und kalt. Elisabeth ist spürbar distanziert und selbst Fräulein Broder erscheint dieser Mann nicht mehr uneingeschränkt begehrenswert. »Seitdem sie mit ihm zusammenwohnte, war ihr bekannt, daß sein größter Fehler war, so viele kleine zu haben, und ihrer, nie herausfinden zu können, welcher gerade an der Reihe war« (de Bruyn, S. 298). Ihre Zukunft, ihre gemeinsame Zukunft, wird zu einem immer größeren Problem. Die Leitung der Bibliothek hat ihnen zu verstehen gegeben, dass sie nicht beide weiterhin zusammenarbeiten können, einer muss an eine andere Bibliothek gehen. Zusammenarbeiten können sie nur, wenn sie gemeinsam aufs Land gehen, aber diese Perspektive will sich nicht einstellen. »Die erhoffte Klarheit zwischen ihr und Erp war nicht zu erreichen; der Entschluß, Berlin zu verlassen, war vergeblich gefaßt worden; er brachte es weder fertig, mit ihr zu gehen, noch zuzugeben, daß durch seine Unfähigkeit, den Aufgang B und die Entthronung zu ertragen, ihr Entschluß die einzige Chance zur Rettung ihrer Liebe bot« (de Bruyn, S. 349).

Schließlich entscheidet sie sich für eine Bibliothek auf dem Lande in der Hoffnung, er werde schon mitgehen, aber da ist bei ihm die Liebe schon geschmolzen, die Lust auf ein neues Leben nicht mehr grenzenlos und das Angebot, ins Ministerium zu wechseln, schon zu verlockend. Sie zieht aus ihrer eigenen Wohnung aus, während er noch dort wohnen bleibt, aber sobald ihr Möbelwagen weggefahren ist, fährt er nach Hause.

Karl Erp steht mit seinen Koffern unter dem Arm in seinem eigenen Haus, lächelt verlegen, die Tochter rennt auf ihn zu und springt ihm in die Arme, der Sohn fragt, ob er jetzt sein Zimmer wieder räumen müsse. Seine Frau bleibt am Tisch sitzen, in der Erwartung der »Taktlosigkeit einer zärtlichen Begrüßung« (de Bruyn, S. 365). Er bemerkt ihren neuen Schreibtisch, fragt nach ihrer Arbeit und ob sie ihr Spaß mache, sie antwortet mit einem deutlichen Ja und er versucht die alten Verhältnisse wieder herzustellen, indem er ihr sagt, sie brauche des Geldes wegen doch nicht zu arbeiten und schließlich würden die Kinder sie doch brauchen. Sie antwortet nicht. Und dann beginnt er mit der letzten großen Umdeutung aller Erfahrungen und Gefühle, rafft sich auf zu einer abschließenden Erklärung für seine Rückkehr und erwartet dann auch noch Verständnis und gar Mitleid. »Ein Leben mit dieser Liebe war nur möglich als ein Leben für nichts als diese Liebe, und wer konnte das schon, man hatte sich gegenseitig Fallen gestellt und sich selbst in ihnen verfangen, so daß es nur einen Ausweg gegeben hatte: den gewaltsamen Ausbruch, den man jetzt hinter sich hatte, voll blutender Wunden, aber mit dem Bewußtsein, es richtig gemacht zu haben; und man war ja alt genug, um von der heilenden Wirkung der Zeit zu wissen« (de Bruyn, S. 367), Damit glaubte Karl Erp genug an Erklärungen abgegeben zu haben, findet sich schon wieder richtig gut darin und schließt seine Rede mit einem selbstgefälligen Satz: »›Glaub mir: Bald bin ich wieder der alte.‹ – ›Eben‹, sagte Elisabeth, was er nicht begriff und vorläufig auch nicht erklärt bekam« (de Bruyn, S. 367). Dieses kleine Wort »Eben« beinhaltet die Absage der neuen Elisabeth an den alten Karl.

Peter von Matt schreibt dazu: »Die Rückkehr des Mannes im tragikomischen Finale, sein endgültiges Zum-Esel-Werden, zeigt nicht nur seine Wandlungsunfähigkeit als eine Beschaffenheit mit politischen Implikationen, sie zeigt mehr, nämlich: dass dieser Mann an der Starre, am Gefängnishaften seiner Ehe selbst die Schuld trug. Wovon er sich befreien will, das hat er selbst angerichtet. Dass seine verlassene Frau so rasch eine andere wurde, daß sie als die ›neue Elisabeth‹ jetzt dem ›alten Karl‹ gegenübersteht, beweist: er selbst hat die Verwandlungsfähigkeit der Frau blockiert. Was sich bei ihr an Wünschen regte, die eingefahrene Arbeitsteilung betreffend und damit auch deren patriarchale Struktur, wurde immer von ihm abgefangen und ausgelöscht, bevor es auch nur ins Bewußtsein gelangte. Was heißt das jetzt für die Kategorien von Treue und Treulosigkeit? Es heißt, daß der Verrat Karls gar nicht die Affäre mit der jungen Kollegin war, sondern jenes andere, schleichende Geschehen. Die Ehe erstarren zu lassen ist der tatsächliche Ehebruch« (von Matt, S. 308). Dies wirft ein anderes Licht auf die Treulosigkeit und die Motive der Liebesaffären scheinen besser verständlich.

11. Zur Psychologie der Liebesaffären

Liebesaffären sind in ihren allgemeinen Hintergründen, Motiven, Konflikten und Lösungen etwas zutiefst Menschliches und Universelles und als solches beinahe zeitlos, in ihren konkreten Erscheinungsformen aber kulturell und historisch gefärbt. Was heißt das für die Gegenwart? Glaubt man den Soziologen, dann leben wir in einer Zeit der unbegrenzten Möglichkeiten, der vielfältigen Optionen, kurz: wir haben die Qual der Wahl. Wir leben in einem

»Tollhaus der Möglichkeiten« mit technischen Raffinessen bei virtuellen Liebesaffären und dann wieder ganz realer Eifersucht.

Das Tollhaus der Möglichkeiten

In seinem Buch »Tollhaus der Möglichkeiten« – endlich einmal ein besserer und treffenderer deutscher Titel als der amerikanische Originaltitel »Turn of the Century« – beschreibt der New Yorker Publizist Kurt Andersen ein Jahr im Leben einer modernen New Yorker Familie im 21. Jahrhundert; eine globalisierte Familie des Turbokapitalismus mit Hightech im Haushalt und geschäftiger Einsamkeit in den Beziehungen.

George ist Manager in der Medienbranche, seine Frau Lizzy ist Leiterin einer Softwarefirma und die drei Kinder benehmen sich wie kleine Erwachsene, erscheinen altklug, genial und wenig kindlich, und der Leser schwankt in seiner Diagnose zwischen Hochbegabung und Verhaltensstörung. Neil Postmans düstere Prognose vom »Verschwinden der Kindheit« (1999) scheint sich bei diesen Kindern bewahrheitet zu haben. Beide Eltern sind hoch motiviert bei der Arbeit, wobei die Grenzen zwischen Arbeitszeit und Freizeit weitgehend aufgelöst sind. Die modernen Kommunikationstechnologien ermöglichen jederzeit und überall Bildschirmkonferenzen, jedes Familienmitglied hat seine eigenen Essenszeiten, während gemeinsame Arbeitsessen mit Kollegen den Normalfall darstellen. George verdient 16.500 Dollar in der Woche und seine Frau noch ein wenig mehr, man nimmt auch schon mal das Privatflugzeug, weiß seine Kinder durch die fest angestellte Kinderfrau versorgt und ist dennoch nicht vor ehelichen Krisen gefeit. Die Dichte der Sprache vermittelt das atemberaubende Tempo des Lebensstils der Familie und man schwankt zwischen Mitleiden und Mitleid, Gefühlen der menschlichen Betroffenheit und tiefer Oberflächlichkeit.

Lizzy macht Karriere, während George mit seiner Fernsehserie abgesetzt wird – und fortan plagt ihn eine diffuse, aber dafür umso mächtigere Eifersucht. Während George allein zu Hause sitzt – er ist mittlerweile arbeitslos, die Kinder sind mehr als beschäftigt durch vielerlei Freizeitaktivitäten und seine Frau ist mit vielen anderen Männern auf Geschäftsreise in Fernost, um neue Märkte zu erobern – bekommt er eines Tages zu allem Überfluss ein besonderes Leid nach Hause geschickt. Der Bote bringt ihm von einem anonymen Absender ein Video, das mit versteckter Kamera aufgenommen wurde. Auf dem Video sieht er, wie ein Mann masturbierend vor einem Bildschirm sitzt. Der Bildschirm zeigt einen virtuellen Porno, bei dem die künstliche Frau den Zuschauer nach seinen Wünschen fragt. Diese künstliche Pornodarstellerin ist Georges eigene Frau Lizzy. Sie ist es nicht wirklich, sondern nur als Computeranimation á la Lara Croft, aber sie hat die originalen Gesichtszüge, den Körper und die Stimme seiner Frau. Und der Mann, der sich seine Wünsche von dieser virtuellen Frau erfüllen lässt, ist ihr derzeitiger Chef, bei dem George schon immer Vermutungen hatte, dass er auf eine Liebesaffäre mit seiner Frau Lizzy aus war, ohne es beweisen zu können. George sieht sich wiederholt das Video an und stürzt dabei in tiefe, verwirrte Gefühle. Soll er nun eifersüchtig sein? Wahrscheinlich weiß seine Frau gar nichts von dem Video und die Computersimulation ist das intelligente Werk eines Könners, der masturbierende Chef dagegen ist real. George ist sauer und aufgeregt und weiß nicht recht worüber, er leidet anscheinend an einer äußerst modernen Form der Eifersucht.

Diese moderne Eifersucht kann Menschen nicht nur zum Wahnsinn treiben, sondern auch zum Therapeuten. Kürzlich kam ein Paar zu mir in die Therapie, weil er eifersüchtig war auf ihren Internetpartner, mit dem sie viele gemeinsame Stunden im Chatroom verbrachte. Natürlich sei er nicht eifersüchtig auf den realen Menschen, denn den habe seine Frau ja noch gar nie gesehen, aber sie sitze in letzter Zeit viele Stunden vor dem Computer und sage bzw. schreibe diesem Mann persönliche und intime Dinge, über die sie mit ihrem Ehegatten noch nie gesprochen habe. Dies sei ein Vertrauensbruch für ihn und diese innere Nähe zu dem Internetpartner sei für ihn schlimmer, als wenn sie ihn persönlich kennen und mit ihm Sex haben würde. Sie wiederum sagte, sie könne sich mit diesem »sensiblen Mann« aus der sicheren Distanz des unpersönlichen Kontaktes heraus über intimste Dinge austauschen, die sie sich ihrem Mann gegenüber nicht anzusprechen getraue. Wir einigten uns auf den Versuch, eine reale Kommunikation zwischen den realen Partnern anzustreben, wie sie im Internet zu dem anonymen Mann bereits bestehe.

Ein anderes Paar hatte die gleiche Erfahrung gemacht, allerdings mit anderem Ausgang. Dort hatte die Frau ebenfalls einen virtuellen Liebhaber – vielleicht eine postmoderne Variante weiblicher Untreue – und der Ehemann hatte es dann aber geschafft, ebenfalls Kontakt zu diesem Mann aufzunehmen. Er gab sich im Chatroom als Frau aus, begann eine intime Beziehung zu dem Internetpartner seiner Frau und trieb es im Internetkontakt so weit, dass er mit ihm sexuelle Intimitäten austauschte. Dann zeigte er nach einiger Zeit seiner Frau triumphierend die ausgedruckte Korrespondenz und wies ihr damit nach, dass »der Kerl es mit jeder treibe«. Die Ehe war gerettet, die Eifersucht mit List besiegt. Ein Ende, über das sich Boccaccio wahrscheinlich gefreut hätte.

Lebenslange Liebe?

Ein weiteres Phänomen der Moderne ist die gestiegene Lebenserwartung, die es auch den letzten Romantikern schwer macht, noch an die lebenslange Liebe zu glauben. Die lebenslange Liebe stirbt also aus, weil die Menschen immer älter werden? Bei einer durchschnittlichen Lebenserwartung von über 80 Jahren, einem immer früheren Beginn der Pubertät, einem Erstheiratsalter von ca. 29 Jahren und einer durchschnittlichen Ehedauer von 4-5 Jahren muss man den Realitäten ins Auge sehen: Die Menschen haben immer früher Erfahrungen in Liebesbeziehungen, wahrscheinlich mehrere längere und kürzere, bevor sie im Schnitt immer später heiraten, um sich anschließend immer schneller scheiden zu lassen. Danach sind die meisten getrennten Männer innerhalb eines Jahres wieder in festen Beziehungen, während die Frauen sich dabei mehr Zeit lassen.

Es gibt eine Geschichte von einer lebenslangen Liebe zwischen zwei Menschen, die sich nichts sehnlicher Wünschen, als gleichzeitig zu sterben, weil sie keine Lebenszeit ohne den anderen verbringen wollen. Diese Geschichte von Philemon und Baucis ist seitdem das Synonym für eheliche Treue, Ovid erzählt sie in seinen Metamorphosen.

Der Gott Jupiter war wieder mal als Mensch auf die Erde gegangen, um zusammen mit einem göttlichen Freund nach dem rechten zu sehen. Als sie in Phrygien reisten, suchten sie abends nach einer Herberge für die Nacht, aber sie wurden überall abgewiesen, keiner gewährte ihnen Gastfreundschaft. Schließlich bat sie ein alter Mann mit Namen Philemon in seine bescheidene Hütte, in der er mit seiner Frau Baucis lebte. Sie hatten kaum selbst genug zum Leben, aber sie bewirteten die Reisenden so gut sie nur konnten und richteten ihnen eine Schlafstatt für die Nacht. Die beiden alten Menschen hatten schon graue Haare und lebten allein. Jupiter genießt das gute, einfache Essen sehr, zürnt aber mit den anderen Leuten in der Umgebung, die fast alle reicher sind als die beiden Alten. Während des Essens erlaubt sich Jupiter einen Scherz und lässt die Karaffe mit Wein sich selbst immer wieder füllen. Als die beiden beginnen, an ihren Sinnen zu zweifeln, gibt Jupiter sich lachend zu erkennen und erklärt: Ja, wir sind Götter! Sie beiden armen Leute entschuldigen sich sofort für das einfache Essen und wollen ihre einzige Gans schlachten, aber die versteckt sich Hilfe suchend hinter Jupiter. So sehr der Gott dem armen alten Paar für die Gastfreundschaft dankt, so rachsüchtig ist er gegenüber den anderen. Er bittet alle auf einen nahe gelegenen Hügel, damit sie seine Strafe mit ansehen können: Er lässt die gesamte Ansiedlung im Erdboden versinken, nur das Haus von Philemon und Baucis bleibt erhalten, ja, das Strohdach verwandelt sich in einen goldenen Tempel. Dann fragt Jupiter seine Gastgeber nach einem letzten Wunsch, den er ihnen erfüllen möchte und Philemon antwortet: »(...) und da wir in Eintracht die Jahre verbrachten, nehme dieselbe Stunde uns fort: Ich möge der Gattin Grab nie schauen, noch möge im Grab sie je mich bestatten« (Sichtermann, S. 34). Seine Frau stimmt ihm zu, das sei auch ihr einziger Wunsch und dieser wird ihnen vom Gott erfüllt. Sie sterben später in der gleichen Stunde, und noch im Sterben berühren sie einander und merken dabei, wie sie sich in Bäume verwandeln, die ihre Äste umeinander schlingen; er wird zur Eiche und sie wird eine Linde. Wenn man also eine Eiche und eine Linde nah beieinander stehen sieht, so kann man gewiss sein, dass es sich hier um zwei Liebende handelt, die im Tod zu Bäumen geworden und so weiterhin zusammen sind.

Vordergründig ist die Erzählung von Ovid eine Geschichte von der Bedeutung der Gastfreundschaft, hintergründig jedoch wird die ewige Liebe besungen: Philemon und Baucis haben das ganze Leben miteinander verbracht, also wollen sie auch im Alter nicht mehr allein ohne den anderen sein. Sie haben sich keine weltlichen oder materiellen Dinge gewünscht, keinen Reichtum, kein Haus, kein Gold, sondern nur die Möglichkeit, bis zum Tod zusammen zu sein. Dieser letzte Wunsch war nicht Ausdruck einer routinierten Gewohnheitsbeziehung, sondern einer Liebe, die ohne den anderen nicht denkbar und lebbar erscheint.

Soweit der Mythos, das Ideal der lebenslangen Liebe. Eine nüchterne Analyse der Realität moderner Liebesbeziehungen konfrontiert uns mit einer Reihe von Fragen: Wie kommt es, dass immer mehr Partnerschaften, Ehen und Familien in Trennungen enden und Liebesaffären dabei eine besondere Rolle spielen? Können diese Prozesse beeinflusst werden und welche Faktoren fördern partnerschaftliche Zufriedenheit und Stabilität? Welche Bedeutung haben Kommunikation, Konfliktlösungskompetenzen, Stress und Stressbewältigung oder die Fairness für den Verlauf von Paarbeziehungen? Gibt es einzelne Aspekte der Paarbeziehungen, die als neuralgische Punkte bestimmt werden können, wie die Partnerwahl, die Persönlichkeit der Partner oder deren Herkunftsfamilien? Oder ändern sich eher die Bewertungskriterien der Menschen für die Zufriedenheit in Partnerschaft und Ehe? Erst wenn wir diese Fragen untersucht haben, können wir verstehen, wie es in diesen modernen Zeiten zu Liebesaffären kommt, welche Bedeutungen sie haben und wie man mit ihnen umgehen kann. Der erste neuralgische Punkt einer modernen Liebesbeziehung scheint die Balance zwischen Geben und Nehmen zu sein.

Geben und Nehmen

Anscheinend leben wir in einer Zeit, in der die Ökonomie nur noch mithilfe der Psychologie erklärbar ist und in der sich die Liebesbeziehungen zunehmend an ökonomischen Gesetzmäßigkeiten orientieren: Wirtschaft erscheint letztlich nur psychologisch verstehbar und die Liebe ökonomisch. Jeden Abend interpretieren Fachleute der einzelnen Fernsehsender die Entwicklungen der Kapital- und Finanzmärkte und kommen dabei regelmäßig zu mehr oder weniger neuen Erkenntnissen über die »Psychologie der Börse«. Diese Psychologie der Wirtschaft, d.h. die psychologischen Erklärungsversuche für ökonomisch nicht mehr verständliche Entwicklungen der Wirtschaftsdaten, hat ein Pendant in der Ökonomie der Liebesbeziehungen. Klienten bedienen sich zunehmend ökonomischer Metaphern zur Beschreibung ihrer Beziehungssituation. »Geben und Nehmen stimmt bei uns nicht mehr, ich gebe nur noch und bekomme nichts zurück.« – »Nur noch Input, kein Output mehr!« – »Ich zahle einen zu hohen Preis für mein Leben.« – »Kosten und Nutzen stehen in keinem vernünftigen Verhältnis mehr zueinander.« – »Es lohnt sich einfach nicht mehr. Diese ganze Beziehung war im Nachhinein betrachtet für mich eine totale Fehlinvestition.«

Diese »Ökonomisierung der Liebesbeziehungen« im Sinne von Kosten-Nutzen-Analysen geschieht zunächst in der Sprache und im Denken der Partner. Dahinter taucht die Frage auf, ob diese ökonomische Sprache zur Beschreibung ihrer Liebesbeziehungen nicht als ein Hinweis auf entsprechende ökonomische Bewertungsmuster angesehen werden sollte. Wer über Rendite, kurzfristige Gewinn-Maximierung, Input-Output-Relationen, Investitionen und Fehlinvestitionen, Kosten-Nutzen-Analysen oder Amortisierungen spricht, um seine in die Krise geratene Liebesbeziehung zu beschreiben, der sollte vielleicht nicht nur seine

Zur Psychologie der Liebesaffären

Ehe kritisch hinterfragen, sondern vielleicht auch seine Bewertungskriterien für das private Glück. Es erscheint schon kurios: Einerseits das übermächtige irrationale Gefühl der romantischen Liebe, das die Menschen in die Liebesbeziehungen treibt, andererseits das rationale, ökonomische Kalkül, wenn die Liebesdinge nicht so laufen, wie sie sollten. Fangen die Menschen erst an zu denken, wenn die Beziehung nicht mehr befriedigend ist und überlassen sie alles vorher der schicksalhaften Fügung der Liebe? Oder ist das ökonomische Kalkül der Versuch, die Irrationalität der Liebe zu beherrschen? Vielleicht werden Paar- und Familienbeziehungen deshalb eher beendet, weil Reparaturen sich heutzutage kaum noch lohnen und man lieber in Neues investiert, als in Altes? Ein Klient hat dies kurz auf den Punkt gebracht: »Wären die Kinder nicht da, würde ich wahrscheinlich einfach den Hebel umlegen und neu anfangen. Neues Spiel, neues Glück!«

Es gib eine psychologische Theorie, die das ökonomische Denken in Liebesbeziehungen geradezu ins Zentrum stellt: die Austauschtheorie. »Austauchtheoretische Konzepte gehören zu den wichtigsten Theorien über Paarbeziehungen. In ihnen wird die Partnerschaft ähnlich wie in einem ökonomischen Verhaltensmodell gesehen, in dem die Partner ihr Interaktionen fortlaufend nach Kosten und Nutzen bewerten« (Lösel und Bender, S. 51).

Schon die Wahl eines Partners, dann aber erst recht die Aufrechterhaltung einer Beziehung zu ihm oder ihr sind davon geleitet, wieweit der Partner die Befriedigung eigener Bedürfnisse verspricht.

Gesucht wird möglichwerweise jemand, der mir eine Aufwertung meines Selbstwertes, eine befriedigende und zärtliche Sexualität und eine hohe Verlässlichkeit und Verantwortlichkeit in der Beziehung verspricht. Sollte es mir gelingen, diese Eigenschaften im Partner nicht nur am Anfang, sondern über eine gewisse Zeit zu erkennen bzw. in ihn störungsfrei hinein projizieren zu können, dann erlebe ich die Beziehung zunächst einmal als zufrieden stellend. Für eine wirkliche, dauerhafte Zufriedenheit reicht dies allerdings noch nicht aus, dazu gehört die Berechnung der Kosten einer Beziehung. Solche Kosten ergeben sich durch die Beantwortung folgender bilanzierender Fragen: Welche nervigen Konflikte muss ich immer wieder dafür in Kauf nehmen, mit diesem Menschen zusammen zu sein, wie viele Enttäuschungen muss ich in der Beziehung erleben, welche negativen Seiten meines Partners muss ich miterleben, welche Zumutungen von Seiten der Schwiegereltern und seiner sonstigen Verwandtschaft müssen ertragen werden und welche unangenehmen Veränderungen an mir selbst sind eindeutige Folge dieser Partnerschaft, ganz zu schweigen vom Alltagsstress, den Differenzen in der Kindererziehung und der schleichenden Routine in der Sexualität? Erst wenn diese Gesamtbilanz aller Kosten und Nutzen einer Paarbeziehung erstellt wurde, entsteht ein Bild der Beziehung, aber dann habe ich immer noch nicht mit meinem Partner darüber gesprochen, zu welcher Bilanz er gekommen ist.

Das alles klingt rational und vernünftig, bleibt nur zu fragen, was von den jeweiligen Personen als nützlich, positiv oder attraktiv bewertet wird. Was für den einen nützlich erscheint, ist für den anderen nicht erstrebenswert. Und neben diesen subjektiven Bewertungskriterien fließt in die Beziehungsbilanzierung der modernen Partner zumeist eine zweite Ebene ein, die von der Austauschtheorie zwar als Problem gesehen wird, aber nicht erfasst werden kann: die Frage nach den Alternativen. Denn Bilanzierungen sind nicht nur ein Ergebnis der jeweiligen Kosten-Nutzen-Analyse, sondern auch der zur Verfügung stehenden Alternativen. So kann die Beziehungsbilanz durchaus bescheiden ausfallen, aber angesichts der zur Verfügung stehenden Alternativen erscheint eine Trennung wenig sinnvoll.

Rusbult hat in Erweiterung der Austauschtheorie das so genannte Investment-Modell entwickelt, das die Investitionen in die Beziehung betont. Diese Investitionen werden als Trennungsbarrieren bezeichnet und umfassen neben der bisher investierten Zeit und den Gefühlen, den gemeinsamen Kindern und dem aufgebauten Freundeskreis durchaus auch materielle Dinge, wie das gemeinsame Haus oder das Feriendomizil. Diese Investitionen gehen im Falle einer Trennung in die Konfliktmasse ein oder sind gar ganz verloren. Das Gefühl gegenseitiger Verpflichtung (Commitment) ist damit abhängig von einer jeweiligen Kosten-Nutzen-Analyse, von den ihr zugrunde liegenden Bewertungskriterien, von den zur Verfügung stehenden Alternativen zur Beziehungsgestaltung und von dem Ausmaß an Investitionen. Damit ergibt sich folgende Gleichung für den modernen Beziehungsmenschen: »Je höher Zufriedenheit und Investitionen in einer Beziehung sind und je niedriger die Qualität mögliche Alternativen bewertet wird, desto höher ist das Commitment und desto wahrscheinlicher ist die Aufrechterhaltung der Beziehung« (Schneewind und Wunderer, S. 231). Eine solche Bilanzierung hat aber noch weiter gehende Folgen für den Konfliktfall. Wer nach einer solchen Beziehungsbilanzierung vom Partner vor die Frage gestellt wird, sich zu trennen, der tendiert wahrscheinlich dazu, die Trennungsbestrebungen des Partners mit eigenen Beziehungsverstärkern zu beantworten. Allerdings ist dies nach meinen Erfahrungen aus Paartherapien nur bis zu einem gewissen Grade und für eine begrenzte Zeit wahrscheinlich. Wenn in einem solchen Fall der Partner auf die eigenen Beziehungsangebote nicht positiv oder gar abweisend reagiert, dann geht diese Reaktion des Partners wieder als Negativposten in die neuerliche Kosten-Nutzen-Analyse ein. Und außerdem kann es dann sein, dass eine bislang als minderwertig bewertete Alternative doch attraktiver erscheint, was wiederum die Gefühle der Verpflichtung lockert und vielleicht eine Liebesaffäre als Kompromiss zwischen Bleiben und Trennen lustvoll erscheinen lässt. Manchmal kann es auch sein, dass sich Paare in solch einem Zustand einer zweifelhaften Kosten-Nutzen-Bilanz wegen hohen Investments und trotz sinkenden Commitments in eine Paartherapie begeben.

Den Aspekt der Gerechtigkeit, der Ausgewogenheit oder der Fairness in einer Beziehung betont auch die so genannte Equity-Theorie (Walster). Im Kern betrifft dies die Frage von Geben und Nehmen in einer Paarbeziehung. Damit kann eine individuell schlechte Kosten-Nutzen-Analyse immer noch positiv ausfallen oder zumindest zeitweise ertragen werden, wenn man zu dem Ergebnis kommt, dass der Partner noch mehr investiert oder sein Ertrag geringer ist. Wesentlich für eine solche Betrachtung sind zwei Faktoren: die Zeit und das Gefühl, an einem Strang zu ziehen. So kann ein Partner eine negative Kosten-Nutzen-Bilanz seiner Beziehung ertragen, wenn es nur für eine begrenzte Zeit ist und wenn der Partner einem das Gefühl gibt, in diesen schweren Zeiten an einem Strang zu ziehen. Wenn allerdings das Gefühl vorherrscht, dass Geben und Nehmen in der Paarbeziehung chronisch ungleich verteilt sind, man selbst eher die Kosten trägt, während der Partner den Nutzen davon hat, wenn es also keine Beziehungs-Gerechtigkeit oder -Fairness mehr gibt, dann sinkt das Commitment. Beziehungsgerechtigkeit, Ausgewogenheit zwischen Geben und Nehmen und das Gefühl der Fairness in einer Beziehung sind damit wesentliche Bedingungen für die Zufriedenheit in einer Beziehung und damit auch ihre Stabilität.

Die apokalyptischen Reiter

Alle Menschen wollen geliebt, geachtet und wertgeschätzt werden; dies gilt insbesondere für Menschen in Liebesbeziehungen. Mehr noch: diese Liebe soll man nicht nur irgendwie merken (Klient: »Wenn ich dich nicht mehr lieben würde, dann würde ich doch hier nicht sitzen?«), sondern auch klar sehen, fühlen und hören können. Das Gefühl muss anscheinend kommuniziert werden, damit es bestehen bleibt.

Zur Psychologie der Liebesaffären

J. Gottman hat erstmals 1993 »A theory of marital dissolution and stability« im Journal of Family Psychology veröffentlicht, in der er die Ergebnisse seiner Untersuchungen über die Funktionalität von Paarbeziehungen zusammenfasste. Von zentraler Bedeutung ist für ihn das Verhältnis von positiven und negativen Kommunikationen in einer bestimmten Zeiteinheit innerhalb einer Paarbeziehung. Positive Kommunikationen sind beispielsweise: freundlich und zugewandt sein, sich anlächeln, sich zärtlich berühren, sich Komplimente machen, auf den anderen zugehen, Verständnis zeigen. Humor und positive Lebenseinstellung gehören ebenso dazu, wie gemeinsame Aktivitäten, gemeinsame Beziehungserfahrungen im Alltag oder einfach nur Zuhören. Solche Erlebnisse und Verhaltenseisen reduzieren nicht nur das Stresserleben, sondern haben sich geradezu als Schutzfaktoren einer zufriedenen und dauerhaften Bindung erwiesen.

Die negativen Kommunikationsformen sind nach Gottman vor allem vier, die er »die vier apokalyptischen Reiter« genannt hat:

a) Kritik (z. B. typische Du-Botschaften wie ›Du kommst immer zu spät‹),
b) Verachtung (z. B. Aussagen, die den anderen als Person abwerten wie etwa ›du bist die letzte Schlampe‹)
c) Abwehr (z. B. Gegenkritik wie ›Und du bist ein völliger Chaot‹) und
d) Abblocken (z. B. versteinern, den anderen ignorieren, durch den anderen hindurchschauen).

In den Untersuchungen von Gottman hat sich herausgestellt, dass der Quotient aus positiven zu negativen Kommunikationsereignissen 5:1 oder höher sein muss, um sich partnerschaftsstabilisierend auszuwirken« (Schneewind und Wunderer, S. 237).

1998 hat Gottman diesen vier apokalyptischen Reitern noch einen fünften hinzugefügt, den er provokative Machtdemonstration genannt hat. (Anmerkung: Das englische Wort dafür »belligerence« enthält vom Wortstamm her noch den Bezug zum lateinischen Wort für Krieg (bellus) und daher empfehle ich, den fünften apokalyptischen Reiter eher als »Kunst der Kriegsführung« zu bezeichnen.) Dazu gehören Aussagen wie »Da kannst du dich auf den Kopf stellen, ich mache trotzdem was ich will«, »Ich gehe heute Abend aus, und zwar mit... und du kannst machen, was du willst« oder »Ich fahre in den Urlaub und mir ist egal, was du machst«.

Diese Ergebnisse der modernen lern- und verhaltenstheoretischen Ansätze gelten heute als die am besten empirisch belegten Theorien innerhalb der

Paartheorien. Für noch bedeutsamer als die empirische Überprüfung der Wirksamkeit positiver und negativer Kommunikationen und ihr Verhältnis zueinander halte ich die von Gottman vorgestellte Kaskaden-Theorie, weil sie die negativen Eskalationen und Schleifen, wie wir sie in den Paartherapien immer wieder bearbeiten müssen, sinnvoll beschreiben. Eine negative Äußerung eines Partners führt zur negativen Gegenreaktion, ein Wort ergibt das andere, beide handeln aus verletzten Gefühlen oder gar aus einer Kränkung heraus, stabilisieren sich selbst aber wieder durch verbales Kontern, ziehen sich dann beleidigt und gekränkt zurück, lecken ihre Wunden und verändern in der Distanzierung, im Rückzug oder gar der Isolation das Bild des anderen in negativer Weise. Dies führt in Fortsetzung der negativen Schleifen auch zu einer verändert negativen Sicht der gesamten Beziehungsgeschichte und alle neuen Erlebnisse werden entsprechend der inneren negativen Muster als Bestätigung einer großen Täuschung und Enttäuschung interpretiert. Am Ende wird die gesamte Beziehung durch eine »schwarze Brille« gesehen, so wie am Beziehungsanfang alles nur durch eine rosarote gesehen wurde.

Theoretisch bedeutsam ist, dass diese »Kaskaden-Theorie« auch die Veränderungen der inneren Bewertungsmuster berücksichtigt, also nicht nur das Verhalten reflektiert, sondern auch die Muster der Wahrnehmung, des Denkens und Fühlens. Jürg Willi hat mit seiner Arbeitsgruppe in Zürich mit der Konstruktdifferenzierung die wahrscheinlich beste Methode entwickelt, solchen Veränderungen in den Partnern und zwischen ihnen zu begegnen, die inneren Monologe auszusprechen, sie wieder in die partnerschaftliche Kommunikation einzubringen und sie damit nicht nur offen legen, sondern auch verändern zu können.

Bei der empirischen Überprüfung seiner Befunde in prospektiven Längsschnittstudien fand Gottman drei Typen von Paaren mit einer guten Prognose für Zufriedenheit und Stabilität und zwei Typen mit einer schlechten Prognose. »Die lebhaft impulsiven Paare zeigen sowohl viele negative als auch positive Kommunikationen, verhalten sich sehr emotional und leidenschaftlich und sehen sich in der Ehe als gleichberechtigt. Die konstruktiven Paare weisen ein mittleres Maß an positivem und negativem Verhalten auf, tragen ihre Konflikte eher sachlich aus und betonen das Gemeinsame in der Beziehung. Sie sind eher an traditionellen Geschlechts- und Partnerrollen interessiert. Die Konflikt vermeidenden Paare spielen ihre Probleme herunter, betonen Unabhängigkeit und Autonomie und zeigen wenig wechselseitigen Austausch. Daneben unterscheidet Gottman noch zwei unglückliche, instabile Partnerschaftstypen. Die feindselig-verstrickten Paare zeigen vielfältige Konflikte, offene Kritik und gegenseitige Abwertung, die feindselig-losgelösten Paare verhalten sich unbeteiligt und voneinander isoliert und tragen keine Konflikte mehr aus« (Lösel und Bender, S. 59). Solche Typologien sind immer fragwürdig, dienen eher der analytischen Trennung und Theoriebildung, als einem besseren Alltags- oder Praxisverständnis und sind in ihrer Summe in unterschiedlichen Anteilen wahrscheinlich in den meisten Beziehungen zu unterschiedlichen Zeiten und Anteilen lebendig. Das heißt, dass es in jeder Paarbeziehung Zeiten gibt, in denen die Konflikte eher vermieden und heruntergespielt werden, dann wieder werden sie sehr sachlich ausgetragen oder auch mal lebhaft impulsiv. Diese Paare haben noch eine lebendige Beziehung, die wollen noch etwas voneinander und miteinander und davon zu unterscheiden sind diejenigen Paare, die nur noch eine feindselige Beziehung haben und darin entweder verstrickt oder distanziert sind. Bei diesen Paaren ist der Alltag selbst schon zum Problem geworden. Eine Klientin drückte dies so aus: »Ob wir eine Zukunft miteinander haben kann ich überhaupt nicht sagen. Im Moment leben wir von Woche zu Woche miteinander, manchmal nur von einem Tag zum nächsten. Wir machen uns gegenseitig fertig im Alltagsstress.«

Stress macht hässlich

Die therapeutische Arbeit an den alltäglichen Konflikten hat in Paartherapien eine besondere Bedeutung. In den ersten Sitzungen einer Paartherapie stehen diagnostische Aspekte im Vordergrund, wie z. B. der aktuelle Konflikt, die Lebenssituation des Paares, die Motive der Partnerwahl, die Geschichte der Paarbeziehung, ausgewählte Aspekte der Herkunftsfamilien beider Partner und vor allem die Beziehungen dieser Aspekte untereinander. Im Anschluss an diese Explorationsphase steht in der Mittelphase einer Paartherapie, die auch als Arbeitsphase bezeichnet werden kann, meist der Alltag der Partner mit ihren jeweiligen alltäglichen Konflikten im Vordergrund. Diese Arbeit in und mit der Gegenwart des Paares beinhaltet keine Geringschätzung der Vergangenheit, sondern basiert auf zwei Grundannahmen: erstens werden die Erfahrungen der Vergangenheit, die mit Ängsten, ungelösten Konflikten oder schweren Gefühlen behaftet sind, sich wieder in der Gegenwart zeigen, wieder hochkommen und aktuell werden, wenn sie noch bedeutsam sind – und wenn nicht, dann sind sie eben auch nicht mehr wichtig. Zweitens besteht ja ein Ziel der Paartherapie darin, den Partnern in ihrer konkreten Beziehung im Alltag zu helfen, anders gesagt, es nützen die besten Erkenntnisse nichts, wenn die Paartherapie das konkrete Leben des Paares im Alltag nicht verändert und ihnen zu einer besseren Stressbewältigung, aber auch Konfliktfähigkeit verhilft. Dies sind aus meiner Sicht die beiden wesentlichen Gründe, warum die Arbeit an den Alltagskonflikten der Paare im Zentrum einer Paartherapie stehen sollte. Denn in diesen oftmals banalen, blödsinnigen, kleinlichen, zickigen oder unverständlich emotionalen Alltagsauseinandersetzungen der Partner ist meist alles enthalten, was bedeutsam ist – zum Verständnis, zur Erklärung und zur Veränderung ihrer Probleme.

In den letzten Jahren hat die sozialpsychologische Stressforschung bei Paarbeziehungen eine interessante Richtung eingeschlagen, die sich mit dem Begriff »dyadisches Coping« verbindet. Darunter wird die Fähigkeit verstanden, nicht individuell, sondern gemeinsam die Konflikte, die Probleme oder den Stress in einer Beziehung zu bewältigen. Damit geht es nicht mehr um individuelle Lösungen oder Kompetenzen, sondern um eine systemische und ressourcenorientierte Leistung des Paares. Jeweils alleine würden die Partner den aktuellen Konflikt vielleicht gar nicht lösen, aber gemeinsam entwickeln sie »synergetische Kräfte«, können sie Ressourcen aktivieren, die mehr sind als die Summe ihrer Einzelfähigkeiten. Diese besonderen Kompetenzen beziehen sich auf die Stressbewältigung im Alltag und können erlernt und verändert werden.

Das Besondere an diesen Alltags-Kompetenzen ist allerdings, dass sie in Stresssituationen oftmals nicht abrufbar, nicht wirksam, nicht zugänglich sind. Dies entspricht ja durchaus dem Alltagserleben der meisten Menschen: Wenn ich gut drauf bin, kann ich mit den schwierigsten Situationen gut umgehen, wenn ich Zeit und Ruhe habe, kann ich Lösungen erarbeiten, wenn ich mich geliebt fühle, kann ich auch mit Kritik gut umgehen. Aber wenn ich schlecht drauf bin, mich angemacht fühle und sich die stressige Situation weiterhin zuspitzt, versagen meine Lösungskompetenzen und Bewältigungsstrategien, dann erlebe ich den Partner nicht als hilfreiche Entlastung und Quelle der Liebe, Ruhe, Ausgeglichenheit und Freude, sondern als nervigen, ungerechten Menschen, der eher eine zusätzliche Belastung meiner Lebenssituation darstellt und der zunehmend ein Teil meines Problems zu sein scheint. Dann verkehrt sich die Liebe in Wut, die Zweisamkeit in Einsamkeit. In seinen Untersuchungen über »Die Bedeutung von Stress für die Partnerschaft« hat Guy Bodenmann herausgefunden, »dass Stress über vier Wirkmechanismen die Partnerschaftsqualität unterminiert und das Scheidungsrisiko erhöht: a) über die Einschränkung der gemeinsam verbrachten Zeit, b) über die Verschlechterung der Kommunikation des Paares, c) über negative Auswirkungen stressbedingter gesundheitlicher Beeinträchtigungen sowie d) über eine Freilegung problematischer Persönlichkeitsmerkmale unter Stress« (Bodenmann 2003, S. 491).

Alltagsstress muss unterschieden werden von den normalen Konflikten des Alltags oder gar der partnerschaftlichen bzw. familiären Entwicklung. Alltagsstress wird als überflüssig, Energie raubend und nervend erlebt, der Sinn ist oftmals nicht nachvollziehbar und sehr schnell stellen sich Fragen nach der Schuld oder der Ursache allen Übels ein. Partner erscheinen dann häufig als die Antwort auf all diese Fragen. Alltagsstress vergiftet aber nicht nur die Atmosphäre, ist eine Quelle aller nur möglichen negativen Gefühle, er verändert nicht nur das Bild vom Partner und der Partnerschaft in negativer Weise, sondern er sorgt auch in letzter Konsequenz dafür, dass eine schöne, entspannende Zeit miteinander verloren geht.

»Paare, die stressbedingt wenig Zeit miteinander verbringen, haben kaum Möglichkeiten des affektiven, zärtlichen Austauschs, der tieferen, emotionalen Kommunikation (emotionale Selbsteröffnung) und einer befriedigenden sexuellen Begegnung, wodurch gemeinsame Erfahrungen, die für das Wir-Gefühl des Paares bedeutsam sind, reduziert sind und die Vertrautheit und Intimität des Paares längerfristig Schaden nehmen. Hektik und wenig Zeit bewirken zudem eine mehr sachbezogene und damit oberflächlichere Kommunikation, die sich an Alltagsdetails orientiert und den emotionalen Austausch des Paares einschränkt« (Bodenmann 2003, S. 491). Dies verweist bereits auf die Folgen von Stress für die Qualität der Kommunikation.

Die partnerschaftliche Kommunikation unter Stress kann durch zwei Aspekte gekennzeichnet werden: Erstens wird sie zunehmend negativ und zweitens wird sie irgendwann ganz eingestellt. Diese Art der negativen ehelichen Kommunikation wurde beispielsweise von Strindberg herrlich beschrieben; dabei geht es um Sarkasmus, Zynismus, Ironie oder auch wundersame Verbindungen all dieser destruktiven Kommunikationsformen. Sie entstehen aus einer Mischung aus verletzten Gefühlen, Kränkungen und Trauer einerseits und massiven Gegen-Aggressionen gegen den Partner andererseits. Die zweite Variante bedeutet Rückzug aus der Kommunikation, vielleicht noch begleitet von Maulen und stummer Anklage.

Es gilt heute als erwiesen, dass chronischer Stress sich auch auf die körperliche Gesundheit auswirken und damit unmittelbare und mittelbare Folgen für die Partnerschaft haben kann: »So können stressbedingte Erkrankungen eines Partners (Herz-Kreislauf-Erkrankungen, Magengeschwür, Herzinfarkt, Krebs usw.) erhebliche Einschränkungen im Leben (z.B. Reduktion von gemeinsamen sportlichen, sozialen, kulturellen oder sexuellen Aktivitäten) für das Paar mit sich bringen, einen erhöhten Pflegeaufwand und eine stärkere Rücksichtnahme bedeuten und so das Gleichgewicht zwischen den Partnern zerstören« (Bodenmann 2003, S. 493).

Chronische Prozesse erfordern allerdings ihre Zeit und bei einer durchschnittlichen Beziehungsdauer von vier Jahren – von denen die ersten Jahre ja noch glücklich verbracht werden – ist die Wahrscheinlichkeit der Herausbildung ernsthafter, auf chronischen Stress zurückzuführender Krankheiten eher gering. Allerdings kann chronischer Stress schon zu psychischen Problemen mit Krankheitswert führen, was sich dann rückwirkend erheblich stresserzeugend und zufriedenheitsmindernd auf die Paarbeziehung auswirken kann.

Eines der bedeutsamsten Erkenntnisse der modernen Stressforschung ist allerdings darin zu sehen, dass es nicht der Stress an sich ist, der zum Ende der Paarbeziehung führt, als vielmehr der Umgang mit ihm. Wir wissen aus anderen Bereichen – wie beispielsweise der Entwicklungspsychopathologie – dass es nicht die Konflikte an sich sind, die die Menschen zur Verzweiflung oder einfach nur in die falsche Entwicklungsrichtung drängen. Konflikte gehören zum Leben dazu, sind in vielen Fällen normal und normativ und Reifung kann heute in der Psychologie nur noch mit und durch die Konflikte gedacht werden, aber nicht mehr als konfliktfreier, harmonischer, paradiesischer Raum. Auf den Umgang mit den Konflikten kommt es an, und hierin besteht eine bedeutsame Erkenntnis der Stressforschung im Hinblick auf Paarbeziehungen; »dass Stress nur dann zum Zerfall der Partnerschaft führt, wenn die individuellen und insbesondere die dyadischen Coping-Ressourcen beider Partner bzw. des Paares defizitär sind. Bei Paaren mit angemessenen Coping-Kompetenzen führte selbst ein hohes Niveau an Alltagsstress nicht zu einer erheblichen Verschlechterung der Beziehungsqualität (…)« (Bodenmann 2003, S. 498). Dyadisches Coping kann man auch einfach als die Fähigkeit bezeichnen, gemeinsam mit Stress umzugehen, Probleme zu bewältigen oder Alltagskonflikte zu lösen. Diese Erfahrung der Gemeinsamkeit ist wahrscheinlich bedeutsamer, als die letztendlich gefundene Lösung. Und wenn das Gefühl verloren geht, zusammenzuarbeiten, »an einem Strang zu ziehen«, die Ehe oder Familie als ein gemeinsames Projekt anzugehen, dann ist die eheliche Gemeinschaft gestört, das Projekt Ehe gefährdet. Dabei erscheint es weniger bedeutend, ob die Partner in der Stressbewältigung gleiche, ähnliche oder komplementäre Strategien einsetzen. Bei der emotionalen Stressbewältigung scheint die Gemeinsamkeit im Herangehen und im gegenseitigen Stützen bedeutsamer zu sein und im problembezogenen eher die komplementäre, sich ergänzende Vorgehensweise. »Innerhalb der verschiedenen Formen der Stressbewältigung hat sich das dyadische Coping als relevantester Prädiktor für die Qualität, den Verlauf und die Stabilität der Paarbeziehung erwiesen. Je besser beide Partner gemeinsam mit Belastungen umgehen (gemeinsames dyadisches Coping), sich bei der Bewältigung von Belastungen unterstützen (supportives dyadisches Coping) und sich in Situationen der Überforderung Aufgaben und Tätigkeiten abtreten können (delegiertes dyadisches Coping), desto besser ist die Prognose einer Partnerschaft« (Bodenmann 2003, S. 501). Insbesondere Frauen suchen heute einen Partner, der ihnen verantwortlich und verlässlich erscheint. Diese Verlässlichkeit ist die entscheidende Persönlichkeitseigenschaft eines Partners, der ausgewählt wird, um der Vater der gemeinsamen Kinder zu sein und damit das Projekt Ehe zu starten. Im Verlauf einer Beziehung oder einer Ehe, die mit dem Ziel gemeinsamer Kinder begonnen wird, ändern sich diese vorher eindeutig identifizierten Persönlichkeitseigenschaften des Partners drastisch. Hat er die Partnerin getäuscht, oder hat sie in ihm etwas gesehen, was sie sehen wollte, hat sie etwas in ihn hinein geliebt, um es aus ihm wieder heraus zu lieben, war es Täuschung oder Selbsttäuschung?

Zu den wahrscheinlicheren Folgen von chronischem Stress gehört auch die banale und alltägliche Erfahrung vieler Paare, dass chronischer Stress die unangenehmen Seiten der eigenen Persönlichkeit oder der des Partners offen legt. Dass man sich auf diese Weise auch besser kennen lernen kann oder vielleicht erst die Voraussetzungen dafür schafft, die negativen, unangenehmen, unterentwickelten oder störenden Eigenschaften bei einem selbst oder dem anderen erkennen und angehen zu können, erscheint in diesem Zusammenhang wenig tröstlich. Hier werden Paare unter Stress dazu gezwungen, das Ideal von sich selbst, vom anderen und auch von der Beziehung leidvoll zu korrigieren.

»Stress demaskiert und führt daher häufig dazu, dass unangenehme Seiten, die man vor dem Partner verstecken möchte, zu Tage treten und sich offenbaren. So können Persönlichkeitsmerkmale wie Rigidität, Intoleranz, Ängstlichkeit, Dominanz usw. häufig unter Belastungen nicht mehr vertuscht und Schwächen sichtbar werden, welche den Partner stören und mit denen er nicht gerechnet hat. Besonders bei Partnern, die sich etwas vorgespielt haben und

Zur Psychologie der Liebesaffären

ein anderes Bild von sich zu vermitteln versuchten, kann Stress zu Enttäuschungen führen und mit Ernüchterung und Frustration einhergehen« (Bodenmann 2003, S. 493).

Nach meinen paartherapeutischen Erfahrungen sind es allerdings nicht so sehr die Enttäuschungen durch den Partner oder die Partnerschaft, als vielmehr die Enttäuschungen von sich selbst. Das klingt sehr reif und reflektiert, weil die Erklärung für die Neubewertung der Partnerschaft nicht – zunächst und allein – beim Partner gesucht wird, sondern bei sich selbst. Ich habe in den letzten Jahren häufig – insbesondere von Frauen – eine besondere Begründung für einen Trennungswunsch gehört, der in den Worten einer Klientin wie folgt lautet: »Ich will gar nicht sagen, dass mein Mann schlecht ist, eigentlich hat er sich auch gar nicht geändert. Er ist heut noch so wie immer und versteht die Welt nicht mehr, dass ich mich trennen will. Auch als Vater unserer Kinder ist er wirklich toll. Aber die Beziehung ist so geworden, dass ich mich selber nicht mehr mag. Ich fühle mich wie ein Gast im fremden Leben, ich mag mich selbst so nicht mehr und ich glaube, das ist es, was die Beziehung aus mir in den letzten 12 Jahren gemacht hat.« Wir haben durch die Paarbeziehung eine Reihe von Möglichkeiten und Begrenzungen, die wir nutzen oder verändern können und die uns dann andere Spielräume geben für unsere persönlichen Entwicklungen. In der Fußball-Sprache würde man sagen: Wir können immer nur so gut sein, wie der Gegner es zulässt. Auch in Paarbeziehungen fordern wir uns heraus, geben uns gegenseitige Anreize und auch Hemmnisse für eigene Entwicklungen und es wäre im Falle der erwähnten Klientin vielleicht besser, wenn sie zusammen mit ihrem Mann zumindest den Versuch unternehmen würde, ihre Paarbeziehung so zu verändern, dass sie damit die Rahmenbedingungen und Herausforderungen haben kann, sich selbst zu ändern. Das hat sie dann auch getan, ihr Mann kam »ihr zuliebe« mit in die Therapie und hat dort für sich erst erfahren, dass es ihm eigentlich doch gar nicht so gut ging, wie er bislang dachte, woraufhin er erst einmal die Paartherapie wieder abbrechen wollte. Vielleicht besteht einer der häufigsten Gründe, die außerhalb der Therapiezimmer kaum offen besprochen werden darin, dass Menschen (wahrscheinlich meist Frauen) die Beziehungen beenden wollen, weil sie sich so nicht mehr mögen, sich nicht mehr fühlen können. Ihr Selbstbild, ihr Idealbild, passt nicht mehr zu ihrer Realität und gleichzeitig erleben sie sich als so abhängig in der Beziehung, so funktionalisiert und instrumentalisiert, dass sie positive Veränderungen innerhalb der Beziehung nicht mehr für möglich halten. Sie erleben und glauben, dass wirkliche persönliche

Entwicklung und Reifung nur noch außerhalb der Beziehung oder gar gegen sie möglich ist.

11.6 Die Zeiten der Reifung

In einer neueren empirischen Untersuchung zu den subjektiven Scheidungsgründen (Bodenmann 2002) wurde versucht, genauer heraus zu finden, welche Formen von Stress die Qualität der Paarbeziehung und die Zufriedenheit der Partner unterminieren. Bei den Männern stand an erster Stelle der Stressfaktoren der »Stress in der Freizeit« mit 48%, gefolgt von »Alltagswidrigkeiten« mit 44%. Bei den Frauen stand der »Stress in der Freizeit« ebenfalls an erster Stelle, aber an zweiter der »Stress im Zusammenhang mit der Herkunftsfamilie« (Bodenmann 2003, S. 498). Es wird nicht genauer erläutert, ob es sich eher um den Stress mit der eigenen Herkunftsfamilie oder der des Partners handelt, zu vermuten ist allerdings beides. Wie kommt es, dass die Herkunftsfamilien eine so hohe Stress auslösende Bedeutung für die modernen Ehen haben? Haben sich die Partner noch nicht genügend von ihren Herkunftsfamilien gelöst, war die Ehe der Versuch der Ablösung oder versuchen die Herkunftsfamilien in die Ehen ihrer Kinder hinein zu regieren? Aus paartherapeutischer Sicht würde ich antworten, dass diese Hälfte der unzufriedenen Paare diejenigen mit den neurotischen Anteilen sind. In der Paartherapie machen wir immer wieder die Erfahrung, dass wir einen gewissen Prozentsatz der Paare nicht verstehen können, wenn wir nur die Paargeschichte ansehen, die Probleme also nicht nur aus der Paarbeziehung heraus verständlich sind. Bei solchen Paaren sind die Probleme älter, als die Beziehung, so dass man in die individuelle Vorgeschichte, also die Geschichte der Herkunftsfamilien gehen muss, um die betroffenen Menschen zu verstehen. Dies ist bis zu einem gewissen Grade immer sinnvoll, aber notwendig wird es wirklich nur dann, wenn die neurotischen Fehlentwicklungen der einzelnen Partner nur aus dem Kontext ihrer individuellen Familiengeschichte heraus verstehbar sind. Für solche Paare gilt der Satz des leider zu früh verstorbenen Michael Lukas Möller, der sinngemäß sagte, dass Liebespartner sich aus zwei Gründen wählen: Weil der Partner ähnliche Wunden oder Verletzungen aus seiner Geschichte hat und weil der Partner damit zugleich die größte Wahrscheinlichkeit signalisiert, diese Wunden heilen zu können. Ob dies nun neurotische Paarbeziehungen sind, ob man hier von Verletzungen mit Krankheitswert sprechen sollte, oder ob es sich um normale Verletzungen handelt, sei dahingestellt.

Was bedeutet dies für die moderne Partnerschaftsforschung? Dass die viel versprechenden Forschungsergebnisse der Stressforschung über den kompetenten Umgang mit Stress im Alltag weg davon auf die Geschichte der Beziehung und dahinter wiederum auf die individuellen Entwicklungen und Vorerfahrungen verweisen? Ja und nein. Grob gesagt treffen die Untersuchungen über die Bedeutung der Alltagskompetenzen für den größten Teil der unzufriedenen Paare und der gestörten Paarbeziehungen zu, aber für einen kleineren, neurotischen Teil muss man tiefer gehen, zurück in die Vergangenheit, in die Beziehungsgeschichte, die individuellen Biografien und Familiengeschichten, wenn man an die Hintergründe und Erklärungen heutiger Partnerschaftskonflikte heran will.

Damit stehen wir vor der Aufgabe, die aktuellen Beziehungsaspekte – wie Geben und Nehmen, Fairness, emotionale Nähe, Kommunikation oder gemeinsame Stress-Bewältigungs-Kompetenzen – mit der Geschichte zu verbinden, und zwar auf dreifache Weise: erstens mit der Geschichte der Paarbeziehungen, zweitens mit der individuellen biografischen Geschichte der Partner und damit verbunden drittens der Geschichte ihrer Herkunftsfamilien. Es gilt, die gegenwärtigen Probleme der Paarbeziehung mit ihrer Geschichte zu verstehen, damit das Paar eine Zukunft hat.

Jürg Willi ist dieser integrative, entwicklungsorientierte Ansatz einer Paartherapie bis heute sicherlich am besten und eindrucksvollsten gelungen, er kann als der bekannteste und profilierteste Paartheoretiker Europas bezeichnet werden. Ulrich Clement, Paartherapeut und Sexualwissenschaftler in Heidelberg, hat ihn beim Kongress für Paartherapie im September 2003 in Heidelberg so vorgestellt: Wenn man die Gemeinschaft der Paartherapeuten in Europa mit der Mafia vergleichen würde, dann könnte Jürg Willi nur als »der Pate« bezeichnet werden. Willi hat 1991 ein Buch veröffentlicht mit dem Titel »Was hält Paare zusammen?« in dem er sich bereits ausführlich mit der Frage der Dauer partnerschaftlicher Beziehungen beschäftigt hat. In den folgenden Jahren hat er mit seiner Züricher Arbeitsgruppe die in diesem Buch aufgestellten Hypothesen empirisch überprüft. Befragt wurden 204 repräsentativ ausgewählte Paare. (Anmerkung: Der Fragebogen »Was Paare zusammenhält und was sie trennt?« umfasste 19 Items: 1. Austausch im gemeinsamen Gespräch; 2. die Aufteilung gemeinsamer und eigener Lebensbereiche; 3. berufliches Einkommen; 4. die Beziehung zu den Herkunftsfamilien; 5. die Rollenaufteilung innerhalb der Partnerschaft; 6. die persönliche Entwicklungsmöglichkeit in der Partnerschaft; 7. die Wahrnehmung von Solidarität und Unterstützung innerhalb der Partnerschaft; 8. das gemeinsame Sexualleben; 9. die Erotik; 10.

die Liebe; 11. die Zärtlichkeit; 12. der Umgang mit dem Thema sexueller Außenbeziehungen; 13. die Identifikation mit der Partnerschaft; 14. die Wahrnehmung der Verschiedenheit der Partner; 15. Gefühle von Verflechtung und Schuld dem Partner gegenüber; 16. die Angst vor dem Alleinleben; 17. die finanzielle Situation; 18. die religiöse Dimension der Partnerschaft; 19. der Alltag mit den Kindern [vgl. Willi 2002, S. 20f].)

»Die Probanden hatten unter anderem die Items bezüglich ihrer Bedeutung für die Stabilität ihrer Partnerschaft einzuschätzen, aber sich auch zu äußern, in welchem Grad sie mit diesem Item in ihrer Beziehung zufrieden sind. In der Rangfolge an erster Stelle steht eindeutig die Liebe als wichtigstes Motiv für das Zusammenbleiben, gefolgt von Identifikation mit der Partnerschaft, Austausch im gemeinsamen Gespräch und persönlicher Entwicklung in der Partnerschaft. Mit Identifikation mit der Partnerschaft ist gemeint, wie man selbst oder der Partner zur Partnerschaft steht, und ob man zum Partner halten würde, egal, was ihm zustößt. Es ist damit der Zusammenhalt gemeint, der entstanden ist durch die gemeinsame Geschichte, insbesondere auch durch die schwierigen Zeiten, die man miteinander bewältigt hat, aber auch die Überzeugung, dass sich das Zusammenleben lohnt. Die Probanden schienen keine Mühe zu haben, die Fragen zum Item Liebe zu beantworten. Männer und Frauen gaben nahezu identische Rangordnungen der Bereiche an. Beide beurteilten die Liebe und die Identifikation mit der Partnerschaft als wichtigste Stabilisatoren« (Willi 2002, S. 20f).

Für die Arbeitsgruppe selbst überraschend war, dass das Item Zärtlichkeit erst an zehnter Stelle rangierte, Erotik an zwölfter und gemeinsames Sexualleben an vierzehnter Stelle.

Entwicklung – persönliche wie partnerschaftliche – ist ein Reifungsprozess, der sich am besten in einzelnen Phasen mit jeweils typischen Konflikten, Herausforderungen, Ängsten und Abwehrmaßnahmen beschreiben lässt, wobei Reifung als Ergebnis eines Bewältigens der jeweiligen spezifischen Herausforderungen der einzelnen Entwicklungsphasen verstanden wird. Willi beschreibt dies so: »Der Prozess einer Liebesbeziehung durchläuft verschiedene Stadien, idealtypisch von der Liebessehnsucht über die Partnerwahl, das Verliebtsein, die Liebesenttäuschung, die Kompensationsmöglichkeiten fehlender Erfüllung zum Aufbau einer gemeinsamen Welt und Familiengründung bis zur Altersehe. Er ist als solcher jederzeit auflösbar durch Trennung und Scheidung. Der Akzent dieser Darstellung liegt auf der Frage, wie jede dieser Phasen durch gewisse Entwicklungsaufgaben die Selbstentfaltung und

Reifung der Person herausgefordert, welche Ängste diese Herausforderung verursacht und mit welchen Abwehrmaßnahmen diese Ängste gebannt oder vermieden werden können« (Willi 2002, S. 125).

Nach Willi gibt es eine Reihe von Dilemmata, die einer Paarbeziehung naturgemäß innewohnen, die zu ihr gehören und die nicht lösbar sind. Eines der wesentlichen Dilemmata, das bereits mit der Partnerwahl selbst verbunden ist, besteht darin, dass mit der Wahl für einen Partner gleichzeitig alle anderen potentiellen Partner ausgeschlossen werden. Nur so kann wirkliche Intimität entstehen. Ein weiteres Dilemma besteht zwischen Egoismus und Altruismus in der Liebe, also der Frage, wieweit man seinen eigenen Interessen und Bedürfnissen folgt, oder denen des Partners. Hier ist der Hinweis schön: »Der wahre Egoist kooperiert!«, womit gemeint ist, dass es dem einen Partner nur dann auch wirklich gut geht, wenn es auch dem anderen gut geht, dass die Zufriedenheit des einen sich auf die Zufriedenheit des anderen auswirkt und dass eine Kooperation damit die beste Möglichkeit darstellt, für sich selbst zu sorgen. Weitere Dilemmata sind die zwischen Bindung und Freiheit, Nähe und Distanz, Dauer und Wechsel oder Stärke und Schwäche. Diese Dilemmata sorgen für permanente Spannungen, Reibungen, Auseinandersetzungen und Konflikte, die nicht vermieden, sondern nur ausgehandelt werden können. Nicht der Beziehung zuliebe, für den anderen oder als alltägliche Umsetzung der allgemeinen Liebe, sondern als Voraussetzung der eigenen Entwicklung! Die Selbstverwirklichung ist das zentrale Motiv, weil Menschen sich auch nur durch und in Beziehungen weiterentwickeln können.

11.7 Liebesaffären in der Paartherapie

Jan und Anna sind bei mir seit zwei Monaten in einer Paartherapie, weil er sich immer wieder – unerklärlicherweise – in andere Frauen verliebt hat. Das Paar ist nicht verheiratet, hat keine Kinder, ist seit fünf Jahren zusammen, dabei aber auch immer wieder phasenweise getrennt gewesen. Sie haben mich vor zwei Tagen angerufen und um einen kurzfristigen Termin gebeten, da sie sich in einer akuten Krise befänden, ich wisse schon warum.

»Jan ist heute Morgen losgegangen und hat Brötchen geholt, während ich noch schlief. Ich musste dann zur Toilette und da lag dann sein Handy, das er immer bei sich hat und wie seinen Augapfel hütet. Ich hab mir dann seine SMS angesehen und bin ausgerastet. Alles voller Liebeserklärungen an Klara, mit der angeblich die Beziehung seit Monaten beendet sein soll. Ich habe die SMS bis vor zwei Monaten zurückverfolgt und mir ist schlecht geworden, der hat die ganze Zeit eine Liebesbeziehung mit dieser Tussi gehabt und sitzt hier in der Paartherapie und zieht eine Show ab. Für mich ist die Beziehung damit am Ende, endgültig, ich hab die Schnauze voll, du hast mich die ganze Zeit belogen und hier immer scheinheilig beteuert, dass du mich liebst und gleichzeitig schreibst du dir diese Liebes-SMS mit Klara. Das muss man sich mal vorstellen…«

Anna ist außer sich und Jan sitzt schuldbeladen im Sessel und versteht die Welt nicht mehr. »Ich fasse es nicht, wie blöd ich bin. Dabei waren wir kurz vor der Ziellinie und ich dachte, wir könnten wieder zusammenziehen und miteinander glücklich sein. Seitdem wir in die Paartherapie gekommen sind, hatte ich zum ersten Mal das Gefühl, dass wir wieder eine Chance haben und kurz vor der Ziellinie passiert mir dieser Mist.« – »Sie sind heute Morgen Brötchen holen gegangen, nachdem Sie eine schöne Nacht miteinander verbracht hatten und haben dann Ihr Handy, das Sie hüten wie Ihren Augapfel und sonst immer bei sich haben quasi auf dem Präsentierteller liegen gelassen und Anna zum Lesen gegeben, verstehe ich das richtig?« – »Ja so war es, aber ich habe das Handy doch nicht bewusst liegen gelassen, damit Anna das liest, ich bin doch nicht blöd.« – »Nein, Sie haben das Handy nicht bewusst, aber unbewusst liegen gelassen. Stellen Sie sich doch mal vor, Ihre scheinbare Vergesslichkeit hätte einen Sinn gehabt, worin würde der denn bestehen? Was hätten Sie Anna dann damit sagen wollen?« – »Dass ich die Beziehung zu Klara noch nicht wirklich beendet habe, dass ich das aber will, bevor wir wieder richtig zusammen sind.« – »Sie wollten also reinen Tisch machen, bevor Ihre Beziehung über die Ziellinie geht, wie Sie sagen, und da Sie sich nicht getraut haben, Ihrer Anna die Beziehung zu Klara offen einzugestehen, haben Sie es so arrangiert, dass Sie zufällig Ihr Handy mit allen SMS der letzten Monate liegen lassen, damit Sie sich die alle durchlesen kann, während Sie Brötchen holen?« – »Na ja, das ist mir alles sehr psychologisch, aber wenn ich Anna das alles so offen gesagt hätte, dann wäre Sie ausgerastet und hätte mich sicher verlassen. Dann war es doch besser so. Außerdem verstehen wir uns derzeit so gut, wie schon lange nicht mehr, und wenn ich überhaupt jemals eine Chance habe, die Affäre zu beichten, dann doch jetzt, wenn Sie auch noch dabei sind. Wenn wir uns erst mal wieder gut verstehen, zusammengezogen sind und vielleicht noch ein Kind machen, dann ist es für Beichten zu spät. Ich liebe Anna und nicht Klara, Klara ist mir egal, ich war mit ihr im Bett, aber nicht mehr, meine Liebe gehört Anna.« – »Warum haben Sie sich dann mit Klara gestern für mehrere

Stunden getroffen? Wer ist denn Klara, beschreiben Sie sie doch mal.« – »Klara ist jung und hübsch, ganz anders als Anna, sie hört mir zu und ist sehr weich, während Anna mir dauernd widerspricht und mich herausfordert, außerdem hat sie gerade mit Auszeichnung ihren Hochschulabschluss gemacht und ist eine ausgezeichnete Tänzerin.« »Das hört sich ja durchaus attraktiv an, dann verstehe ich schon, warum Sie sich gestern mehrere Stunden mit ihr getroffen haben und ihr solche SMS schreiben.« – »Aber ich liebe Anna, das muss ich noch mal klarstellen. Und ich habe dich, Anna, gebeten, mir zu verzeihen und nicht die ganze Beziehung in Frage zu stellen.« »Ich denke wir müssen versuchen zu verstehen, warum Sie kurz vor der Ziellinie in Ihrer Beziehung zu Anna die Affäre mit Klara wieder auffrischen, obwohl sie sagen, dass Sie Anna wirklich lieben und Klara nicht, warum Sie das jetzt tun und was das für Sie bedeutet. Vielleicht wollten Sie damit noch einmal Ihre Unabhängigkeit beweisen, oder Sie wollten reinen Tisch machen, bevor Sie wieder zusammenziehen oder vielleicht wollten Sie damit Anna auch sagen, dass Ihnen einige Eigenschaften von Klara doch sehr lieb sind, die Sie gern auch bei Anna sehen würden – oder alles zusammen und noch mehr?« »Das kann alles sein, aber ich liebe an Anna ja gerade ihre Widerspenstigkeit, dass sie mich dauernd herausfordert und mir nicht nur Honig um den Bart schmiert wie Klara.« – Anna meldet sich zu Wort: »Das ist es, Kai braucht immer die Bestätigung von den Frauen und die gebe ich ihm nicht. Er braucht immer diese Bewunderung, aber wenn er sie dann hat, dann wird es langweilig für ihn.« – »Dann haben Sie beide es ja geschafft Ihre Beziehung nicht langweilig werden zu lassen, aber Sie zahlen einen hohen Preis dafür. Die Fragen sind also: wie viel Bewunderung brauchen Sie und wie viel Widerspruch und Herausforderung, wie können Sie Ihre Autonomie innerhalb der Beziehung leben, und sie nicht immer wieder durch Liebesaffären unter Beweis stellen und welche Ängste haben Sie, wenn Sie sich wirklich mal aufeinander einlassen?«

Manchmal stöhnen die Paare, wie anstrengend solche therapeutischen Sitzungen doch sein können; als ob sie nicht schon so genug Sorgen hätten. Die meisten Menschen sind es nicht gewohnt, in ihren Handlungen einen psychischen Sinn zu sehen und möchten ihn auch nicht suchen, aus Angst vor den darin enthaltenen Gefühlen und Bedeutungen. Später entdecken sie dann, wie wichtig ihre Abwehr war und welche Ängste sich dahinter verbergen, und wie sie mit diesen Ängsten in einer gereiften Partnerschaft anders umgehen könnten.

Das Erstaunen über die Paartherapien hat mit den verbreiteten Vorstellungen über sie zu tun. Häufig besteht gerade bei Männern das Vorurteil, hier würde man sich bei angeleiteten Beziehungsspielchen und aufgelöst in Gefühlsduselei mal wieder unter Tränen erst die seelischen Verzweifelungen des Partners anhören, dann sich »betroffen« und schuldig fühlen und letztlich ewige Liebe schwören müssen. Die Psychologie ist eine Wissenschaft, die sich vor allem dem fortwährenden Versuch des Verstehens des Unverständlichen gewidmet hat, der bewussten Reflexion des Unbewussten, dem rationalen Hinterfragen des Irrationalen, der Suche nach dem psychischen Sinn symbolischer Handlungen. Damit beginnt sie dort weiter zu fragen und zu forschen, wo alle anderen Wissenschaften keine Erklärungen mehr finden können. Bei einer solchen symbolischen Interpretation, dem Versuch, das Beziehungs- und Entwicklungsproblem hinter der Liebesaffäre zu erkennen, sind die Motive der Liebenden beachtenswert. Ein besonderes Augenmerk in der Therapie sollte daher den Motiven gelten, die allerdings in den psychischen Abwehrformen versteckt sind, vor allem die Rationalisierungen. Die erste und häufigste Rationalisierung ist der Hinweis auf die Liebe selbst: Wer liebt, hat Recht! Wen die Liebe trifft, der ist deren unschuldiges Opfer! Was diese Verfechter einer Schicksalstheorie »vergessen«, ist die Eigenbeteiligung am Prozess des Verliebens und die darin enthaltene Möglichkeit, auch nein sagen zu können. Eine weitere Rationalisierung ist der meist von Männern vorgebrachte Hinweis, die Liebesaffäre sei ja »nur sexuell« gewesen, während sie ihre Partnerin nach wie vor ja lieben würden, und das sei ja letztlich viel mehr und bedeutsamer. Wer die außerordentliche Bedeutung der Sexualität für die meisten Männer kennt, der wird diese Verniedlichung durchschauen. Eine der schönsten mir bekannten Ausreden für eine Liebesaffäre stammt von Arthur Schnitzler: »Gemeint hab ich immer nur dich!« (Schnitzler, S. 399). Ob Verharmlosung, Verniedlichung, Verleugnung, Rationalisierung, Harmonisierung oder Bagatellisierung, all diese Abwehrprozesse dienen dazu, die Hintergründe der Liebesaffäre weiterhin in Nebel zu hüllen und damit den Zugang zu ihrem Verständnis zu versperren, nicht nur vor dem betrogenen Partner, sondern auch vor sich selbst.

Was können nun die Motive für eine Liebesaffäre sein? Ich möchte einige beispielhaft aufzählen, die mir zugleich als die Wichtigsten erscheinen:

– Verlieben als Veränderungswunsch in einer stagnierten bzw. stagnierenden Partnerschaft, die auf die Partnerschaft selbst hinweist und diese zum Patienten macht;
– Verlieben als Ausdruck eines Trennungswunsches, der damit zugleich vollzogen wird, weil die Beziehung als leblos und leer empfunden;

- Verlieben als Ausdruck einer Bindungsunfähigkeit oder einer begrenzten Fähigkeit, sich auf intime Beziehungen einzulassen;
- Liebesaffären als Ausdruck eines »Nachholbedürfnisses«, das sehr leicht dann eintreten kann, wenn die Menschen viel zu früh feste Beziehungen eingegangen sind und diese als Mittel benutzt haben, um sich vom Elternhaus zu lösen;
- Liebesaffären als Hinweis auf eine Liebes- und Lebenslust, die aufgrund einer repressiven Moral oft über lange Jahre nicht gelebt werden konnte und die mit dem Partner auch nicht lebbar erscheint;
- Liebesaffären als Ausdruck einer »emotionalen Unterernährung«, einer mangelnden emotionalen Nähe, unbefriedigter Bedürfnisse nach Nähe, Geborgenheit, Wärme und Zuwendung, gar nicht primär erotischer oder vordergründig sexueller Natur. Dies wird besonders häufig so von Frauen empfunden, die das Gefühl haben, emotional zu verhungern;
- Verlieben als Ausdruck einer Eroberungsliebe des narzisstisch gestörten Selbstverliebten, den Don-Juanismus, dem beispielsweise eine nicht gelöste ödipale Konfliktthematik zugrunde liegt;
- Eine Liebesaffäre als Versuch, eine über Jahre hinweg auf einen kleinsten gemeinsamen Nenner reduzierte und demzufolge ritualisierte Sexualität wieder zu beleben;
- Eine Liebesaffäre als Versuch der Wiedererlangung von Autonomie in der Partnerschaft, wenn das Gefühl beherrschend geworden ist, in der Paarbeziehung seine Selbständigkeit verloren und damit fremdbestimmt zu sein;
- Verlieben als Abwehr der Endlichkeit des Lebens, der Zeit, der Vergänglichkeit auch der Liebe, letztlich des Todes, wie wir sie oft in Form der so genannten Midlife-Crisis finden.

Natürlich sind auch mehrere Motive gleichzeitig denkbar, sowie Mischformen, und auch sich gegenseitig verstärkende Motivlagen. Je nachdem, welche Motive der Liebesaffäre zugrunde liegen, ergeben sich sehr unterschiedliche Möglichkeiten und Erfordernisse, therapeutisch vorzugehen. War die Liebesaffäre eine Folge einer blockierten Entwicklung in der Beziehung, so kann man sich die Gründe der Stagnation ansehen. War eine individuelle Problematik das Motiv, so dass der Partner dadurch verletzt und gekränkt wurde, so kann man die Verantwortung für dieses – psychologisch begründete – Verhalten übernehmen und sich darüber mit dem Partner verständigen. War es eine unbefriedigte Sexualität, die aus Angst heraus entstanden ist, dann können diese sexuelle

Wünsche und Ängste angesprochen werden, häufig zum ersten Mal selbst bei langjährigen Beziehungen. Je genauer die Paare verstehen, wie es zu der Liebesaffäre gekommen ist, und je tiefer die Einsichten in eigene Anteile am Gesamtgeschehen sind, desto besser kommt die Paartherapie voran. Daher lasse ich die Paare auch zu der Frage phantasieren, wofür ihrer Meinung nach die Liebesaffäre steht? Was hätte sie ersetzen können, welche Änderungen hätten auftauchen müssen, damit sie gar nicht notwendig wird, welche Faktoren oder Ereignisse haben sie begünstigt, welche würden sie hemmen? Da das Paar in die Therapie gekommen ist und nicht nur eine juristische Abwicklung seiner Beziehung anstrebt, ist meistens ausreichend Motivation für derartige suchende Fragen vorhanden.

Liebesaffären sind aus psychologischer Sicht durchaus nichts Einheitliches und verweisen – über die private Partnerschaft hinaus – meist auf die Moral. Dabei wirkt sich durchaus erschwerend aus, dass es heute keine allseits akzeptierte moralische Instanz mehr gibt, die eheliche Treue definiert. Dies ist zu einer Verhandlungssache jeder einzelnen Paarbeziehung geworden; damit ist der Spielraum für die Partner größer, aber auch unverbindlicher geworden.

»Nur in Illustriertenkolumnen und trivialen Romanen ist das Leben noch so einfach, dass ganz klar ist: entweder der Seitensprung belebt und fördert die Ehe, oder er tötet die Liebe und vernichtet das Vertrauen. Welches Urteil in dem einzigen Gerichtshof, der wahrhaft zählt – dem intimen Dialog des betroffenen Paares – am Ende überwiegt, hängt nicht zuletzt davon ab, wie fähig beide Teile waren, aus der Idealisierung und Illusion der Verliebtheit eine alltagstaugliche Liebesbeziehung zu basteln« (Schmidbauer, S. 64f).

Paartherapeuten sind bei dem Thema Liebesaffäre der Gefahr der moralischen Bewertung ausgesetzt und Klienten fordern dies manchmal auch vehement ein. Eine solche moralische Bewertung ist zwar eine kurzfristige Genugtuung für den betrogenen Partner, aber sie ist in einer Therapie gänzlich fehl am Platze, denn sie versperrt den Zugang zum Verständnis der Liebesaffäre und erklärt nichts. Manchmal entsteht damit erst in der Paartherapie die Möglichkeit und Notwendigkeit, eine Kommunikation über gegenseitige Wünsche, Erwartungen und Grenzen einzuleiten. Dabei muss auch über weitergehende Themen – wie Beziehungsideale, symbiotische Verschmelzungswünsche oder Unabhängigkeitsbedürfnisse – verhandelt werden, über Eifersucht, Sicherheit, Vertrauen oder Betrug und Wahrheit in der Partnerschaft. Oftmals fällt es besonders schwer, eine realistische und menschliche Perspektive einzunehmen, die die Liebesaffäre nicht nur idealisiert oder verdammt. In einer hochgradig idealisierten Partnerschaft wird die absolute Offenheit und unbedingte Wahrheit eingefordert, die man nur als unmenschlich bezeichnen, weil sie bestenfalls als Ideal existieren kann, aber niemals als alltägliche, von Menschen einzulösende Wirklichkeit. Wahrheit und Lüge, Offenheit und Verschwiegenheit, Ehrlichkeit und Geheimnis müssen in jeder realistischen Partnerschaft nebeneinander bestehen, so wie im Übrigen auch Lust und Streit, Spiel und Ernst, Erotik und Geist. Wolfgang Schmidbauer hat dieses Dilemma auf schöne Weise am Beispiel des Verhältnisses von Betrug und Wahrheit verdeutlicht: Der Partner »kann liebevoll betrogen werden oder lieblos bekommen, was ihm an Wahrheit zusteht. Viele von uns ziehen den liebevollen Betrug einer lieblosen Wahrheit vor. Am schönsten wäre natürlich die liebevolle Wahrheit. Aber auf der Suche nach dem kleineren Übel (...) scheint mir folgende Hierarchie angemessen: am angenehmsten ist die liebevolle Wahrheit. An zweiter Stelle kommt der liebevolle Betrug. An dritter die lieblose Wahrheit. An vierter, letzter, der lieblose Betrug. Oder anders gesagt: am schönsten ist der liebende und völlig durch mich zufrieden gestellte Partner. Am zweitbesten ist der liebende Partner, der deshalb zufrieden ist, weil er sich anderswo holt, was er von mir nicht bekommt. Am drittbesten ist der liebende, jedoch unzufriedene Partner, der mir, konkret lieblos, abstrakt im Namen der Liebe, sein Elend zum Vorwurf macht, ohne imstande zu sein, sich anderswo das zu holen, was ihn befriedigen könnte« (Schmidbauer, S. 134f).

Auf einer grundsätzlichen Ebene begreifen wir eine Liebesaffäre eines der Partner als ein Symptom der Paarbeziehung, wie andere Symptome oder Probleme auch. Konkret: was bedeutet die Liebesaffäre auf dem Hintergrund ihrer Beziehung, welche tieferen Probleme stecken möglicherweise dahinter und welche sollte sie lösen, wann fing sie an und wie war die Paarbeziehung in der Zeit unmittelbar vor Beginn der Liebesaffäre? Diese Zeit vor der Krise erweist sich immer wieder als bedeutsam für ein Verständnis beinahe jeder Paarproblematik und dabei muss man sowohl auf äußere Veränderungen in den Lebensumständen achten, als auch auf innere, seelische Veränderungen.

Wenn der Geschäftsmann eine Liebesaffäre mit seiner Sekretärin beginnt, die seit vielen Jahren bei ihm arbeitet, genau in dem Monat, in dem die einzige Tochter von zu Hause auszieht, um in einer anderen Stadt zu studieren, dann stellt sich die Frage, welche Ängste bei ihm entstehen, wenn er daran denkt, ohne seine geliebte Tochter mit seiner Frau allein leben zu müssen? Es ist ein neuralgischer Punkt für eine Paarbeziehung, wenn das erste Kind geboren wird, aber ebenso schwierig scheint es zu sein, wieder als Paar allein zu sein, wenn die Kinder aus dem Haus gehen. Dann scheint ein innerer Vertrag abgelaufen zu sein, den ein Klient mal so formuliert hat: »Wir bleiben so lange zusammen, bis die Kinder aus dem Haus sind, dann wird neu verhandelt.« Solch eine Angst vor dem Allein-Sein mit dem Partner nach dem Auszug der Kinder begegnet mir in Paartherapien immer häufiger; es handelt sich nicht selten um Paare, die bereits 20 und mehr Jahre zusammen sind und dann große Schwierigkeiten haben, sich auch noch einen gemeinsamen Lebensabend miteinander vorzustellen. Insbesondere bei Stieffamilien, in denen die Partner sich bereits als Eltern kennen gelernt haben und nun zum ersten Mal in ihrer Paargeschichte allein voreinander stehen, ist diese Angst verständlich. Aber vor allem bei Frauen ist das Problem zwischen Familie und Beruf noch weit von einer befriedigenden Lösung entfernt. So begann eine ehemals beruflich erfolgreiche Frau nach der Geburt ihres dritten Kindes eine Liebesaffäre mit einem Internetpartner, nachdem sie sich nur noch als Mutter, Waschmaschine, Babysitterin, Windelwechslerin, Staubsaugerin oder Taxifahrerin gefühlt hat, weil sie aus diesem »verblödenden Alltagstrott« raus wollte, um sich mal wieder als begehrenswerte Frau fühlen zu können. Sie liebte ihre Kinder, hatte aber die Angst, den Rest ihres Lebens als Hausfrau und Mutter verbringen zu müssen, und hatte das beklemmende Gefühl: »Das kann es doch nicht gewesen sein!« Ihr Mann hatte sich zugleich von der Familie entfernt, indem er sich noch heftiger in die Arbeit stürzte, und sie fühlte sich somit in ihrem Leben noch mehr allein gelassen. Der Mann hatte diese Konzentration auf seine Arbeit aber nicht als freie Wahl oder eigene Entscheidung verstanden, sondern weil das dritte Kind ihm einen »unheimlichen Druck« gemacht hatte, noch mehr Geld verdienen zu müssen.

Liebesaffären entstehen meist nicht nur aus Problemen und verursachen weitere, sie sind immer auch ein Lösungsversuch. Mit der Liebesaffäre soll ein anderes Problem gelöst werden, das bis dahin gar nicht als solches aufgetaucht oder benannt werden konnte. Wenn sich dies finden lässt, verhandelbar wird und einer anderen Lösung als der Fortsetzung der Liebesaffäre zugeführt werden kann, dann war die Arbeit der Therapie lohnend. Bei solchen Paaren handelt es sich häufig um Menschen, die es bislang nicht gewohnt waren, miteinander zu reden, sich gegenseitig über ihre Wünsche, Ängste, Hoffnungen etc. auszutauschen, oder die in gegenseitigen Idealisierungen, symbiotischen Verschmelzungen oder lächelnden Harmonisierungen erstarrt waren. Diese Paare müssen nicht nur lernen zu kommunizieren, sondern auch sich zu streiten und dabei vor allem eine Konfliktfähigkeit zu entwickeln. Häufig werden dabei alte Verlustängste wieder aktuell.

Wichtig ist es in Paartherapien beim Thema Liebesaffären – das übrigens meist überaus schnell, manchmal schon bei der Anmeldung am Telefon angesprochen wird – zunächst einmal Zeit zu gewinnen, keine schnellen Lösungen aus Kränkungen, Verletzungen oder Verliebtheiten heraus anzustreben und beide Partner zur Mitarbeit zu motivieren. Wie immer in psychotherapeutischen Behandlungen ist neben der Therapiemotivation der Zeitpunkt bedeutsam, zu dem die Klienten sich anmelden – je früher dies der Fall ist, desto besser. Denn alle Symptome – ob individuelle oder paardynamische – haben die Tendenz zur Verselbständigung, zu einem Eigenleben, und sind dann durch noch so hartnäckige Arbeit an den Entstehungshintergründen nicht so einfach wieder aufzulösen. Wenn aus der Liebesaffäre erst einmal eine emotional bedeutsame Beziehung geworden ist, wenn die Urlaubsreisen mit der Geliebten gebucht, der Wohnungsvertrag für die Zweitwohnung unterschrieben oder die Koffer gepackt sind, dann schwindet die Motivation für eine selbstreflektierende Arbeit. Warum soll ich nach Problemen hinter dem Problem suchen, wenn ich die Liebesaffäre gar nicht als Problem, sondern als glückliches Ereignis sehe? Warum soll ich mich kritisch hinterfragen, mir Schuldvorwürfe machen oder mir die Vorwürfe des Partners besonders genau anhören, wenn ich die Lösung für alle Probleme schon beim Vornamen nennen kann?

Ein zentrales Problem der Liebesaffären im Unterschied zu den meisten anderen partnerschaftlichen besteht in der fortwährenden Kränkung des Partners, wenn die Liebesaffäre weitergeht. Daher versuche ich auch hier Zeit für die Paartherapie zu gewinnen, indem ich den fremdgehenden Partner bitte, seine Liebesaffäre für die Dauer der Paartherapie »auf Eis« zu legen. Ich benutze diesen Begriff übrigens auch deshalb, weil in der Metapher etwas von der Abkühlung der erhitzten Gemüter enthalten ist. Wenn es gelingt, ein solches Moratorium zu vereinbaren, haben wir nicht nur Zeit gewonnen, sondern auch fortwährende Verletzungen und Kränkungen – vorerst zumindest – gestoppt. Da Männer sehr häufig ihre neuen Liebschaften bei der Arbeit kennen lernen, ergeben sich hier meist besondere Probleme. Der Arzt muss die Krankenschwester oder die schöne Pharmareferentin weiterhin sehen, der Lehrer die junge Referendarin und der Rechtsanwalt kann seine Sekretärin nicht plötzlich entlassen, nur weil er eine Affäre mit ihr hat, das ginge arbeitsrechtlich gar nicht, wie er mir ausführlich erklärt. »Auf Eis legen« bedeutet in diesem Zusammenhang zumindest, keine sexuelle Beziehung mehr mit ihr zu pflegen, solange die Paartherapie andauert, und das sind in der Regel 14-15 Sitzungen. Dagegen haben die modernen Internetaffären doch ihre Vorteile, weil sie entschieden einfacher auf

Eis zu legen sind. Ein solches Moratorium stellt auch die neue Liebe auf eine harte Probe und wenn die Geliebte oder der Geliebte weise ist, dann wird er oder sie dem zustimmen, weil damit auch eine wirkliche Prüfung der neuen Liebe verbunden ist und ihre Zukunftsperspektive gesicherter werden kann. Wenn die neue Liebe dieses Moratorium übersteht, dann basiert sie nicht auf den Altlasten der Vergangenheit. Wenn allerdings ein solches Moratorium nicht gelingt, dann hat eine Paartherapie kaum eine realistische Chance auf Wiederherstellung glücklicher Zeiten, wie dies meist von einem Partner gewünscht wird.

»Bisher habe ich kein Paar angetroffen, bei dem eine länger dauernde, offen eingestandene sexuelle Außenbeziehung nicht mit einer schweren Beeinträchtigung der ehelichen Beziehung einhergegangen wäre. Der Versuch – meist der Frau –, sich zu arrangieren und die Verletzung und Kränkung zu ertragen, hat eine zerstörerische Wirkung auf die Betroffenen« (Willi 2002, S. 97).

Dies bedeutet allerdings nicht das Ende der Paartherapie, sondern eher eine Veränderung ihrer Zielsetzungen. Meist ist der Sinn der Therapie dann darin zu sehen, eine Trennung mit möglichst geringem Schaden für die zukünftigen Beziehungen – besonders wenn Kinder betroffen sind – zu ermöglichen.

Es gibt seltene Ausnahmen, in denen der betrogene Partner mit der Aufrechterhaltung der Liebesaffäre einverstanden ist. Dies führt dann auf einem anderen Wege zum Verstehen. So kann ein Grund darin liegen, dass der betrogene Partner selbst keine sexuelle Beziehung zum anderen Partner mehr wünscht oder dass er dessen sexuelle Wünsche nicht erfüllen kann oder will. Gleichzeitig soll die Paarbeziehung aber auf einer »Bruder-Schwester-Ebene« fortgeführt werden. Eine solche Konstellation verweist auf ein sexuelles Problem eines oder beider Partner und sollte entsprechend behandelt werden.

Eine Paarkrise, hervorgerufen durch eine Liebesaffäre, die sowohl Symptom einer Krise als auch deren Lösungsversuch war, kann überlebt werden, wenn die Basis der Liebesbeziehung ausreichend und ein Verzeihen möglich ist. Wie für andere Dinge auch, kann der Partner, der sich in eine Liebesaffäre verstrickt hatte, Verantwortung für sein Handeln übernehmen und sich für sein Verhalten entschuldigen, denn er oder sie hat anderen Menschen Schmerz und Leid zugefügt. Und wenn diese Entschuldigung angenommen wird und beide aus der Krise lernen, dann ist dies ein weiterer Fundus für die Zukunft der Beziehung, so dass die Paarbeziehung gestärkt aus der Krise hervorgehen kann.

»Oft kommt es zur Belebung jahrelang eingeschlafener Sexualbeziehungen. Dies nicht nur in der Absicht, den Untreuen erneut an sic zu binden, sondern auch begünstigt durch die jetzt entstandene Abgrenzung, Fremdheit und Aggressivität zwischen den Partnern. Übersteht eine Paarbeziehung eine Außenbeziehung, so geht sie daraus meist belebt und gestärkt hervor. Die Verletzungen und der Vertrauensverlust werden aber über längere Zeit nachwirken (…). So ist die Sexualität der Lust oft eine bedrohliche Kraft der Zerstörung, die aber paradoxerweise nicht selten die Sexualität der Zugehörigkeit stimuliert und bestärkt« (Willi 2002, S. 99).

Aber ich warne gleich diejenigen, die in diesen optimistischen Worten einen Freibrief sehen mögen: Wiederholungen halten selbst die stabilsten Beziehungen kaum aus.

11.8 Erinnerungen an meine Geliebten

In der Jugend glauben wir, niemals alt zu werden, in den mittleren Jahren fragen wir uns, ob wir die richtige Wahl getroffen haben, in den darauf folgenden Jahren versuchen wir, mit den Entscheidungen der Liebe zu leben, uns zu arrangieren und dabei uns selbst nicht zu verlieren, und in den späten Jahren erfreuen wir uns an den Kindern der Kinder bis wir schließlich im Alter den Schmerz als Lebendigkeit und Ausdruck des nahenden Todes schätzen lernen. Aber in all den Jahren bleibt uns die Sehnsucht nach der Liebe ebenso erhalten, wie die kleinen Versuche, sie im Alltag zu finden. Wie alt und reif und weise muss man sein, um die Liebe im ganzen Lebensbogen wirklich einschätzen zu können? Gabriel Garcia Marquez, dieser Grandseigneur der Liebe und des Leidens an ihr, meint: neunzig Jahre.

»In meinem neunzigsten Jahr wollte ich mir zum Geburtstag eine liebestolle Nacht mit einem unschuldigen Mädchen schenken« (Marquez 2004a, S. 9). Der alte Mann weiß, dass er immer noch die Liebe sucht, im Grunde seit seiner Jugend nie damit aufgehört hat, erkennt aber in den späten Jahren ganz realistisch: »Sexualität ist ein Trost, wenn die Liebe nicht reicht« (Marquez 2004a, S. 98). Er führt ein einsames Leben und sagt selbst von sich: »Mein öffentliches Leben war vergleichsweise uninteressant: Vollwaise, Junggeselle ohne Zukunft, mittelmäßiger Journalist, (…) Liebling der Karikaturisten wegen meiner beispielhaften Hässlichkeit« (Marquez 2004a, S. 23).

Sein Leben hatte anders verlaufen sollen und als guter Latino hatte er es seiner Mutter versprochen: »Auf dem Totenbett hatte meine Mutter mich angefleht, ich möge jung eine weiße Frau heiraten und mindestens drei Kinder bekommen, darunter sollte ein Mädchen mit ihrem Namen sein, dem Namen, den schon ihre Mutter und Großmutter getragen hatten. Ich nahm die Bitte ernst, hatte aber eine so flexible Vorstellung von Jugend, dass mir Eile nie geboten schien« (Marquez 2004a, S. 50).

Aber seine Ähnlichkeit mit einem Pferd, seine sprichwörtliche Hässlichkeit, gab ihm bei den Frauen kaum Chancen, zumindest nicht bei denjenigen, die sich nicht verkauften. Und so muss er einsichtig bekennen: »Die Huren haben mir keine Zeit für die Ehe gelassen« (Marquez 2004a, S. 58). In seiner Jugend war er unersättlich gewesen und später prahlte er mit seinen Liebschaften, wie einst Don Giovanni mit seinen eintausenddrei Eroberungen. »Ich war um die Zwanzig, als ich begann, ein Verzeichnis anzulegen, in dem ich Namen, Alter, Ort und eine knappe Gedächtnisstütze über die Umstände und die stilistischen Eigenschaften notierte. Bis zu meinem Fünfzigsten waren es fünfhundertvierzehn Frauen, mit denen ich mindestens einmal zusammen gewesen war. Ich führte die Liste nicht weiter, als der Körper nicht mehr so viel hergab und ich nichts Schriftliches brauchte, um den Überblick zu behalten« (Marquez 2004a, S. 21).

Also ruft er Rosa Cabarcas an, die seit Jahrzehnten ein heimliches Bordell betreibt, und mit der er in früheren Jahren so manche bezahlte Stunde verbrachte. »Der Chauffeur warnte mich: Vorsicht, Gelehrter, in diesem Haus wird getötet. Ich antwortete: Macht nichts, wenn es denn aus Liebe geschieht« (Marquez 2004a, S. 88). Rosa hat am Telefon gestöhnt, als er ihr seinen Geburtstagswunsch erklärte, er verlange Unmögliches meinte sie. Aber er insistierte, es müsse eine Jungfrau sein und genau in dieser Nacht. Rosa macht das Unmögliche möglich und bestellt ihn um zehn Uhr abends zu sich. In dem Zimmer trifft er das Mädchen schlafend an und wagt nicht, sie zu wecken. »In jener Nacht entdeckte ich das unglaubliche Vergnügen, den Körper einer schlafenden Frau zu betrachten, ohne vom Begehren gedrängt oder von der Scham behindert zu werden« (Marquez 2004a, S. 44). Er nennt sie Delgadina, ihren wirklichen Namen kennt er nicht und will ihn auch nicht wissen. Er bestellt sie immer wieder und stets lässt er sie schlafen, ohne sie zu berühren. Nur den Schweiß tupft er ihr leicht vom Körper, wenn sie nachts unter der unerträglichen Hitze leidet. Er spricht nicht mit ihr, sie sieht ihn nie, nur auf den Spiegel im Bad schreiben sie sich manchmal eine Nachricht. »Meine Kleine, wir sind allein auf der Welt« (Marquez 2004a, S. 101). Später liest er ihr nachts Bücher vor, wie »Der kleine Prinz«, ein Buch, »das überall mehr geschätzt wird als in Frankreich«. Er beginnt sie auf eine tiefe Weise zu lieben, in seiner Phantasie wird sie zur Frau, zum Kind, zur Unschuld, zur Jugend und zum Synonym für die Liebe schlechthin. Er bringt ihr Geschenke mit, den

Schmuck seiner Mutter ebenso wie ein Fahrrad zum Geburtstag, denn sie muss täglich durch die halbe Stadt mit dem Fahrrad fahren, um in die Fabrik zu gelangen, in der sie stundenlang am Tag Knöpfe annäht.

Diese Liebe verändert sein gesamtes Leben: »Ich wurde ein anderer. Ich versuchte die Klassiker neu zu lesen, die mich beim Heranwachsen geleitet hatten, und konnte nichts mit ihnen anfangen. Ich tauchte in die romantische Literatur ein, die ich verschmäht hatte, als meine Mutter sie mir mit harter Hand hatte aufzwingen wollen, und dabei wurde mir bewusst, dass die unbesiegbare Kraft, die diese Welt bewegt, nicht aus glücklicher, sondern aus verhinderter Liebe erwächst« (Marquez 2004a, S. 93).

Seine wöchentliche Kolumne in der Zeitung wird zu einer einzigen Liebeserklärung. »Betäubt von der erbarmungslosen Erinnerung an die schlafende Delgadina veränderte ich ohne Hintergedanken den Stil meiner sonntäglichen Glossen. Worüber auch immer, ich schrieb für die Kleine, lachte oder weinte für sie, und mit jedem Wort verging mein Leben« (Marquez 2004a, S. 94).

Sein Chefredakteur bittet ihn, sich in seinen Liebeserklärungen zu mäßigen, weil sie in der Redaktion noch nicht wüssten, wie sie mit den vielen Leserbriefen umgehen sollten. Er wird zum »Meister der Liebe«, schreibt sich die Gefühle vom Leib und denkt dabei immer an seine kleine Delgadina. Als Rosa ihm empfiehlt, ihr zum Geburtstag ein Fahrrad zu kaufen, probiert er es im Fahrradladen vor lauter verliebtem Übermut gleich selbst aus und schreibt am Wochenende darauf einen Zeitungsbeitrag zum Thema: »Wie man mit neunzig auf dem Fahrrad glücklich wird« (Marquez 2004a, S. 102). Er frühstückt mit Rosa nach seinen nächtlichen Besuchen und die beiden beginnen einen kleinen Streit über ihr Erbe. Rosa schlägt vor, sich gegenseitig als Erben einzusetzen, aber er möchte alles seiner kleinen Delgadina zu hinterlassen. Sie antwortet, das komme auf das Gleiche hinaus, denn auch sie wolle alles der Kleinen vererben. So wird Delgadina von ihrem alten Liebhaber und Rosa adoptiert, und er fragt sich noch, ob es der Kleinen wohl recht sei. Rosa antwortet: »Ach, mein trauriger Gelehrter, es ist ja in Ordnung, dass du alt bist, aber sei bitte kein Trottel« (Marquez 2004a, S. 160). Aber anscheinend hilft es nichts, egal wie alt man ist, wie viele Erfahrungen man hat, wie viele Eroberungen man hinter sich hat und wie viel Lyrik man gelesen hat, die Liebe macht einen zum Trottel.

12. Literaturverzeichnis

Aischylos (1987): Die Orestie. Stuttgart (Reclam).
Alighieri, Dante (1974): Die göttliche Komödie. Frankfurt a. M. (Insel).
Boccaccio (1980): Das Dekameron. Die siebente Geschichte des sechsten Tages. Frankfurt a. M. (Insel).
Bodenmann, Guy (2002): Beziehungskrisen erkennen, verstehen und bewältigen. Bern.
Bodenmann, Guy (2003): Die Bedeutung von Stress für die Partnerschaft. In: Grau, Ina, und Bierhoff, Hans-Werner (Hg.) (2003): Sozialpsychologie der Partnerschaft. Berlin (Springer).
Böll, Heinrich (2001): Ansichten eines Clowns. München (dtv).
Brecht, Bertolt (1978): Die jüdische Frau. In: Furcht und Elend des Dritten Reiches. In: Die Stücke von Bertolt Brecht in einem Band. Frankfurt a. M. (Suhrkamp), S. 450ff).
Bruyn, Günter de (1999): Buridans Esel. Frankfurt a. M.
Büchner, Georg (1967): Woyzeck. Stuttgart (Reclam).
Burton, Robert (1983): Schwermut der Liebe. Zürich (Manesse).
Casanova, Giacomo Girolamo (1989): Aus meinem Leben. Stuttgart (Reclam).
Clement, Ulrich (2002): Systemische Sexualtherapie. In: Wirsching, Michael, und Scheib, Peter (Hg.) (2002): Paar- und Familientherapie. Berlin (Springer), S. 235-246.
Dürrenmatt, Friedrich (1998): Der Besuch der alten Dame. Zürich (Diogenes).
Flaubert, Gustave (2003): Madame Bovary. Leipzig (Reclam.
Fölsing, Albrecht (1993): Albert Einstein. Eine Biographie. Frankfurt a. M. (Suhrkamp).
Frisch, Max (1966): Skizze eines Unglücks. Erzählungen aus dem Tagebuch 1966-1971. Frankfurt a. M. (Insel).
Fontane, Theodor (2002): Effi Briest Stuttgart (Reclam).
Goethe, Johann, Wolfgang von (1957): Wilhelm Meister. In: Goethes Werke, Band 4. Hamburger Ausgabe (hg. von Erich Trunz). München (Beck).
Goethe, Johann, Wolfgang von (1977): Torquato Tasso In: Goethes Werke, Band 5. Hamburger Ausgabe (hg. von Erich Trunz). München (Beck).
Goethe, Johann Wolfgang von (2003): Die Wahlverwandtschaften. München (dtv).
Gottman, J. M. (1993): A theory of marital dissolution and stability. In: Journal of Family Psychology, 7, S. 57-75.

Literaturverzeichnis

Hahlweg, Kurt, und Bodenmann, Guy (2003): Universelle und indizierte Prävention von Beziehungsstörungen. In: Grau, Ina, und Bierhoff, Hans-Werner (Hg.) (2003): Sozialpsychologie der Partnerschaft. Berlin (Springer), S. 191-220.

Hörner, Unda (Hg.) (1999): Im Dreieck. Liebesbeziehungen von Nietzsche bis Duras. Frankfurt a. M. (Suhrkamp).

Homer (1988): Ilias. Odyssee. München (dtv).

Ibn Hazm al Andalusi (1988): Das Halsband der Taube. Von der Liebe und den Liebenden. Frankfurt a. M. (Insel).

Kernberg, Otto (1999):Liebesbeziehungen. Normalität und Pathologie. Stuttgart (Klett-Cotta).

Köhler, Joachim (1996): Friedrich Nietzsche und Cosima Wagner. Die Schule der Unterwerfung. Berlin (Rowohlt).

Laclos, Choderlos de (1985): Gefährliche Liebschaften. Zürich (Diogenes).

Marquez, Gabriel Garcia (2004): Die Liebe in den Zeiten der Cholera. Frankfurt a. M. (Fischer).

Marquez, Gabriel Garcia (2004a): Erinnerung an meine traurigen Huren Köln (Kiepenheuer und Witsch).

Matt, Peter von (2001): Liebesverrat. Die treulosen in der Literatur. München (dtv).

Moeller, Michael Lukas (1996): Über die Liebe. Vortrag auf dem Weltkongress für Psychotherapie, München. Videoaufzeichnung.

Molière (1991): Amphitryon. Stuttgart (Reclam).

Montaigne, Michel de (1992): Essays (Band 2, 1588). Zürich (Diogenes).

Morrison, Toni (2004): Liebe. Reinbek (Rowohlt).

Lösel, Friedrich, und Bender, Doris (2003): Theorien und Modelle der Paarbeziehung. In: Grau, Ina, und Bierhoff, Hans-Werner (Hg.) (2003): Sozialpsychologie der Partnerschaft. Berlin (Springer), S. 43-75.

Ortheil, Hanns-Josef (2003): Die große Liebe. München (Luchterhand).

Ovid (1990): Orpheus und Eurydice. In: Ovid: Metamorphosen. Frankfurt a. M. (Insel).

Roth, Philip (2002): Der menschliche Makel. München (Hanser).

Rusbult, C. E., Drigotas, S. M., und Verette, J. (1994): The investment model: An interdependence analysis of commitment processes and relationship maintenance phenomena. In: Canary, D. J., und Stafford, L. (Hg) (1994): Communication and relational maintenance. San Diego (Academic Press), S. 115-139.

Safranski, Rüdiger (1994): Ein Meister aus Deutschland. Heidegger und seine Zeit, München (Hanser).

Schmidbauer, Wolfgang (2002): Die heimliche Liebe. Ausrutscher, Seitensprung, Doppelleben. Reinbek (Rowohlt).

Schmidt, Gunter (1986): Das große DER DIE DAS. Über das Sexuelle. Herbstein (März).

Schmölders, Claudia (2000): Erfindungen der Liebe. Berühmte Zeugnisse aus drei Jahrtausenden. Frankfurt a. M. (Insel).

Schneewind, Klaus, und Wunderer, Eva (2003): Prozessmodelle der Partnerschaftsentwicklung. in: Grau, Ina, und Bierhoff, Hans-Werner (Hg.) (2003): Sozialpsychologie der Partnerschaft. Berlin (Springer), S. 221-255

Schnitzler, Arthur (1977): Entworfenes und Verworfenes. Aus dem Nachlass (hrsg. v. Reinhard Urbach). Frankfurt a. M.

Shakespeare, William (2002): Romeo und Julia. Stuttgart (Reclam).

Sichtermann, Barbara (2003): Die berühmtesten Liebespaare. Hildesheim (Gerstenberg).

Sophokles (1967): König Ödipus. Tragödie. Stuttgart (Reclam).

Stolze, Helmuth (1982): Ödipale Situation, ödipaler Konflikt, Ödipuskomplex. In: Eicke, Dieter (Hg.) (1982): Kindlers Psychologie des 20. Jahrhunderts. Tiefen-Psychologie. Band 1: Sigmund Freud – Leben und Werk. Weinheim und Basel (Beltz).

Strindberg, August (2002): Totentanz. Stuttgart (Reclam).

Tolstoi, Leo (1994): Die Kreutzersonate. Frankfurt a. M. (Insel).

Tolstoi, Leo (2004): Anna Karenina. München (dtv).

Updike, John (2004): Wie war's wirklich? Erzählungen. Reinbek (Rowohlt).

Vargas Llosa, Mario (2004): Das Paradies ist anderswo. Frankfurt a. M. (Suhrkamp).

Walster, E. u. a. (1978): Equity: theory and research. Boston (Allyn & Bacon Inc.).

Willemsen, Roger (1989): Nachwort. In: Casanova, Giacomo Girolamo (1989): Aus meinem Leben. Stuttgart (Reclam), S. 491-501.

Willi, Jürg (1991): Was hält Paare zusammen? Reinbek (Rowohlt).

Willi, Jürg (2002): Psychologie der Liebe. Persönliche Entwicklung durch Partnerbeziehungen. Stuttgart (Klett-Cotta).

Wilpert, Gero von (1997): Lexikon der Weltliteratur. Band 2. München (dtv).

Winter, Leon de (2002): Leo Kaplan. Zürich (Diogenes).

Zedler, Johann Heinrich (1732-1747): Großes Universallexikon der Wissenschaften und Künste, welche bishero durch menschlichen Verstand und Witz erfunden worden. Leipzig und Halle (Johann Heinrich Zedler), Band 5, »Cupido«.

Verzeichnis der Abbildungen

Die Grafiken sind der »Suite 156« von Pablo Picasso entnommen.

Liebesaffären zwischen Schicksal und Schuld, S. 23:
25. Januar, 15. Februar 1970

Die große Liebe, S. 35:
4. Februar IV, (5., 6. März) 1970

Die Ehe ist tot, es lebe die Liebe!, S. 59:
4. Februar II, 13., 14. Februar 1970

Liebesaffären und sexuelle Leidenschaften, S. 71:
19. Februar 1970

Der Verführer, S. 93:
12. März II, 31. März, 2. April 1970

Die Liebesaffären der Frauen, S. 117:
12. April 1970 III

Parallelwelten, S. 141:
21. April 1970 V

Das Schicksal der Verratenen und Verlassenen, S. 157:
20. Mai 1970

Lösungen, S. 173:
10. März 1971 I

Zur Psychologie der Liebesaffären, S. 195:
6. Juni 1971

© VG Bild-Kunst, Bonn 2005.

2002 · 236 Seiten · Broschur
EUR 19,90 · SFr 34,90
ISBN 3-89806-133-7

»Die Globalisierung der Intimität« beschäftigt sich in 13 Beiträgen mit den Auswirkungen von Globalisierungsprozessen auf die intimen Beziehungen. Die Ausgangsüberlegung ist dabei, dass gesellschaftliche Prozesse – insbesondere Veränderungen im wirtschaftlichen und technologischen Bereich – in der Beschleunigung und Ausbreitung, wie sie unter dem Symbol der Globalisierung beschrieben werden, nicht ohne Auswirkungen auf die privaten Beziehungen der Menschen und ihr persönliches Erleben bleiben können. Intime Beziehungen werden dabei nicht als erotisch-sexuelle Beziehungsformen verstanden, sondern als Metapher für bedeutsame Beziehungen, die das Lebensgefühl der Menschen konstituieren und prägen, wie etwa in Liebesbeziehungen, Paarbeziehungen, Familienbeziehungen oder Freundschaftsbeziehungen.

P🕮V
Psychosozial-Verlag

2004 · 231 Seiten · gebunden
EUR (D) 29,90 · SFr 52,20
ISBN 3-89806-349-6

Warum fasziniert uns die romantische Liebe? Warum macht sie uns aber zugleich Angst? In seiner wegweisenden Studie über die Hauptkomponenten der romantischen Liebe – Sex, Idealisierung, Aggression, Selbstmitleid, Schuldgefühle und Bindung – haucht Stephen Mitchell unseren Träumen neues Leben ein, widmet sich aber auch den Fallstricken, denen wir in der Liebe ausgesetzt sind.

Laut gängiger Überzeugung ist die Liebe zerbrechlich und vergänglich. Mitchell hingegen behauptet, dass in langfristigen Beziehungen die Romantik nicht notwendig abnimmt. Vielmehr wird sie zunehmend gefährlicher. Nicht die Gewohnheit tötet die Liebe, sondern unsere Angst vor zu starker Abhängigkeit. Was wir als Vergänglichkeit der Liebe bezeichnen, ist in Wahrheit Risikomanagement: Indem wir Liebe und Begehren trennen, unsere Erwartungen an die Beziehung herunterschrauben und unsere Abhängigkeit vom Anderen einschränken, ersticken wir die Glut unserer Liebe.

P🌀V
Psychosozial-Verlag

2004 · 166 Seiten · Broschur
EUR (D) 16,00 · SFr 28,60
ISBN 3-89806-311-9

10 Variationen über Sexualität und alles, was mit ihr zusammenhängt: Liebe, Perversionen, Konflikte, Moral, Beziehungen, Familien – spannend, ein wenig verblüffend und durchaus provozierend.

Aus dem Inhalt:

Die Moral des Zustandekommens

Die partnerschaftliche und familiäre Revolution

Vom Trieb zum designten Verlangen

Vom Geschlechterkampf zum »Gendergame«

Perversionen oder Sex ist eine »fuzzy matrix«

Sexuelle Störungen oder die alltägliche Widerspenstigkeit der Sexualität

Liberal und zivil: Sexualität Jugendlicher

Über dritte, vierte und fünfte Geschlechter

Gibt es Heterosexualität?

P☒V
Psychosozial-Verlag

2004 · 200 Seiten · Broschur
EUR (D) 19,90 · SFr 34,90
ISBN 3-89806-289-9

Wenn der neue Kapitalismus in Gestalt der Globalisierung verstanden wird als konkreter universaler Herrschaftsanspruch, dem sich nicht nur die Wirtschaft verschrieben hat, sondern der auch von der Politik als unveränderbarer Rahmen akzeptiert wird, dann stellt sich die Frage nach den Auswirkungen dieser Globalisierung auf die menschlichen Beziehungen. Wie reagiert der »homo oeconomicus« psychisch und damit in der Gestaltung seiner Beziehungen auf die Zumutungen der Globalisierung?

Dieses Buch ist in der Lage, weitaus umfassender über die Auswirkungen der Globalisierung auf den Menschen zu informieren, als dies einseitige Schuldzuschreibungen oder sehr ökonomische Erklärungsversuche vermögen.

Mit Beiträgen von Christel Adick, Asit Datta, Peter Gottwald, Wolfgang Hantel-Quitmann, Peter Kastner, Yolanda Koller-Tejero, Reinhart Kößler, Christian Trapp, Erich Witte u. a.

P🗝V
Psychosozial-Verlag

Stefan Zahlmann,
Sylka Scholz (Hg.)
Scheitern und Biographie
Die andere Seite moderner Lebensgeschichten

2005 · 294 Seiten · Broschur
EUR (D) 29,90 · SFr 52,20
3-89806-347-X

Das Thema des Scheiterns wird hierbei in seinen verschiedenen Möglichkeiten und Ausprägungen von den Beiträgern dieses Sammelbandes aus unterschiedlichen, disziplinären Perspektiven beleuchtet. Damit rücken die Autoren ein bisher wenig in der Moderne beachtetes Thema in den Vordergrund. Neben dem einen Aspekt der Moderne, dem Individuum vielfältige Möglichkeiten der Selbstverwirklichung zu bieten, bekommt damit auch der Aspekt des Scheiterns seine gebührende Aufmerksamkeit: In einer Welt, die immer weniger »Gewinner« kennt, ist eine Auseinandersetzung mit dem Thema »Scheitern« unerlässlich.
Mit Beiträgen von Jürgen Reulecke, Martina Kessel, Sander L. Gilmann, Utz Jeggle, Rainer Pöppinghege, Andreas Bähr u. a.

**P V
Psychosozial-Verlag**

4. Aufl. 2003
272 Seiten · Brosch.
EUR (D) 19,90 · SFr 34,90
3-932133-09-9

»Der Verfasser geht in einfühlsamer Weise auf die emotionale Welt der Eltern-Kind-Beziehung ein, berücksichtigt alle am Trennungsprozeß und am Aufbau einer neuen Familie Beteiligten, und vermittelt einen Einblick in die Arbeitsweisen der Institutionen, die an Scheidungen beteiligt sind.

Das Buch ist kein gefälliger Ratgeber, sondern eine Bereicherung für alle, die sich nicht nur oberflächlich mit Kindern und Familien beschäftigen wollen.«

Caritas Mitteilungen für die Erzdiözese Freiburg 4/1999

P🌀V
Psychosozial-Verlag

2004 · 251 Seiten · Broschur
EUR (D) 19,90 · SFr 34,90
ISBN 3-89806-322-4

Dass viele Kinder unter der Scheidung ihrer Eltern leiden, dass sie verschiedene Symptome ausbilden, ist heute unbestritten. Wie aber wirkt sich eine Scheidung langfristig auf die psychische Entwicklung aus? Welche Gefahren, aber auch welche Chancen birgt sie? Unter welchen Voraussetzungen können sich Hoffnungen erfüllen und traumatische Auswirkungen auf das spätere Leben vermieden werden?

»Helmuth Figdor schafft mit seiner Studie etwas schier Unglaubliches. Er bewahrt Seriosität und Wissenschaftlichkeit, begibt sich nie auf die Ebene von simplen Lebenshilfe-Ratgebern – und bleibt doch immer und überall leicht verständlich.«

Othmar Pruckner, AZ Österreich

»Für den mit Scheidungswaisen konfrontierten Praktiker ist das Buch eine wahre Fundgrube und ein starker Anreiz, die tradierten Reaktionsmuster einmal ernstlich zu hinterfragen.«

Udo Jesionek, ehem. Präsident des Wiener Jugendgerichtshofes

P🕮V
Psychosozial-Verlag

2004 · 144 Seiten · Broschur
EUR (D) 12,90 · SFr 23,50
ISBN 3-89806-324-0

Der Begriff ›Selbsthilfegruppe‹ taucht immer häufiger in der gesundheitspolitischen Diskussion auf. Selbsthilfegruppen übernehmen durch Information und Beratung von Betroffenen, duch Erfahrungsaustausch und Hilfe bei der Krankheitsverarbeitung eine wichtige ergänzende Funktion in unserem Gesundheitswesen. Häufig herrscht jedoch begriffliche Unklarheit darüber, was genau mit ›Selbsthilfegruppe‹ gemeint ist, wieviele in welchen Themenbereichen es gibt, wie dort gearbeitet wird und der Zugang für Interessierte möglich ist. Dieser Wegweiser bietet eine grundlegende Einführung in die aktuelle Situation der Selbsthilfegruppen in Deutschland. Besonders wichtig sind die praktischen Hinweise zur Suche nach einer geeigneten Gruppe. Ein umfangreicher Adressenteil ermöglicht die Kontaktaufnahme zu örtlichen und überregionalen Anlaufstellen.

P🕮V
Psychosozial-Verlag